河北省教育科学研究『十三五』规划课题
名称 植物文化视域下职业院校传统文化教育路径研究
编号 1802047
类别 重点资助课题

中等职业学校主题班会创新案例集锦

一棵树摇动另一棵树

主编 武向梅

河北大学出版社·保定

一棵树摇动另一棵树

YIKE SHU YAODONG LINGYIKE SHU

出 版 人：耿金龙
责任编辑：刘 婷
封面题字：华梅志
装帧设计：杨艳霞
责任校对：冯喆圆
责任印制：靳云飞

图书在版编目（CIP）数据

一棵树摇动另一棵树 ：中等职业学校主题班会创新案例集锦 / 武向梅主编 . -- 保定 ：河北大学出版社，2020.1
ISBN 978-7-5666-1603-6

Ⅰ . ①一… Ⅱ . ①武… Ⅲ . ①中等专业学校－班会－案例 Ⅳ . ① G718.3

中国版本图书馆 CIP 数据核字（2019）第 264023 号

出版发行：河北大学出版社
地址：河北省保定市七一东路 2666 号 邮编：071000
电话：0312-5073033 0312-5073029
邮箱：hbdxcbs818@163.com 网址：www.hbdxcbs.com
经 销：全国新华书店
印 刷：保定市北方胶印有限公司
幅面尺寸：185 mm × 260 mm
印 张：18.75
字 数：250 千字
版 次：2020 年 1 月第 1 版
印 次：2020 年 1 月第 1 次印刷
书 号：ISBN 978-7-5666-1603-6
定 价：45.00 元

“植物文化丛书”编委会

“植物文化丛书”总序

国家主席习近平在写给第十九届国际植物学大会的贺信中指出，“中国是全球植物多样性最丰富的国家之一。中国人民自古崇尚自然、热爱植物，中华文明包含着博大精深的植物文化。中国 2 500 多年前编成的诗歌总集《诗经》记载了 130 多种植物，中医药学为人类健康做出了重要贡献，因植桑养蚕而发展起来的丝绸之路成为促进东西方贸易和文化交流的重要纽带。”习近平新时代中国特色社会主义思想的基本内涵之一就是要“坚持人与自然的和谐共生”，把生态文明建设当作中华民族永续发展的千年大计。显然，植物作为自然生态的重要组成部分将成为我们不可忽视的生态要素，我们不能只站在利润的角度污染环境、破坏生态、毁灭物种而导致自然灾害频发。相反，我们应在保护植物的基础上，重新认识植物极为丰富的文化内涵，如植物生态文化、历史文化、审美文化、人格文化、习俗文化、信仰文化、诗画文化等，其中都蕴含着中国传统文化的精髓。我们还需要探索更为广泛、有效的途径来揭示和传播这些有益的内容，从而唤起植物背后多彩、厚重的文化。

2016 年初，在原河北省职业教育发展研究中心指导下，我们组织职业学校的一部分教师编写了《植物文化赏析》一书，并于 2017 年由河北大学出版社正式出版。这本书的出版源于省内职业教育领域一批老师对植物文化的执着研究和大力推广，特别是河北省教育厅职教专家刘凤彪先生，领衔植物文化与职业院校人文教育的研究，所获成果更是让人耳目一新，开辟了一个崭新的传统文化教育途径，深得业界同行认可。在这些研究的基础上，我们计划在传统文化、植物文化领域编写一系列读物，以期更好地推广中华传统文化。在有关方面的支持下，我们与河北大学出版社商定，2019 年编写出版《植物的生命智慧》《一棵树摇动另一棵树——中等职业学校主题班会创新案例集锦》两本图书奉献给广大读者。

对于编辑出版“植物文化丛书”，我们有一个简单的愿望，就是通过挖掘植物背后的诗词歌赋、神话典故、文化经典和人生智慧，传承中华传统文化，提高学生接受人文素养教育的兴趣和效果。在此基础上，我们也计划结合职业教育领域专家们的建议，动员和组织植物学科、人文学科以及教育科学领域的专家学者，深入开展植物文化的理论研究和学科建设，让零星碎片化的植物文化研究成果逐步系统化、学科化，成为人文与科学相结合的典范。

组织出版这样一套丛书，是一项系统工程，也将是一个艰难的过程。有关植物学和人文学科的知识浩如烟海，要挖掘出植物文化的时代成果存在很多困难、面临很多难题。需要特别说明的是，这套丛书的编写过程，实际上也是我们向前人和他人学习、借鉴和创新的过程。虽然我们已在每本书之后注明了主要参考文献及其出处，以表示对被参考者及其作品的尊重，但仍不足以表达我们的感谢之情，在此，我们全体编者特向这些老师们表示深深的谢意。

由于编者水平有限，其中疏漏肯定在所难免，敬请大家不吝批评指正。同时，恳请有兴趣的专家、同行提出宝贵意见和建议，使这套丛书更加丰富与完善。

南开大学植物学博士
邯郸市农业学校校长 李鹏丽

2019 年 9 月 1 日

本 书 序

当武向梅等几位老师把他们编纂的这部书稿交给我时，我为植物文化研究队伍的壮大而倍感欣慰，更因植物文化找到了又一条成功的推广普及之路且受众是青年学生而心生欢喜。

几年前，在我担任河北省职业教育发展研究中心主任期间，曾依托邯郸市农业学校组建河北省现代农村职业教育研究基地，组织有关专家、学者和职业教育工作者，共同开展现代农村职业教育研究，积极撰写研究报告，既锻炼了队伍，也为我省教育行政决策提供了一批可资借鉴的研究成果。特别是利用文化大讲堂开设植物文化与传统文化系列讲座，进而将“植物文化赏析”打造成一门传承传统文化、提升人文素养的校本课程，可以说是走在了全国的前列。以此为基础，我们组织专家开展了河北省教育科学规划课题“植物文化与职业院校人文教育研究”研究，并获2018年河北省职业教育教学成果奖。

传统文化蕴含着丰富的思想观念、人文精神和道德规范。结合时代要求继承创新，让中华文化展现出永久魅力和时代风采，是习近平总书记在党的十九大报告中对全党提出的明确要求。2018年，我开始主持我省一项新的“十三五”教育科学规划重点资助课题“植物文化视域下职业院校传统文化教育路径研究”。课题研究的总体设想是从挖掘植物背后的神话典故、诗词歌赋入手，积极探索植物文化的传播路径，从而更广泛、更深入地传承传统文化。其中，以创新主题班会形式丰富植物文化赏析内容，是课题研究的一个初步构想。按照这个基本思路，邯郸市农业学校的武向梅等同志凭借多年的学生管理经验和班主任工作体会，迅即在班级组织开展了大胆、有效的实践尝试，总结提炼了22个形式新颖、内容独到的主题班会。

这些主题班会从身边常见的植物入手，通过分析植物的生命现象，挖掘植物的生命智慧，将生活中浅显的道理上升到哲学高度，启迪学生顽强拼搏、团结协作、勤俭节约、感恩社会，特别适合职业院校学生善于观察、勤于思考、乐于互助、敢于实践的心理特质。而且这些主题班会案例鲜活、内容新颖、形式活泼，文字通俗易懂，非常贴近生活，学生的参与度较高。可以想象，这样的主题班会将收到非常理想的和长期的教育效果。

目前，全国职业院校开展主题班会以及班主任基本功大赛，大多都是按照年级、学期顺序，围绕职业生涯规划、礼仪、法制、安全、孝道等内容展开，形式相对单一，内容略显枯燥，与之相关的一些参考书籍也多是基于这些内容编排。今天，面对新一轮科技革命、产业变革以及前所未有的职业变迁与调整，我们在重视知识传授、技能训练的同时，特别需要努力挖掘教育本身所蕴含的文化厚重感和人性温暖度，从而在更高层面实现人的全面发展。从这个意义上来说，依托植物文化开发的主题班会，恰好符合了这一时代需要。

祝愿这本《一棵树摇动另一棵树——中等职业学校主题班会创新案例集锦》能为职业院校学生主题班会提供新的思路模板，迸发出新的思想火花，也为优秀传统文化在职业院校的传承传播探寻一条新的路径。也希望今后能有更多的基于植物文化研究的成果不断涌现，帮助我们的学生汲取优秀传统文化营养，坚定文化自信。

是为序。

刘凤彪

2019年10月20日

内容简介

《一棵树摇动另一棵树——中等职业学校主题班会创新案例集锦》依照植物的生长特点，结合中职生在校期间学习和生活中面临的问题，将植物的文化寓意与中职学生的成长相融合，以植物的生命现象和生存智慧为主题来启迪学生，引起学生的共鸣，使德育教育有了另一种全新的体验。

本书共选择编辑了 22 个主题班会，主要包括“下得破岩之功　方得竹节人生”“苔花如米小　也学牡丹开”“森林的智慧”“生长收藏　瓜熟蒂落”“柳色青青话传统”“野艾茸茸淡着衣”“赏植物盆景　品礼仪之美”“花开应有时”“良药苦口”“堂上椿萱渐白头”“繁华的背后”，等等。本书可作为中等职业学校班主任开展主题班会的参考书，也可作为中职学生学习的参考读物，还可作为同一年龄段学生的课外参考书。

编写说明

教育的境界莫过于“润物细无声”，教育的成功莫过于学生内心觉醒，学生内心的觉醒莫过于触景生情，而我们司空见惯了的植物恰恰可以完成这样的使命。“十年树木，百年树人”，辛勤的园丁用心培植身边的一棵棵幼苗。以植喻人，教师无疑是在用一个生命唤醒另一个生命。所以，雅斯贝尔斯说，“教育的本质意味着一棵树摇动另一棵树，一朵云推动另一朵云，一个灵魂唤醒另一个灵魂”。

于是，人们发现了人的成长与植物生长之间的内在联系，而植物文化领域的研究又为这一联系提供了极为丰富的内涵。正是基于有关植物文化的研究成果，在刘凤彪先生的指导下，我们组织班主任进行了以植物文化为载体的主题班会方案开发。开发的内容，遵循中职学生的成长、发展特点，结合学生生活和学习的热点问题，聚焦班级管理的具体情况，涵盖了优秀品德、自信自强、理想信念、文化传承、行为规范、异性交往、感恩报恩、挫折教育、生涯规划、遵纪守法、珍爱生命等多个主题，形成了22个较为完整的植物文化主题班会方案，包括“下得破岩之功　方得竹节人生”“苔花如米小　也学牡丹开”“森林的智慧”“生长收藏　瓜熟蒂落”“柳色青青话传统”“野艾茸茸淡着衣”“花中君子　志洁行‘莲’”“赏植物盆景　品礼仪之美”“花开应有时”“做一片绿叶”“良药苦口”“花木各有型　合和成园林”“堂上椿萱渐白头”“绿叶不是无情物”“慧眼识花”

“苹果如何结果多”“繁华的背后”“仙人花到仙人掌的启示”“‘吞云吐雾’大揭秘”“植物闻歌也起舞”“木水情缘”“播下一粒种子”等。每个方案都包括植言植语、班会时间、班情分析、教育目标、班会要点、活动准备、教育方法、班会过程、任务拓展等9个板块，方案设计融入了分组讨论、角色扮演、辩论比赛、趣味测试、情景剧、相声表演、诗歌朗诵等多种活动形式，使学生在丰富多彩的活动中受到情感、意志、道德等多方面的教育，促进他们德、智、体、美、劳全面发展。本书可作为中等职业学校班主任开展主题班会的参考书，也可作为中职学生学习的参考读物，还可作为同一年龄段的学生的课外参考书。

本书由邯郸市农业学校武向梅担任主编，袁红云、何树海担任副主编，主题班会方案一、二、三、九由武向梅编写，方案四、十二、二十、二十一、二十二由何树海编写，方案五、六、十三、十六、十九由袁红云编写，方案七由王恺悦编写，方案八、十由辛潇静编写，方案十一由王利月编写，方案十四由郭文超编写，方案十五由高鹏编写，方案十七、十八由李攀编写。封面书名由华梅志题写。王振鹏、袁红云、霍朝忠为本书做最后统稿，并对书稿内容做了修改、润色。刘凤彪为本书作序并为每个班会方案题诗。

把植物文化引入中等职业学校主题班会，是我们的一次大胆尝试，因编者的能力所限，肯定还有许多不足和疏漏，望读者批评指正。

编者

2019年9月1日

目　录

下得破岩之功　方得竹节人生

——奋力扎根　厚积薄发

《渔歌子·竹》

（新韵：九文）

出土之前广布根。凌云全仗蓄积真。霜雪翠，暑寒茵。风吹雨打更欣欣。

植言植语

中国是一个君子的国度，竹子“未出土时便有节，及凌云处尚虚心”的生命特质是君子之操守；“竹竿挺拔，居则善群，四季青翠，傲雪凌霜”的意象也正是古风君子的品格再现。所以，竹子倍受国人喜爱。

竹子不仅拥有静态的美，其动态的生长规律更能给人以深刻启示。竹子用了 5 年时间，仅长了 3 厘米，但从第六年开始，便疯狂地拔节，仅 7 周就可以长近 20 米。因为，在前面的 5 年里，竹根在土壤里延伸了数百平方米！这就是竹子定律。竹子这种厚积薄发的智慧对青春期的学生有着重要的教育意义。

班会时间

60 分钟。

班情分析

中职高年级，专业技能课增多，知识新、难度大，对学生心理上和学习生活上都是一个很大的挑战。相当一部分学生不大适应，有了畏难情绪，出现了厌学现象，还认识不到现在的艰苦扎根是为将来打基础。因此，如何引导学生静下心来，扎实地学好专业技能是需要解决的重要问题。

教育目标

1. 认知目标：通过学习“竹子定律”，了解竹子的生长习性，学习竹子扎根土壤汲取营养的品性。

2. 情感目标：通过讲述名人故事和分享同学经历，使同学们认识到成功源于点滴积累和不懈努力。

3. 运用目标：通过“描绘《竹石图》”活动，使学生直观地体会到没有积累就没有成长，进一步明晰自己的发展目标，并为此制订出自己的扎根计划。

班会要点

1. 活动一：播放歌曲《真心英雄》。

2. 活动二：解读“竹子定律”。

3. 活动三：讲述名人故事。

4. 活动四：同学分享亲身经历和感悟。

5. 活动五：描绘《竹石图》，体验“我的地盘我做主，我的青春不留白”。

6. 活动六：合唱《阳光总在风雨后》。

活动准备

1. 由学生制作班会 PPT（演示文稿），并准备背景音乐。

2. 由学生分组搜集古今中外厚积薄发且成功的名人故事。

3. 由宣传委员绘出“我的地盘我做主，我的青春不留白”个人《竹石图》和分组的《竹石图》，准备好彩笔。

教育方法

故事启迪法、情感体验法、讨论法等。

班会过程

第一阶段　竹子定律

师生起立，齐唱《真心英雄》。在充满激情、斗志昂扬的歌声中，开始本次主题班会。

主持人甲：尊敬的老师！

主持人乙：亲爱的同学们！

合：大家下午好！

主持人甲：首先，给大家展示一幅图片（展示竹林照片）。

主持人乙：同学们，这是什么？

学生 A：竹子。

学生 B：竹林。

主持人甲：对。我们今天的主题班会和竹子有关，题目是？

全体大声回答：下得破岩之功，方得竹节人生。

主持人甲：从这幅竹林图中，我们可以看到，竹林繁密茂盛、郁郁葱葱，竹竿挺拔秀丽、修长苍劲，竹叶潇洒多姿、苍翠欲滴，竹子四季常青、凌霜傲雪。请大家想一想，竹与梅、兰、菊被称为什么？

学生C：花中四君子！（展示“四君子”图片）

主持人甲：那竹与梅、松又被称为什么呢？

学生D：岁寒三友！（展示“岁寒三友”图片）

主持人乙：看来大家都挺有才气的，对于竹子文化知道得还真不少呢！竹子的气节历来备受中国人喜爱，古今文人墨客爱竹、咏竹、画竹的不计其数。清代有一位著名的文人画家，为“扬州八怪”之一，其诗、书、画世称“三绝”，尤其善画兰、竹，同学们知道他是谁吗？

学生异口同声回答：郑板桥。

主持人乙：他最著名的一首咏竹的诗，记得吗？

学生争先恐后答：记得！记得！

学生有人问：题目好像是《竹石》吧？

主持人乙：非常正确！让我们一起来背诵郑板桥的《竹石》。

学生跟随配乐，齐声背诵“咬定青山不放松，立根原在破岩中。千磨万击还坚劲，任尔东西南北风”。

主持人甲：太好了！双手为大家点赞！这首诗表现了竹子执着且顽强的品质。大家认真想一想，是什么力量让它经历成千上万次的折磨和打击而屹立不倒呢？我们通过《毛竹的故事》来寻找答案。下面有请博学多才的一组A同学给大家讲述，掌声欢迎一组A同学。

一组学生A：曾经有人在山沟里撒下了一片毛竹种子，几天后便生长出了成片的毛竹苗，此人欣喜异常，便不断浇水、施肥，用心加强管理。可是一天天过去了，当周围的杂草都长到1米多高时，毛竹苗还是那么小。第二年、第三年……虽有充沛的雨水、充足的阳光，但毛竹苗还是一动不动。第六年的春天，一场大雨过后，那人突然发现一棵棵毛竹像被施了魔法一样拔地而起，以每天三四十厘米的速度疯长。他感到非常奇怪，惊诧之余，他拿着铁铲挖了山沟的土地，发现毛竹的地下鞭茎已经遍及整个山沟。原来，在过去的5年里，虽然地表上看不到毛竹苗生长的迹象，但在土壤里，它的根部却不停地壮大和蔓延。

主持人甲：竹子用了5年的时间，仅仅长了3厘米。从第六年开始，只用了6周的时间，就长了近20米。其实，在前面的5年里，竹子将根在土壤里延伸了数百米，等待时机厚积薄发。这就是竹子定律。

主持人乙：在我们赞叹竹子的坚韧品质、惊人的生长速度时，是否想到5年的时间里，它在暗无天日的地下，是如何默默地坚持进取。在坚硬的岩石中苦苦扎根，悄无声息地扩展自己庞大的根系，铸造了坚实的基础。

主持人甲：苍翠挺拔的竹子正是有了如此稳固的根基，积蓄了足够的营养和能量后，才能在时机成熟时拔地冲天，才有了竹林的繁密茂盛、郁郁葱葱，才有了迎风霜、战雨雪的不屈气概。

主持人乙：那么从毛竹的生长过程来看，哪些品质是值得我们学习的呢？

主持人乙：我们根据课前的分组，进行讨论并回答，比赛一下哪一组总结得快、准、多。

一组学生A：坚定的信念，始终如一；深深向下扎根，悄悄积蓄向上的力量。

二组学生A：坚强的意志，持之以恒；锲而不舍，金石可镂。

三组学生A：不畏艰难，勇往直前；坚持不懈，水滴石穿。

四组学生A：厚积薄发，茁壮成长；拔地冲天，蓬勃向上。

一组学生B：坚韧不拔、耐得住寂寞、不屈不挠、日积月累、精卫填海、愚公移山。

二组学生B：积土成山，风雨兴焉；积水成渊，蛟龙生焉；不积跬步，无以至千里。

主持人甲：同学们总结得非常棒！结果一目了然啊。不知道大家有没有想过，竹子的厚积薄发与我们的人生有什么相似之处呢？

大家面面相觑，纷纷摇头：人生？没想过。

主持人乙：其实，人也如同毛竹一样，越是向往高远的广阔蓝天，就越需要扎扎实实打好基础，越要立根坚韧，方可得到阳光的沐浴。

主持人甲：现实生活中，大多数人的起点都是一样的，只是在成长的路上，有的人畏惧困难选择逃避，遇到挫折就缴枪投降、半途而废。

主持人乙：而有的人却善于积蓄力量，在漫漫求索的艰辛历程中奋力拼搏，坚持不懈地积累，时机成熟时自然会崭露头角、脱颖而出，从而成就其“竹节”人生。

第二阶段　厚积薄发

主持人甲：古往今来的仁人志士，也给我们做出了榜样。有请二组的同学们，给我们讲述名人背后的故事。

二组学生 A：我给大家讲讲西晋大书法家王羲之勤奋练字的故事。

王羲之从小就学习书法，练字十分刻苦，关于他的练字经历有“笔山”“墨池”之说。当年他练字用坏的毛笔，堆在一起成了一座小山，人们叫它“笔山”；在他家的旁边有一个小水池，他经常在这个水池里洗毛笔和砚台，日复一日，年复一年，小水池的水都变黑了，这就是“墨池”。功夫不负有心人，几年以后，王羲之写的字已经相当不错了，但他仍然坚持天天练字。有人说：“你的字写得很好了，你为什么还这样孜孜不倦地苦练呢？”王羲之回答说：“虽然我的字写得不错，可那都是模仿前人的写法。我要创新出自己独特的写法，必须下苦功啊！”经过长期不懈地苦练、摸索，一种妍美流利的新字体终于在王羲之笔下诞生了！据说王羲之非常注重基础，练字每天是从“点”开始，坚持了一生。由于他练就了扎实的书法基本功，才留下了千古绝迹、堪称我国书法艺术一大瑰宝的《兰亭序》。

二组学生 B：曾国藩是中国历史上最有影响的人物之一，号称晚清“第一明臣”，学问着实了得，然而他小时候的天赋却并不高。

曾国藩小时候读书很勤奋，有一天他手捧一篇文章，不知道摇头晃脑地重复朗读了多少遍，还是没有背下来。这可气坏了躲在屋檐下的贼人，他在等待曾国藩背会文章上床睡觉后，自己便可入室偷盗呢。可是，等啊等啊，就是不见曾国藩睡觉，还是翻来覆去地在读那篇文章。小偷实在忍无可忍，勃然大怒，跳出来说：“像你这么笨还读什么书?”随即把那篇文章从头至尾一字不差地背诵一遍，然后摔门扬长而去！

这个故事告诉我们一个道理，即“勤能补拙是良训，一分辛苦一分才”。聪明的贼没走正道，白白糟蹋了自己的天分，尽管他“日夜辛苦奔波”，终不过是一个偷技高明的贼。而曾国藩虽笨，却能坚持不懈地努力读书，凭借非凡毅力和超人的付出，成为“立德、立功、立言”的“千古一完人”。

主持人甲：每一个人的成功，都源于他背后默默无闻的长期积累。

二组学生 C：诺贝尔奖获得者屠呦呦，她的历程也充分证明了厚积薄发的重要意义。1969 年到 2015 年，屠呦呦及其团队长期扎根于实验室，对 200 多种中药开展试验研究，历经 380 多次失败，对提取物进行了数万次的试验，终于发现了青蒿素。屠呦呦老师数十年潜心、执着地进行科学研究，才取得了令人瞩目的成绩。试问，若没有几十年的艰难探索，屠呦呦能一举获得诺贝尔奖吗?

二组学生 D：我一直在看《中国诗词大会》第三季。雷海为，这个名字在赛后刷爆了朋友圈，被称为“诗词达人”。雷海为，一个外卖小哥战胜了来自北京大学的文学硕士彭敏而一举夺魁！凭借的是在中华诗词方面扎实的积累，以及沉着稳健的心态。我们来看看他成功背后的努力，雷海为的诗词储备非常丰富，仅 2004 年，他就背诵了 805 首诗词。董卿为此由衷赞许道：“我觉得你所有在日晒雨淋、在风吹雨打当中的奔波和辛苦，你所有偷偷地躲在书店里背下的诗句，在这一刻都绽放出了格外夺目的光芒!”

（播放《中国诗词大会》第三季雷海为夺冠的影像）

主持人乙：由此可见，毛竹艰辛扎根、厚积薄发的精神在成功人士身上体现得淋漓尽致！厚积薄发，既是植物生发壮大的不二选择，也是人们改变命运的必由之路。

当今社会，人们往往只看到功成名就之人站在巅峰的辉煌，却常常忽略了他们在此之前不为人知、艰苦卓绝的付出。

主持人甲：是啊！世界上哪有一蹴而就的成功，就如格拉德维尔所说的 10 000 小时定律：“人们眼中的天才之所以卓越非凡，并非天资超人一等，而是付出了持续不断的努力。10 000 小时的锤炼是任何人从平凡变成世界级大师的必要条件。”

主持人甲：“盖有非常之功，必待非常之人”啊！让我们来看看他们是怎么做到的。

三组学生 A：家喻户晓的世界冠军刘翔，被称为“田坛飞人”“亚洲飞人”。他从 7 岁开始训练，在长达 20 多年的运动生涯里，每天坚持几个小时的艰苦训练，大家算算他跑了何止是 10 000 个小时啊！赛场上那 10 秒的辉煌背后，光洒下的汗水估计得用“吨”来计算了吧！他的付出，真是我们难以想象的艰辛。我们有谁能像他一样坚持?

三组学生 B：沧月是我国知名武侠小说作家，从小就博览群书，不到 10 岁就开始练习写武侠小说了。后来在读本科和研究生期间，她更勤奋了，每天光写小说至少六七个小时，坚持了七八年的时间，她仅仅在大学期间练习的时间是多少呢？显而易见，已经远远超过了 10 000 个小时。正是她超人的毅力和坚持不懈的练习，使她成为中国当代优秀武侠小说作家。

三组学生 C：还有我们耳熟能详的草根名人，像王宝强、朱之文、赵丽颖等。这些聚光灯下的明星，他们有着令人羡慕的灿烂生活，其光鲜亮丽的背后，都有鲜为人知的艰辛积累。

主持人甲：这让我想起我国的一句古语，“十年磨一剑”，这和10 000小时定律不是一样的道理吗？

主持人乙：对啊！唐朝诗人李白早就告诉我们“只要功夫深，铁杵磨成针”。

主持人甲：那么大家静下心来想一想，一周40个小时，一年2 000个小时。我们每天拿出4个小时，10年寒暑不间断地来做一件事，你能坚持吗？

同学们纷纷摇头：10年啊！太长了！我坚持不了。我绝对做不到。

主持人乙：如果不能的话，我们将来怎么能有所作为，怎么能干出一番事业？所以，不要抱怨自己笨、没有天分、看不到希望、看不到未来，那是因为我们下的功夫还不够深，没有付出10 000小时的努力。

主持人乙：其实在我们的身边，有些同学一直在不断地、默默无闻地积累着知识和能力，只是我们没有意识到，让我们一起来听听他们怎么说。下面进入班会第三阶段。

第三阶段　身边的感动

四组学生A：来到学校半年多的时间，在老师和同学们的帮助下，我在许多方面都有了明显进步，也感受到了成长的乐与苦，给我印象最深的是入学军训时优秀学员奖的获得。9月份烈日炎炎，晒得脖子通红还有过敏反应，但是我依然咬牙坚持，从没请过假。在练擒敌拳项目的时候，我尽最大努力做到最好，即便如此，我也总感觉自己的动作不够标准、不够到位。于是，每天便利用睡觉前、睡醒后、吃饭前等哪怕是一小会儿的闲暇时间加强训练。最终，我以崭新的姿态站到了表演队伍的最前面，为全校师生展示了英姿飒爽的擒敌拳，荣幸地获得了优秀学员的称号。这次军训不仅使我锻炼了强健的体魄，磨炼了顽强的斗志，更让我懂得重视点滴积累，让我在人生的道路上走得更加稳健。

主持人甲：说到军训，真是太苦、太累了！当时，我们脸上和身上都晒得脱了一层皮，好几个女生都哭了，但我们还是坚持下来了！

主持人乙：特别是站军姿，头顶似火的骄阳，脚踩炽热的土地，又热又累，汗水淌在脸上、背上，像一条条小虫子在爬，但我们一动不动，都始终保持昂首挺胸！

主持人甲：10 天的军训，短暂而又漫长。苦累了我们的躯体，却锻炼了我们的意志，升华了我们的灵魂！10 天的军训是我们终生难忘的一次经历和积累，它将激励着我们永远向前。

主持人乙：没有一番寒彻骨，怎得梅花香扑鼻！

四组学生 B：我的故事是功亏一篑，失之交臂。

为了在汉字听写大赛中取得好成绩，我放弃了所有的娱乐活动，除了上课、做作业，其余的时间都用来练习汉字的拼写。功夫不负有心人，我从层层筛选中脱颖而出，并顺利通过初赛和复赛。这时候我心里出现了自满情绪，看低了对手，放松了练习。结果在决赛中，当主持人提写“黄粱美梦”的时候我没有写对，与冠军失之交臂。此后很长时间里，我都为自己没有坚守初心而懊悔。一个人放弃了努力就等于放弃了成功。但我也有很多收获，这次比赛使我懂得了“行百里者半九十”的道理，也使我深深体会到了“台上五分钟，台下十年功”的含义。

主持人甲：也许你现在做的事情还看不到成果，但不要害怕，不要担心你此刻的付出得不到回报，因为这些付出都是为了扎根。

主持人乙：人生犹如毛竹，需要储备。我们相信，只要你坚持不懈地努力，成功非你莫属！

四组学生 C：上学以来最让我难忘的一件事，是我们班夺得广播体操比赛的全校第一名，作为体育委员的我倍感骄傲和自豪。成功的背后倾注了老师和同学们的心血和汗水。

自从接到比赛通知，我们班就开始了训练。每天早晨练半个小时，下午再练一个小时，晚自习在教室内一遍遍观看体操视频。其间，班主任和体育老师带领我们学体操、练队列、喊口号，不厌其烦地为我们纠正动作，同学们也互相规范动作。虽然每天累得腰酸背痛，但为了夺冠的目标和班级的荣誉，我们咬咬牙继续坚持。终于到了比赛的那天，同学们个个雄赳赳、气昂昂，我们整齐的步伐、响亮的口号、舒展的体操、飒爽的英姿，赢得了在场老师和同学们的阵阵掌声。

我们胜利夺冠！我们两周的艰苦训练终于有了收获，同学们都很激动，脸上洋溢着自豪和欢乐。我们每个人都深信，是真诚的付出与充足的准备为我们带来了成功的喜悦，让我们懂得了“积累在哪里，精彩就在哪里”。

主持人甲：昙花不计时日地酝酿，只为午夜那一瞬的绽放！人在生活中也需要不断地充实自己，学会在积淀中成长，变得强大。就像毛竹那样，在积蓄了足够的营养之后迅猛地生长，最终冲入云霄。

主持人乙：俗话说，根基不牢，地动山摇。万丈高楼平地起，没有坚实的地基，理想只是空中楼阁。我们正处在人生的黄金阶段，是素质和能力储备的最佳时期，我们每天的点滴努力，都在为 20 岁以后的人生发展打基础。

主持人甲：那就来涂一涂、画一画，自从入校以来，我们的“根”扎得怎么样？竹节长得又如何？快来比一比吧！下面进入班会的第四阶段。

第四阶段　竹情画意

主持人甲：我的地盘我做主，我的青春不留白。我们的宣传委员不辞辛劳，利用课余时间为每位同学画了一幅《竹石图》。现在大家根据个人的“扎根”情况，体验“竹节”的生长过程。《竹石图》分为两部分，地面以下是根系，根根扎在岩石中，清晰可见，并配以小标题“我的地盘我做主”；地面以上的部分是竹节，一节节空心的竹子，配以小标题“我的青春不留白”。

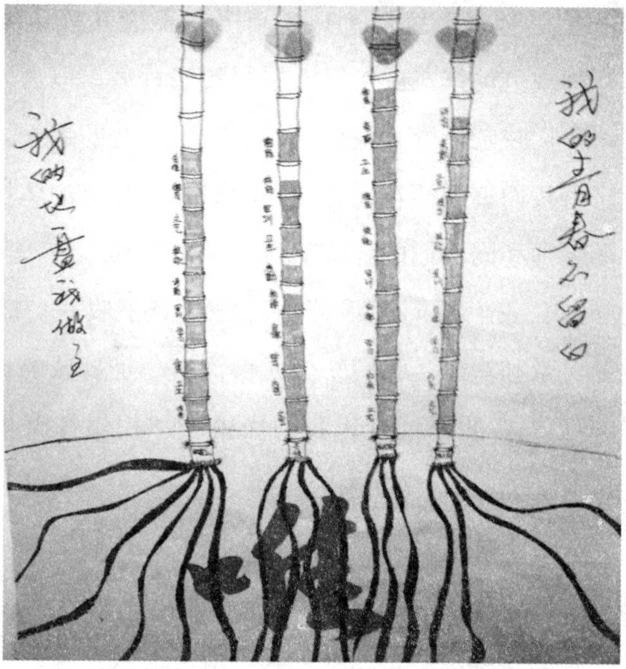

主持人乙：请同学们按照日常考核标准，比内务、比纪律、比卫生、比学习、比做操、比奉献、比文明礼貌等，把自己为成长而扎下的根涂上棕色，并在相对应的竹节上涂上绿色，表示“根深竹翠”。如果在某方面做得很完美，就涂满一节竹子；如果做得有欠缺，就在对应的竹节内留白。

主持人甲：刚才，同学们凝神沉思，都涂得很认真。通过涂竹根、竹节，很直观地体现出我们积累和成长的过程，让我们真切地感受到一分耕耘一分收获，是日积月累成就了今天的自己。

主持人乙：同学们经过相互对比也发现，在平时不经意间已经拉开了差距！这使我们对过去有了反思，对今后有了清晰的目标和努力的方向。

主持人甲：接下来，让我们用热烈的掌声，欢迎班主任老师讲话。

班主任：首先，十分感谢为此次班会做出精心准备的同学们，正是你们的辛苦付出才成就了今天精彩的主题班会，这正是竹子定律的又一体现。

其次，我提两点希望：大家要不忘初心，砥砺前行。是花朵，就要从土壤中汲取足够的养分，方可娇艳绽放；是水手，就要历练搏击风浪的能力，方能横渡江河；是雄鹰，就要拥有翱翔蓝天的翅膀，方能击破长空。没有越不过的山峰，没有涉不过的险滩。在人生的路上披荆斩棘、历经风雨，方能获得属于自己独一无二的彩虹！

大家要坚定信念，百折不挠。奋斗是青春最靓丽的底色，像竹子那样心无旁骛地扎根，用行动去规划人生，用汗水去描绘心中的蓝图，用努力铺就成功的道路，用勤奋实现自己的理想，才能百尺竿头更进一步。古人云：合抱之木，生于毫末；九层之台，起于累土；千里之行，始于足下。唯有厚积薄发，方能破茧成蝶！

主持人乙：谢谢老师的精彩点评及对我们的殷切希望！请老师相信，我们一定珍惜大好青春，努力学习文化知识和专业技能，要像毛竹一样默默无闻地壮大自己的根系，在悄无声息中积蓄力量，持之以恒“破岩”进取，下功夫提高自身的素质和能力，不断夯实基础，从而成就“竹节”人生，创造我们自己的神话和奇迹！

主持人甲：请大家起立，放声歌唱《阳光总在风雨后》！

在励志的歌声中结束本次班会。

任务拓展

齐心协力深扎根，你追我赶育竹林。

分组的《竹石图》张贴在教室醒目的位置，将伴随每个同学的中职生涯。团队中每一份子的成长都很重要，比赛哪个组的竹子成长快！通过思想的引导、行为的指导，使“竹子默默无闻、深深扎根”的理念真正成为同学们行动的指南。

苔花如米小　也学牡丹开

——扬起自信的风帆

《十六字令·苔》

（新韵：四开）

苔。细小卑微默默宅。无花种，生命寓奇才。

植言植语

2018年春节，清朝初年的一首小诗《苔》突然火了。这源于如米般的苔花，在没有阳光的潮湿角落里，默默无闻地绽放着自己的精彩意象，与乌蒙山里质朴纯洁孩子们阳光乐观、积极向上的现实生活相映成趣、浑然天成。

苔藓是包括苔纲、藓纲和角苔纲的低等植物，多寄生于阴暗潮湿之处。如果在放大镜下仔细观察，你会发现苔花虽小，却也似牡丹般绚丽绽放着。

班会时间

60分钟。

班情分析

中职生大多中考失利，中职学校成为他们不得已的选择。他们自卑甚至自弃，对前途感到渺茫，对未来失去信心。引导他们走出失败的阴影重塑自信，以力求上进、绽放自我的心态积极面对人生，是新学期班主任德育教育工作的重中之重。

教育目标

1. 认知目标：通过诵读、解析、吟唱《苔》诗，了解自信是一种优秀的道德品质，是一种内在的精神力量。

2. 情感目标：感受自信对成长的重要性，激发自信的热情，主动培养自信精神。

3. 运用目标：以健康心态面对未来、迎接挑战，活出自己的精彩人生。

班会要点

1. 活动一：歌曲激趣导入，吟唱《苔》歌。

2. 活动二：品读诗词知内涵，诵读、解析古诗《苔》。

3. 活动三：讲述名人的故事，体会自信的力量。

4. 活动四：撒下自信的种子，感受自信的芬芳。

5. 活动五：今日立下自信志，明朝成就心中誓。

活动准备

1. 由学生制作班会 PPT，并准备背景音乐。

2. 背诵《苔》诗，学唱《苔》歌，并搜查《苔》的解析，查找梁老师和学生的故事。

3. 分组搜集古今中外自信促进成功的名人故事，结合学生自身讨论自信的重要性。

4. 分组讨论如何培养自信心，各抒己见。

5. 由宣传委员绘出“自信启航舟”，并准备好彩笔。

6. 集体合唱《相信我们会创造奇迹》。

教育方法

故事启迪法、情感体验法、讨论法等。

班会过程

第一阶段　咏经典　识苔花

主持人甲：洛克菲勒曾经说过：“自信能给你勇气，使你敢于向任何困难挑战。”

主持人乙：自信使你急中生智，化险为夷。

主持人甲：我们应该相信，自己是生活的主宰者。

主持人乙：没错，我们的命运掌握在自己手中！

合：让我们扬起自信的风帆，点燃心中的希望之火，化渺小为伟大，化平庸为神奇，创造我们生命的辉煌！

主持人甲：尊敬的老师！

主持人乙：亲爱的同学们！

合：大家下午好！“苔花如米小　也学牡丹开”主题班会，现在开始。

主持人甲：2018年春节，精彩的电视节目那真是数不胜数，但给我印象最深的是《经典咏流传》，尤其是《苔》这首歌。不知你是否有同感？

主持人乙：真是英雄所见略同啊！我也很喜欢这首歌，那就让我们来重温经典，一起感受过往吧。

（播放《经典咏流传》中乡村教师梁俊和山里孩子演唱《苔》的视频。

同学们目不转睛地盯着多媒体屏幕，静静地聆听，脸上的表情渐渐凝重，很多同学情不自禁地流泪了，有的已经小声抽泣……）

主持人甲：这首寂寂无闻了300多年的小诗，在乡村教师梁俊和山里孩子小梁的吟诵中，展示出了它外柔内刚、自尊、自信的优良品格。也只有最纯真柔软的稚子之声才能将苔花那即使平凡却仍然向上的精神，表达得如此通透，才惹得嘉宾潸然，也使亿万观众产生共鸣。

主持人乙：当我们再次聆听，这首小诗依然触动着我们心里最柔软的地方，给人一种无以言表的感怀。

主持人甲：歌声再美，绕梁三日终会不见，可歌声中蕴含的情感却可延绵无期。下面有请一位同学谈谈感受，是什么让你如此感动，悄然落泪。

一组学生A：我的感受很深，有种“初闻不知曲中意，再听已是曲中人”的深切体会。春节期间，观看梁老师师生同台演绎的《苔》，我被女孩天籁般纯净的歌声震住了。第一次听《苔》时，我看到评委哭了，我也哭了；今天再次聆听，我还是控制不住流泪，是因为梁老师和孩子们背后的故事。我想在此把这个故事分享给大家。

角落里的“苔”①

2013年，支教老师梁俊带着一把吉他走进了贵州威宁乌蒙山区石门坎新中小学。在那里，梁老师与他的“苔花”们相遇了，自然条件的恶劣、交通的闭塞、经济的落后、家庭的贫困和不幸，是梁老师始料未及的。但最让他心痛的是，那里的孩子怯懦、胆小、自卑，第一次见面，甚至都不敢和他说话，犹如惊弓之鸟，有的都吓哭了。面对如此困境，梁老师没有退却，他深知苗族的孩子生来就爱唱歌，骨子里流淌着诗歌的性情，正好

---

① 林楠，周晓雪，李裕锟．苔花：沉寂300年的《苔》唱哭亿万观众背后的故事[EB/OL]．[2018-02-28]．http://news.163.com/18/0228/00/DBMMGLLP00018AOP.html.

他又会唱歌、弹吉他，于是教孩子们把古诗唱成歌。他要让山里默默无闻的“苔花”们，像牡丹一样勇敢地开放！

起初，孩子们因为天性胆小、羞涩、内向、害怕犯错都不敢发声，梁老师不放弃，慢慢鼓励他们。

“放开唱，别害怕。”终于孩子们发出了小如蚊蝇的声音。后来梁老师以考试的方式，通过“逼”孩子们上台朗诵、演唱诗歌，来训练孩子们的胆量和自信。梁越群唱的《苔》就是在这样的考试中被发现的。一开始，站在讲台上的梁越群紧张得不敢看老师和同学，眼睛低垂着，脸涨得通红。然而，梁越群一张口，羞涩又清澈的童音惊呆了在场的师生！

从此，同学们都喜欢上了《苔》这首歌，不厌其烦地要梁越群唱给他们听，小梁也乐此不疲地有求必应，一遍又一遍地反复唱。那抹怯懦、胆小从她的眼神中渐渐褪去了，有一颗自信的种子在她心中发了芽，“苔花”小梁就这样在大山里悄悄地开放了。

……

终于，梁老师和他的“苔花”们在央视的舞台上牡丹般地绽放了！

由此我联想到自己：我们不也是一朵朵不被人注意的小苔花吗？曾经，初中的教室里我们是蜷缩在犄角旮旯里的那部分；荣誉、奖状前我们是被遗忘的那一群；老师、家长的口中我们是不争气的那一拨；成绩单上我们是不被重视的那一页。造成这些结果的原因，也许是家庭的贫困，也许是年少贪玩，也许是没有优质的教育资源……但不管怎样，如同苔花，我们的青春如约而至，平凡而渺小的我们该何去何从？

主持人甲：是啊！我们在座的每一位也像一朵朵小苔花，难道我们因为自己不是艳丽的牡丹就自惭形秽、不上进、不奋斗，甘愿自卑自贬、颓废吗？

主持人乙：下面请一位同学为我们解析这首小诗，通过解析，是否能给我们一点儿启迪呢？

一组学生 B：这是一首人生励志诗。苔藓是一种多寄生于阴暗潮湿之处的低等植物，但弱小的苔花凭着坚强和自信，在没有阳光、不宜生命成长的地方，突破环境的重重窒碍，不卑不亢学着牡丹的样子，长出浓浓的绿意来，以青春的光彩，乐观、骄傲地开出属于自己的灿烂！

我在查找《苔》诗的资料时，搜遍了整个网络，和苔藓相关的诗词有且仅有清代诗人袁枚写的两首，可见苔藓自古以来在人们心中的地位之卑微。

主持人乙：苔藓如此，那我们是否也有过这样的境遇呢？下面进入班会第二阶段。

第二阶段　请与往事干杯

主持人甲：同学们，中考完之后，在选择学校的时候，我们听到最多的话是什么？

学生 A：父母唉声叹气："中考成绩那么差，连个高中也上不了，随便上个中职学校算了。"

学生 B：亲朋好友好心劝慰："你还这么小，什么也干不了，去学校混个中专文凭吧。"

学生 C：我们还是比较幸运的，有的同学因为成绩差，中断了学业，被迫去打工了。

学生 D：我们的未来似乎让人一眼就望到了底！

学生 E：感觉人生的路越走越窄。

学生 F：说真的，不仅别人对我们失去信心，我自己也曾一度彷徨、迷茫……

很多同学随声附和道：对，对，就是这样的……

主持人甲：谢谢同学们的发言，看来，这是我们共同的心声！中考成绩使我们与高中失之交臂，中职学校成为不得已的选择，那此时的我们该怎么办呢？

二组学生 A：这首诗不仅是写给梁老师和他的学生的，更映照出你我的人生。当前我们好像都处在人生的低谷期，虽然不知道未来会怎样，但首先我们自己不能看不起自己，更不能自暴自弃吧。要像这苔花一样即使无人喝彩，也要蓬勃地生长，开出属于自己的灿烂。

二组学生 B：对！英雄不问出处，虽然我们中考成绩差，但那只代表我们的过去。只要我们从现在起能自尊、自信、自强，好好学习，掌握知识和技能，在未来的职场努力奋斗、顽强拼搏，谁又敢说中职生就不能有一番作为，不能闯荡出人生的另一片天地呢？我们平凡，但不能平庸，我们要学苔花，虽小也要让生命怒放呀！

教室里顿时响起热烈的掌声！师生纷纷竖起大拇指！

二组学生 C：就算我们是苔花，但生活是多姿多彩的，既需要雍容华贵的牡丹的装扮，也离不开清新朴素的苔花的点缀。同样，现在的社会对人才的需求是多样化的，既需要大批科技型人才，也需要很多技能型人才，要相信“三百六十行，行行出状元”。只要我们有足够的自信与实力，同样能站到辉煌的人生舞台中央，像苔花那样绽放自己的风采！

二组学生 D：纵观苔藓的生命历程，苔藓的自信、自强和自立是苔花绽放的根本。如今，在我们成长的路上有国家的好政策指引方向，学校的好老师为我们保驾护护航，我们需要的是不畏风雨、奔向前方的自信，才能经受挫折和困难的考验，收获绚烂的明天！

主持人甲：对！有自信才能战胜困难、勇往直前，感受“山重水复疑无路，柳暗花明又一村”的峰回路转。

主持人乙：体会“自信人生二百年，会当击水三千里”的豪迈，领略“海到无边天做岸，山登绝顶我为峰”的气概！

第三阶段　心海故事体会力量

主持人甲：综观古今中外，每个人的茁壮成长都离不开自信的精神品质。

主持人乙：有了自信，才能百折不挠地朝着既定的目标奋勇迈进。有请三组代表发言。

三组学生 A：自信是成功的前提和保障。

这是一个真实的故事：主人公出生于一个普通农家，从小就跟着父亲在地里刨食。不同于其他小朋友的是，每当休息时，小男孩总会出神地望着远方。父亲很好奇，远处除了田地还是农田，他在看什么？他告诉父亲，他在看自己以后的生活，以后的自己坐在家里就会有人给他寄钱，再也不用种庄稼，也不用去上班。父亲看着他，无奈地摇摇头，劝他别做梦。后来这个男孩从书上认识了金字塔，他对父亲说他以后要去看金字塔。父亲又摇摇头，劝他少做梦，多干活。十年寒窗，这个孩子大学毕业，成为一位知名作家，他坐在家里敲敲键盘、写写文章，就会有出版社、报社向他家里寄钱。有了钱，他去看了金字塔。站在金字塔下，他在心里对爸爸说，只要相信自己，敢想、敢干，人生皆有可能。这个孩子就是台湾最受欢迎的作家林清玄，是自信让他走向了成功。

主持人甲：美国教育家戴尔·卡耐尔曾指出，一个人事业上成功的因素，其中学识和专业技术只占 15%，而良好的心理素质要占 85%。

三组学生 B：自信能够增强人的意志力。

（PPT 播放尼克的讲演视频）

尼克是一名全球知名的励志演说家，已在 34 个国家进行了 1 500 多场演讲。可你知道吗？他一出生只有躯干和头，没有四肢，他的残疾连他的父母都无法接受。不难想象，尼克要忍受周围多少人的歧视和被围观的耻辱。他因为自卑、消沉曾想在浴缸里结束自己的生命，但最终他选择勇敢地活下来。只有不放弃，相信自己，才能看到有希望的人生。

于是他常常告诫自己："虽然上帝为我关上了一扇门，但同时打开了一扇窗，我还有可思考的大脑和富有磁性的嗓音，足以支撑我努力成为一个与众不同的人。"从此他不在乎周围人的冷嘲热讽，更不在意别人讶异的眼光，时刻对自己充满自信，这使他战胜了来自各方面的困难、挫折和挑战。从视频中，大家也确实看到，绝大多数普通人无法做到的事，而他却做到了，并且取得了非凡的成就。

大家想想，如果不是有“苔花如米小　也学牡丹开”的自信，尼克的人生怎会这般地大放异彩呢！

主持人甲：高尔基也指出：“只有满怀信心的人，才能在任何地方都把自己沉浸在生活中，并实现自己的理想。”

主持人乙：既然自信对于个人的成长、成才、成功如此重要，那么，我们如何培养自信的品质，成为一个自信的人呢？

第四阶段　播下自信的种子

四组学生 A：我认为要学会正确认识自己，善于发现自己的长处。

有这样一个故事：一个国王到花园里散步，诧异地发现，除了小小的萱草，花园里其他的花草树木都枯死了。细究原因，原来是橡树苦恼于自己不像松树挺拔伟岸，消极厌世而死；松树厌恶自己不能像石榴树那样结出甜美的果子，惭愧而死；葡萄羞愧自己不能像桃树开出美丽可爱的花朵，不想活了；桃树叹息自己没有茉莉花那样的芬芳，郁郁寡欢……其余的植物也都分别觉得自己缺陷太多，比不了别人而奄奄一息，唯有不起眼的萱草却独自欣赏着自己，茂盛地生长着，丝毫不觉得卑微！

那些植物妄自菲薄以至轻生，难道真的是因为一无是处吗？绝对不是，是因为它们没有尊重自己的生命，更没有发现自己的优点。萱草之所以能坦然自在地活着，是因为它从不去盲目比较，它懂得自己的价值。那我们的身边有没有像橡树、桃树这样的同学呢？

同学们：有，我就是个不自信的人。我也老觉得自己什么都不行。……

学生 A：我一直羡慕那些身材高大的男生，做梦都想自己长高点儿。

学生 B：我也时常觉得自己既没颜值，也无才华。我这样的人，将来会很平庸，不会有很大的出息。

学生C：我来自偏僻的小山村，贫穷让我总觉得低人一等，抬不起头，甚至不敢大声说话。

学生D：我是个中职生，不管怎么努力，顶多上个职业学校的大专，还是不如高中生有前途。

……

四组学生A：看来咱们不自信的同学还真不少呢。常言道："尺有所短，寸有所长。"我们不要总拿自己的短处与别人的长处比，越比越没有信心。其实我们每个人身上都有许多闪光的地方，要学会欣赏自己、悦纳自己。

主持人甲：是啊！也许你不够漂亮、英俊，但你有健全的身体和聪明的大脑；也许你没有富裕的家庭，但你有积极进取的精神；也许你现在有些胆小、自卑，但并不代表你将来永远没自信……所有这些都是可以改变的。只要我们能用自己的优势和长处来生活，就会像梁老师的"苔花"们一样，一步步走向自信。

四组学生B：学会积极的自我暗示，坚信自己是最好的。

美国心理学家罗森塔尔曾做过一个很著名的实验。他在加州一所小学随意指定了3位教师，并告诉他们："你们是本校最出色的老师，全校最聪明的100名学生由你们来教。但不要告诉任何人，你们和100名学生是特意挑选出来的。"一个学期后，奇迹出现了，这100名学生的学习成绩是全校最好的。不出罗森塔尔的预料，3位教师都认为自己是最好的，学生都是最聪明的。于是工作起来充满了激情和自信，非常勤奋努力，最终在教学事业上取得了很大的成功。最后，校长公布了事情的真相："其实这只是一项心理学实验，你们是随机抽调的普通教师，而你们所教的学生也不是特意挑选的。"

学生E：你讲的故事让我联想到自己，比如上次咱班的实训课上，我的答案和别人的都不一样，我总觉得自己的答案是错的。当老师问是否还有不同的答案，我始终不敢举手，结果一出来，只有我的答案是正确的。当时我后悔不已，心里暗暗地说："我真没用！为什么不敢大声地说出自己的答案。"今后，我应该积极地鼓励自己、相信自己，否则，我将永远找不到自信。

四组学生 B：所以，我们在生活和学习中，还要学会积极自我暗示，时刻告诉自己：我是最棒的！

主持人甲：好！现在我们大家站起来，伸出你的大拇指，一起对自己大声说：我是最棒的！我是最棒的！我是最棒的！

四组学生 C：做好充分的准备是增强自信的基础。

自信不是凭空产生的。大家还记得唱《苔》的小梁吗？在登上央视舞台前，梁俊老师问她紧张吗，梁越群笑了笑："我不紧张，因为我们练习过很多次了。"由此可见，充分的准备是树立自信的基础。比如上周四，班内演讲比赛，老师和同学们谁都没想到，我沉默寡言、一说话就脸红的同桌居然得了三等奖！但我最清楚他在课下是如何努力的，他每天面对墙壁自言自语背稿子，直到滚瓜烂熟。充分的准备增强了他的自信，演讲才获得成功。

四组学生 D：我认为培养自信的最直接的方法是，抬起头来，眼睛平视，大声说话！

我从小就是个性格内向、腼腆胆小的女孩，就像小梁，说话细声细语，眼睛总是低垂着，从来不敢与别人对视，很少主动与同学沟通交流。我也知道这是不自信的表现，很影响自己的健康成长，可我不知道该怎么办。但我们的班主任老师对我说的一句话改变了我。他说："孩子，抬起你的头，看着老师的眼睛，大声回答我的问题。"老师温柔且亲切的话语，让我至今记忆犹新。在班主任老师的耐心鼓励下，我走路开始刻意地挺胸抬头，说话"故意"大声些，还主动和同学"搭讪"，上课敢主动举手发言了。现在回家，亲朋好友、街坊邻居都说我变活泼开朗、懂事可爱了！但我深知是自己变自信了。

主持人甲：D同学的蜕变，我们有目共睹。由此看来，树立自信并不是一件多么难的事，一个自信的表情、自信的手势，一句自信的言语，都能真正从内心培养起我们的自信①。大家还有什么妙招？

学生F：每天早上给自己一个微笑，会让你一天都精神抖擞、自信满满！

学生G：每天坚持锻炼身体，练就一副健美的身材，能让你走起路来雄赳赳、气昂昂，充满自信。

学生H：学好专业知识和技能，成绩优秀让我很自信。

学生I：发展一两种兴趣爱好，在参加学校比赛时获得奖励，也会让人变得自信。

学生J：主动争取当众发言的机会，课堂上积极回答老师的问题。

学生K：听课、听讲座时尽量坐在前排的位子上。

……

主持人甲：同学们总结得还真不少呢！可见，自信不是与生俱来的，是在生活和学习中逐渐培养起来的。

主持人乙：纸上得来终觉浅，绝知此事需躬行。自信也不能光停留在想象上、语言上，我们要在实际行动中加以巩固和升华，才能真正成为自信的人。下面进入班会的第五阶段。

第五阶段　感受自信的芬芳

主持人甲：俗话说："光说不练假把式。"我们将给大家一个展示才艺、增强自信的舞台，希望大家把自己最优秀的一面展现出来，可以讲故事、唱歌、跳舞、朗诵、演小品等，时间是下周四，现在报名。

---

① 认识自我　树立信心主题班会［EB/OL］．［2018-11-13］．https://max.book118.com/html/2018/1112/7120065163001156.shtm.

教室里瞬间热闹了，同学们表现的欲望被激发出来了，每个同学都摩拳擦掌、跃跃欲试，要为下次的联欢会上涂上浓墨重彩的一笔。

主持人乙：同学们非常踊跃，我看到所有同学都报了节目。接下来，请每个人把写有自己优点的彩色便签张贴在“自信启航舟”上，然后，面对师生大声喊出“我可以……”“我相信……”“我最棒……”“我能行……”等宣誓词，大家依次来进行。

……

主持人甲：“自信启航舟”张贴在教室墙上醒目的地方，时刻激励我们扬起自信的风帆，驰向理想的彼岸。

主持人乙：下面，让我们用热烈的掌声欢迎班主任老师讲话。

老师：世界上没有完全相同的两片树叶，每个人的生命都是独一无二的，就像牡丹和苔花，你有你的雍容华贵，我有我的清新淡雅。只要我们拥有自信，善于扬长避短、克服不足，不断完善我们的品德和人格，我们的人生照样多姿多彩！

愿同学们振奋精神，怀揣自信，不念过去，不畏将来，奋斗当下。苔花如米小　也学牡丹开。愿大家用自信的笔，在这个“人人皆可成才，人人尽展其才”的时代，书写出最美丽的人生篇章！

（班会在《相信我们会创造奇迹》歌声中结束）

任务拓展

1. 班会后，每人准备表演的节目。

2. 班内成立书法、朗诵、舞蹈、吉他等兴趣小组，并定期开展活动。

森林的智慧

——勇于竞争　善于合作

《如梦令·森林合作精神赞》

（新韵：二波）

乔木高昂雄阔，灌木矮矬交卧。枝叶互攀联，争沐日光辉烁。合作。合作，葱郁茂繁煊赫。

植言植语

森林里的树木为了吸收土壤里的水与矿物质，争取阳光照射，它们都会拼命地向上生长枝叶并向下扎根，来争取更大的生存空间。同时，森林的群体之间相互合作，共同抵抗自然灾害，使周围的环境更适合它们的生长。森林的竞争与合作创造了生存的奇迹，也为人类相处树立了榜样。

勇于竞争和善于合作是当今社会对人才的基本要求，培养中职生竞争和合作意识，提高其竞争和合作能力，是中职教育中非常重要的内容之一。

班会时间

60 分钟。

班情分析

中职生可以通过多种方式升入对应高校，升学压力也不是很大，因此在学习中缺乏奋发向上的动力，不思进取、竞争意识薄弱。同时，又习惯以自我为中心，在学习和生活中不能有效合作，并且滋生一些不好的习气。不正确的认识和行为很容易影响他们健康成长，因此，需要班主任老师正确且及时的指导。

教育目标

1. 认知目标：通过森林的智慧，启发学生树立竞争和合作意识，认识到良好的集体对自身健康成长及职业发展的重要性。

2. 情感目标：在活动中，充分体验竞争与合作的快乐，提高学生竞争与合作的能力。

3. 运用目标：把森林的智慧运用到生活和学习中，共同创建良好的成长环境。

班会要点

1. 活动一：小游戏大道理，两人三足。

2. 活动二：大森林大智慧，竞争与合作。

3. 活动三：小故事大启发，生命的林子。

4. 活动四：小体验大收获，自由辩论。

5. 活动五：小活动大进步，修枝剪叶。

活动准备

1. 确定主持人，并由班委构思具体的实施思路，制作 PPT 课件，准备背景音乐、游戏音乐。

2. 搜集有关森林的知识，了解森林背后的植物文化，搜集有关竞争和合作的故事、警句名言。

3. 根据班会内容及实施过程布置现场。

4. 全班学生分正、反两组准备辩词和辩赛材料，并选出 8 名主辩手。

教育方法

故事启迪法、游戏体验法、辩论法等。

班会过程

第一阶段　走进森林

主持人甲：尊敬的老师!

主持人乙：亲爱的同学们!

合：大家下午好!

主持人甲：今天的班会从“两人三足大比拼”游戏开始，同学们一定要积极参与、认真观察。根据课前分好的一组、二组，组内根据身高自由组合，严格按照游戏规则进行比赛，用时短者即为胜。

(5 分钟后，胜负揭晓，二组胜出)

主持人乙：祝贺二组开门红！通过激烈的游戏比赛，大家有什么感受?

学生 A：我的感受是太累、太激烈了!

主持人甲：除了身体感觉累、激烈，我们的思想上有什么感受呢?

主持人乙：也就是我们通过游戏，懂得了什么道理呢?

学生 B：合作很重要，没有合作就完不成今天的游戏。

学生 C：竞争也很重要，我认为竞争给予了我奋进的动力。

学生 D：我觉得两个人配合要默契，才能齐头并进。

学生 E：团体的每个成员都必须勇于竞争，才能取得最后的胜利。

主持人甲：这个小游戏告诉我们，要想在竞争中取胜，必须团结合作。看大家气喘吁吁、汗流浃背，是不是特想去一个凉爽的地方，放松一下我们的心情呀？

大家异口同声：是。对。

主持人乙：那就跟着主持人一起走进森林，去感受新鲜的空气和凉爽的风吧！

（PPT展示课件：一片郁郁葱葱的森林）

主持人甲：说起森林，大家并不陌生，自古以来森林就和人类息息相关。森林是人类的摇篮，是孕育人类的母亲。人类的祖先古猿取食于森林，摘果为食；栖居于树木，构木为巢；御寒遮羞，树叶蔽身。另外，还有钻木取火、刳木为舟。

主持人乙：今天，人类仍然依赖森林资源，从中获取物质财富，推动人类社会文明的进步。可见，森林是自然界赐予人类的一笔巨大且珍贵的绿色财富。

主持人甲：不仅如此，森林还是一位智慧大师呢！

主持人乙：什么？森林怎么成智慧大师了呢？

主持人甲：不知道大家注意过没有，（边说边展示图片）单独生长的树木，既有丰富的养分与充足的水源，还有温暖的阳光和滋润的雨露，独自享受上天和大地的恩宠，却长得不够高，也不成形，难做栋梁之材。是不是这样的？

大家议论纷纷：你还别说，真是这样的，虽然我们农村庭院、道路旁种了很多树，要长大的话，少则十几年，多则几十年。长得粗壮，但不高，都派不上大用场，盖房、做家具的木头都是从大森林里运来的。

主持人甲：而森林里的树木就不同了，没人修剪，自然天成，却长得笔直高大、棵棵参天，这是为什么呢？我们进入下一个阶段。

第二阶段　探秘森林智慧

主持人乙：哪位同学来回答刚才的问题？

一组学生A：我通过“百度”了解到，森林里的树木众多，一棵紧挨着一棵，要想存活下来，需要争夺宝贵的生命资源——阳光和雨露，必须奋力向上生长。因为树知道，只有高于别人，才能为自己争得更大的生存空间，所以都长得高大笔直。

二组学生A：我也查资料得知，森林里的树木要想长得高、长得直，首先集中营养长主干，并且在生长过程中少分叉、不弯曲、不能长在其他树的阴影下。否则很有可能因能量供应不足导致虚弱而被虫、藤等绞杀，成为其他植物的肥料。所以，能存活下来的树都成为参天大树了。

二组学生B喊道：这不是自然界的“物竞天择，适者生存”的法则吗？

主持人甲：正是这种竞争规则才使森林树木长得笔直高大，它带给我们什么启示呢？

一组学生C抢先举手回答：这个问题我来答，前几天我刚看了青年作家李雪峰的文章《生命的林子》：唐玄奘在法门寺修行，他虽青灯黄卷多年，但论经讲道仍不如寺里的许多僧人。有人劝说玄奘，若想出人头地，不如到一小寺院中谈经阅卷。玄奘觉得这话很对，便决意向师父辞行。方丈明白玄奘的意图后，把他带到法门寺后一片松林……方丈郑重地说：“这些树仿佛就是芸芸众生啊，它们长在一起，就是一个整体，共享每一缕阳光，分担每一丝雨露，它们奋力向上生长着，于是，它们棵棵是栋梁。而那些远离群体的零星三两棵松树，有充足的阳光，有足够的雨露，它们鹤立于灌木，没有旁的树与它们争辉，所以，它们就成了柴薪了啊。”玄奘听了，便明白了：“法门寺就是这一片郁郁的森林，而山野小寺就是那棵远离群体的树了。方丈，我不会离开法门寺了！”而后，在法门寺这片大森林里，玄奘潜心苦修，终成一代名僧。他的枝叶，不仅渗过云层直入天空，而且承接了西天辉煌的佛光①。这个故事说明了一个道理：一个人的成长不能脱离群体，犹如参天大树的长成离不开森林。这不就是森林的智慧吗！

主持人乙：老方丈就是利用森林的智慧来启发玄奘的，使他幡然醒悟，才最终功成名就。

主持人甲：一组 C 同学真是学以致用啊！那么在团体中，什么因素更能促进人的进步和成功呢？

（大家议论纷纷）

学生 F：我觉得团结合作能促进人的成长，森林之所以能保持水土、防风固沙、保护农田、保护自己，是因为它们团结一致、共同努力。不是有首歌唱到："一棵小树轻轻被折断，百里森林并肩耐岁寒"，这不就是团体合作的力量吗？

学生 G：我认为勇于竞争更促进人的成长，森林里的树木是因为比赛着长才棵棵钻天，像"物竞天择，适者生存""生于忧患死于安乐""鹿和狼的故事"等，这些不都是最好的解释吗？

……

主持人甲：真是"仁者见仁，智者见智"啊，看来这次的答案不是很明确。我统计一下，赞成"竞争"的请举手，（环视教室）20 人；同意"合作"的请举手，（环视教室）20 人。不分伯仲，旗鼓相当啊！这怎么办？

主持人乙：常言道："话不说不明，理不辨不清。"既然这样，我们何不来一场自由辩论呢？

第三阶段 体验森林智慧

（PPT 课件展示辩题）

① 李雪峰. 生命的林子.［M］//语文：苏教版第十一册. 江苏教育出版社，2009：54-57.

正方（一组）辩题：竞争比合作更有利于人成功

反方（二组）辩题：合作比竞争更有利于人成功

正方同学陈词：一位哲学家曾经说过，人类在竞争中创造，人类文明也在竞争中优胜劣汰，人类通过与其他物种的竞争、与自然界的竞争，从而存活于这片广袤的土地上。而在现实生活中，竞争也无处不在，大到国家间竞争，小到个体竞争。我国现今的教育目标之一，就是使学生适应激烈的竞争环境。我方认为，竞争更有利于人的成长：1. 竞争使人奋进，激发潜能，能促使学习效率和工作效率的双丰收。2. 竞争能为我们指明前进的方向。3. 竞争能使我们发现自己的缺点和不足，查漏补缺地完善自己。竞争中，不仅是实力、智慧的较量，更是意志的较量。同学们，不要犹豫，投入竞争，做个时代的强者吧！

反方同学陈词：非常感谢对方辩友，但不管对方如何字字珠玑、口吐莲花，也改变不了一个事实，那就是凡成大业者，必是善于合作之人。追溯人类历史，从群居的山顶洞人到炎帝、黄帝大败蚩尤，从孙、刘联合抗曹三国鼎立的形成到国共合作驱逐日寇的胜利，从国际“南南合作、南北对话”到今天的“一带一路”，构建人类命运共同体，合作共赢新型国际关系的建立。这些都有力地证明了，团结合作是时代的潮流，是历史的选择！“独行快，众行远”，说明了什么？只有合作，才能走得更远。孙中山先生说：“物种以竞争为原则，人类以合作为原则，人类顺此原则则昌，不顺此原则则亡。”我们有理由坚信，合作是更有益无害的成功途径。而竞争会使人变得自私自利，人际关系冷漠。

正方同学：对方辩友真是巧舌如簧啊！但是有一点不能否认，难道你们不是通过班内激烈的竞争才脱颖而出的吗？难道今天的辩手是你们之间合作选出来的吗？任何事物皆有它的优缺两面，竞争也不例外，但瑕不掩瑜。何况，对方辩友所举之例，也并非全是竞争惹的祸，而是个别人心理不健康导致的。例如，中、高考是目前选拔人才最公平的办法。依对方辩友之意，难道您要通过合作去上清华、北大？当然，我们也希望世界上只有团结、协作，但是我们必须清醒地认识到：人类要生存、要发展，绝不能回避竞争，真正促进人类进步的是竞争啊。加入到“狮子与羚羊的竞争”中，会让你每天看到一个不断进步的自己，明天的你一定会感谢今天努力竞争的自己！（全体鼓掌）

反方同学：难道通过合作就不能考取名校吗？我们书本的编纂，是多少位教授的合作；我们学校的教学，是多少位名师的合作。对方辩友以偏概全，只见表象而不究其里，其片面性可见一斑。只强调个人竞争而忽视团队合作的人能适应社会的需要吗？

正方同学：我方未否认合作的重要性，但我方认为适于现代社会发展的人才是在竞争中培养出来的。当今社会，拥有竞争力才更为重要。我国市场经济引入竞争，难道不是因为竞争的重要？

反方同学：市场经济引入了竞争，但市场经济下的我们都在合作呀！南南合作、南北合作、西电东送、西气东输，南车北车都合并了，难道我们不是更强调合作吗？如果没有通力合作，能取得如今的成就吗？这恰恰说明了“合作更能使人进步”啊！

正方同学：你方今天在这里唇枪舌剑，不就是为了跟我方竞争吗？如果依照你方的观点，今天的辩论还有什么意义？

反方同学：我们今天能到这里，有老师的帮助、同学的鼓励，更关键的是我们是靠队友的合作呀。难道对方辩友今日的论述仅仅是个人观点，都是孤军作战，不是团队协作得来的吗？

正方同学：我们从未否认团队协作的重要性，但合作不也是为了更好地竞争吗？这说明合作只是手段，竞争才是结果啊。对方辩友不是因为今天的竞争才合作的吗？

反方同学：不，对方辩友真是本末倒置啊！是因为良好的合作才使竞争更有力，比如匡威和小黄人的合作，使得小黄人的身影无处不在！

正方同学：那我也可以说，竞争促进了匡威和小黄人的合作。竞争是否会促使集体充满生机与活力？

反方同学：会，但请对方辩友注意，虽然竞争可以提高活力，但集体本身就是合作的产物，难道对方辩友不懂得“皮之不存，毛将焉附”的道理吗？

正方同学：竞争的压力会不会促使人们为了获得更好的合作伙伴而不断进步？这是竞争的优势啊。

反方同学：那岂不更彰显了合作的重要？通过合作，我们才能彼此进步，竞争只是一个手段而已。如果竞争会促使人们合作，那就更加说明合作是发展必由之路。

正方同学：合作伙伴应不应该有选择？

反方同学：当然有。

正方同学：他们在选择的时候不也在竞争？对方辩友怎么解释？

反方同学：但最终目的是合作，我们不否认竞争，但合作才是我们成功的最有效方式。

正方同学：“微信运动”的风靡，不就是通过竞争来鼓励自己每天坚持、不断进步的吗？

反方同学：对方辩友真是孤陋寡闻啊，知道那句“独行快，众行远”吗？让他们能够坚持不懈的是因为“微信朋友圈”里朋友之间的合作和鼓励啊！

正方同学：奖学金，难道不是通过竞争来鼓励学生的吗？

反方同学：知识的获得，是老师与我们的合作；问题的解惑，是同学与我们的合作。为什么对方辩友一直在强调竞争？你只看到你将别人踩在脚下，而我们看到的是通力合作取得共荣。

正方同学：还有奥运健儿们勇夺金牌不也是竞争吗？难不成他们也搞合作，把金牌都平分了不成？

反方同学：看来您明显没有明白奥运会的真正要义和精神所在。体育处处都是竞争，但想要更强，必须依靠合作。赛场上风云诡谲令人兴奋，可队员的幕后合作更令人钦佩。中国女排的胜利，不就说明了合作的重要。万人操弓，共射一招，招无不中。竞技体育尚显合作之重要，何况其他？如果没有各国运动员的合作，我们的奥运会能取得成功吗？

正方同学：无论对方辩友如何能言善辩，能否认今天的辩论是一场竞争吗？竞出胜负，才能促使进步。

反方同学：错！我方一致认为，今天何尝不是一次很好的合作，一场精彩的辩论不是我们合作的成果吗？

正方同学：事实胜于雄辩，请对方辩友睁大眼睛看看我们的荣誉墙，那一张张金灿灿的奖状，不正是我们用汗水和智慧通过竞争得来的吗？

反方同学：也请你们三思而后言，那一次次的胜利，不正是我们齐心合力，努力拼搏合作得来的？

主持人甲（举手示意）：好！时间到，太精彩了！同学们是不是意犹未尽？

同学们兴高采烈齐声道：是！好想继续辩论！

主持人乙：看来大家课前都进行了认真、充分的准备。我想辩论的输赢已经不重要，重要的是在辩论的过程中我们收获了什么，对不对？哪位同学可以分享一下参加辩论赛的感受？

一组学生 D：我的感受是，竞争激发我奋进，合作给予我力量。就本次辩论来看，对方的每一次提问，都激发了我们的智慧，成为我们思考进步的“磨刀石”。回想这一周以来，时间紧、任务重，自从拿到辩题后，我就投入到紧张的备赛中。为了在比赛中取得胜利，我们废寝忘食，都瘦了好几斤。我们牺牲了课外时间做准备，别人玩手机，我们查资料；别人酣然入睡，我们挑灯夜战；别人回家放松，我们在教室备战。我们每个人都在竭尽全力，为了我们的目标，为了团体的荣誉，我们心往一处想，劲往一处使，竞争让我们更加努力，合作让我们更有力量！

二组学生C：辩论让我认识到竞争和合作是不可分的。这场辩论赛给我们上了很好的一课。在辩论中，我们所有人既在竞争也在合作，我和我的队友，通过竞争来反驳对方辩友，通过合作坚定我们的立场，遇到困难，齐心协力、共同克服；同时，我们与对方辩友的关系，也是既有竞争也有合作。这使我深刻地认识到：在竞争中合作，在合作中竞争，才能取得共同进步。

二组学生F：辩论赛让我更清醒地认识了自己。在备赛的过程中，我收获了很多，成长了很多，也让我看到了自身的缺点和不足。我深刻感受到了什么叫书到用时方恨少。比如，因为知识积累少，导致我明明知道怎么反驳，可是找不到合适的词语，而且反驳的力度非常弱。通过辩论赛，我懂得了要想在激烈的竞争中取胜，必须善于合作，不断完善自我，这将对我今后的学习和生活带来极大的帮助。这次经历激励我找出差距、扬长避短、增强自信，不断完善自己！

……

主持人甲：谢谢几位同学的感悟分享！我们进一步懂得了竞争和合作的重要性，下面有请班主任点评。

班主任：首先，非常感谢这8名同学给我们带来的这场自由辩论。更感谢背后支持他们的全体同学，也就是“陪练”，这让我们看到了集体的力量。一个优秀的集体必然是由一个个优秀的个人组成，每个个体之间既有竞争也有合作，这也是森林的智慧在我们身上的体现。

其次，通过辩论我们更加理解了竞争与合作的关系：竞争与合作，不是冰与火的两极，二者是你中有我，我中有你，密不可分，相互依存。没有合作的竞争，是孤单的，是无力的，只有在合作中竞争，才能更好地实现目标；没有竞争的合作只是一潭死水，只有在竞争中合作，合作才更加有效。所以，在今后的生活和学习中，我们要勇于竞争、善于合作，才能取得更大的进步。

主持人乙：谢谢老师的精彩点评！

第四阶段 践行森林智慧

主持人甲：班级如同森林一样，要创造良好的成长环境，需要我们每个人的努力。那下面，为了我们“芝兰之室”里每棵小树的健康成长，来一次修枝剪叶活动，我们的森林里的树木才能郁郁葱葱、棵棵耸立！

主持人乙：下面请大家认真反思，在我们的生活和学习中有哪些不良的竞争和合作。

学生 H：上学期期末考试的时候，有一道数学题我不会，我“偷”看了同桌的答案，我同桌碍于面子没拒绝。我虽然拿到了三等奖学金，但我并不觉得光荣，为此我一直内疚，感觉对不起父母、老师和同学。今后，我一定好好学习，以实力取得自己想要的东西。

学生 I：我们几个男生下课经常合作玩游戏，浪费了很多时间。其实我也知道一起玩游戏容易上瘾，会导致学习成绩下降，但我怕伤了同学间的和气，违心地参与进去。今天的主题班会让我明白，我们不仅要拒绝不正当的合作，还应该劝告、帮助同学改掉不良的行为习惯，才能获得真正的友谊。

学生 J：我也应该检讨自己，我作为宣传委员，负责板报画画，但每次办板报我都自作主张，只管画好自己的图画，从来不和负责写字的团支书一起研究、商量，致使板报不能“图文并茂”，影响了板报成绩。

学生 K：老师，我作为二组组长也没尽到责任，上周负责扫地的 F 同学因病没来，结果预备铃响之后，卫生还没打扫，受到老师批评。虽然我们有明确的分工，但是更应该学会合作，互相帮助，我为人人，人人为我，要有奉献精神，我们的班级才能更整洁、更美丽。

学生 L：这次学校红旗宿舍大评比，咱班 6 个宿舍中 5 个宿舍被评为红旗宿舍，就我们一个宿舍以微弱的劣势落选。那是因为有一次 N 同学请假没在，床铺不是很整齐，而我是军训时内务整理的优秀学员，可是我没帮N同学整理。我们宿舍那次的分数最低，我觉得我有责任。

学生M：对于这次的优秀团员竞选，我觉得不公平。每个宿舍都给自己宿舍的人投票，真正表现好的同学却没有选上，我认为这样的竞争与合作不光彩。

……

老师：谢谢同学们深刻且真诚的剖析！有人说，教室就是犯错的地方，知错能改就是好孩子。愿“森林的智慧”永远伴随你们的人生！

主持人甲：我们一定遵从老师的教诲，严于律己，勇于竞争，善于合作，在“芝兰之室”茁壮成长，成为国家和社会的有用人才！

主持人合：班会到此结束，老师、同学们再见。

任务拓展

会后，每人制订出自己成长的近期目标和具体措施，并严格落实。

生长收藏　瓜熟蒂落

——志学之年莫彷徨

《如梦令·从来纨绔少伟男》

（新韵：八寒）

天道阴晴常变，草木婉柔易撼。经历雨霜摧，方见百花娇艳。磨难。磨难。纨绔哪来辉炫。

植言植语

“春生夏长，秋收冬藏”。植物的生长有其内在的规律和严谨的秩序。如果违背规律与秩序，植物将不能很好地生长和发育，甚至不能完成一个生命过程。

中职生思维活跃、思辨能力强、学习效率高，正处于学习的大好时期，掌握深厚的理论知识和专业技能，在将来的工作中才能驾轻就熟、游刃有余。如果在学习的年龄去工作，到工作中再去学习，往往会力不从心、事倍功半。

班会时间

60分钟。

班情分析

中职生一方面认为自己的身体已经长大，可以胜任工作；另一方面也认为自己思想成熟，对世界和人生有自己的看法。在他们看来，学习反而成为最不重要的事了。

学生对理论学习不感兴趣，学习气氛不足，读书无用论有所抬头，盼望早日上班的心情更加迫切。基于以上原因，召开本次班会，端正学生学习态度，引导学生树立高远志向。

教育目标

1. 认知目标："十年树木，百年树人"的成长规律。欲成大材，必定要积土成山，风雨才能兴焉。

2. 情感目标：通过对名人传记的解读，了解到成为一个有所作为的人，必定要掌握许多知识，但更重要的是要培养一种做事的毅力、分析问题的洞察力、雷厉风行的执行力和与人和谐相处的团队合作能力。

3. 运用目标：通过剖析成功人士，找出他们身上存在的优秀品质，对比出自身的不足。把情绪管理、时间管理、目标管理和人格培养作为中职阶段学习和努力的主要方向。

班会要点

1. 活动一：播放小树与大树的图片；播放成熟果实与未成熟果实的图片。剖析植物成熟的特征。

2. 活动二：同学讲解《马云小传》，分析成功的特征。

3. 活动三：慧眼独具，剖析本班同学，找出大家优点，见贤思齐。

4. 活动四：成长就是改变。

活动准备

1. 组建班会志愿团队，选出主持人。

2. 由学生制作班会 PPT，并准备背景音乐。搜集相关资料、图片以及解说词。

3. 按值日组分组准备人格成熟的剖析材料。

教育方法

故事启迪法、讨论法、实操体验法等。

班会过程

第一阶段　认识成熟

主持人甲：成熟是儿时的渴望，成人是儿时的期盼，成熟是成长的必然。那么成熟应该是个什么样子？相信每个同学心中都有一个成熟的模样。

主持人乙：十年树木，百年树人。人的成长与树木生长有着相通之处，所以，老师也被大家亲切地称为“园丁”。那么，我们今天就从观察植物生长发育的变化来认识人的生命历程。

下面，播放小树与大树的图片，大家讨论它们的区别。首先，我们先来聊一下小树的特征及其成因，还有我们的一些想法。

一组学生 A：小树的枝条长得都比较直立，一心奔向阳光，竞争现象明显。树林中的小树比着向上长，长得都比较直、比较高。单独生长的小树则长得很随性，谁和谁也不一样，东倒西歪，没有章法，个子较矮。

一组学生 B：小树林就像我们的学校、我们的班级，共同学习、共同生活有利于我们的成长。早期辍学的学生就像独生的小树，生活没有规律，做事没有章法，很容易放任自己，也容易学坏，所以，家长要严加管教才行。

一组学生 C：这就是老人们常说的“小树不修不成材”。

主持人甲：我们平时对身边的事物熟视无睹，看惯了大树和小树，却从来没有仔细观察过，听刚才的同学一说，还真是这么回事。小树的情况我们大致了解了一下，那么，大树又是什么情况呢？哪位同学说一说？

一组学生 D：大树的生长与小树不同，大树的枝条生长得相对平展，因为它们知道不仅高处有阳光，而且空闲处同样也有阳光。所以，大树不仅有高度，也有宽度和厚度。

一组学生 E：大树之间相处得比较智慧，你向这里伸过来一枝，我便让一下，往其他方向生长。所以，大树就显得非常团结、和谐。一棵大树可能并不完美，但一片大树肯定是完美的。

一组学生 F：大树的智慧还体现在比较识时务。它了解并能严格遵守自然规律，懂得自我保护，它的生长与休眠都与自然界相一致。春天气温稳定时才开始生长；秋天下霜前，叶片里的营养都及时回收到枝干里，最后，随风潇洒飘落。所以，大树很少受到冬季低温的伤害。大树这种低调、包容的品格和见机而作的智慧值得我们学习。

主持人乙：同学们准备得都很充分，所说知识都相当专业了。为你们点赞！接下来我们再看一组成熟果实与不成熟果实相对比的图片。谁来说一下它们的区别？

一组学生 G：没有成熟的果实是绿色的，质地比较硬，味道酸涩不好吃。成熟的果实色彩鲜艳，肉质松软，味道甜美，气味芳香诱人。

主持人甲：看同学们看到熟苹果馋得那样儿！大家只是说了果实对人的意义，那么，果实本身对植物有什么意义呢？咱们请老师讲一下吧。

老师：同学们，果实没有成熟时的特点让人们不喜欢，其实动物也不喜欢。这种不喜欢恰恰是植物的智慧，因为果实里面的种子还没成熟，需要生长，需要保护。等种子成熟、种皮坚硬的时候，果实才成熟。成熟的果实用成熟的色彩和香气引诱人和动物去采摘，而人和动物的活动恰恰也传播了种子，扩大植物种群的生长范围。同时，果实还能保护种子落地时不被摔坏，还能为种子发芽提供营养。

大家看看，虽然在一年中成熟的果实出现得很晚，但是完成种子传播、扩大种群繁殖使命的恰恰是晚熟的果实。这就告诉我们，时间是不可逾越的环节，成熟和成长都是一天天慢慢积累的。植物的果实恰恰是这样，不急于求成，每天做好当下的事，瓜熟蒂落，功到自然成。

虽然人们常说“自古英雄出少年”，但从概率上讲，更多的则是大器晚成。

我们在学习和生活中的一个念头或梦想就像是植物的种子，而我们的行动就像果实，要精心呵护种子，让想法逐渐成为现实。成熟的过程需要我们的坚守，要是连一节课都坐不住的话，还谈什么事业。

主持人乙：老师的解读太精彩了。让我们知道了成长不仅需要聪明的智力，更需要包容、担当、奉献和持之以恒的情商。

植物终究是植物，虽然能够给予我们启示，但还是名人的榜样对我们更有指导意义。下面我们进入第二个阶段，剖析成功人士的品质。

第二阶段　大器的品质

主持人甲：每个人都渴望成功，都希望自己将来能成为一个有所作为的大人物，也就是我们说的“大器”。那么，成功人士的身上都具有哪些值得我们学习的品质呢?

主持人乙：马云是当代最著名的企业家之一，是创业者的榜样，也是在座许多同学的偶像。今天，请咱们班马云的铁杆粉丝来给大家介绍一下马云的成长乃至创业的大致经历。

二组学生A：我是马云的忠实粉丝，下面我用5分钟时间给大家介绍一下《马云小传》(PPT)。

1. 马云从小就能敏锐地发现自己的爱好，并能为爱好付出行动。12

岁时他买了一台袖珍收音机，并对英语开始感兴趣，从此每天听英文广播。他每天英语不离口，甚至在课余时间去西湖景区找外国人聊天。在这个过程中他认识了一位澳大利亚人，建立了长期友好的关系，这个人对马云的影响很大。

2. 马云的奋斗目标明确，面对挫折，百折不挠。马云明确地希望通过学习来改变命运，虽然他学习不是很出色，但从不言放弃。

中考时，他考了两年才考上一所极其普通的高中，其中一次数学只得了 31 分。1982 年，马云第一次参加高考落榜，数学只得了 1 分。1983 年，马云第二次参加高考，再次落榜，数学提高到了 19 分。1984 年，马云不顾家人的极力反对，第三次参加高考，这次数学考了 89 分。马云被杭州师范学院破格招收到外语本科专业学习。需要强调的是：这后两年，马云都是边工作边学习，都是忙里偷闲自学的。

3. 马云有自强不息的拼搏精神。1988 年，马云从杭州师范学院外国语系英语专业毕业，被分配到杭州电子工业学院，任英语及国际贸易专业讲师。马云的教学工作非常出色，曾被评为“杭州市优秀青年教师”。

4. 马云有求新求变的意识，敢于担当。1992 年，马云发现身边的翻译业务量比较大，于是就邀请几名退休老师成立海博翻译社。翻译社在竞争中生存下去也很困难，为了生计，作为大学讲师的马云背着大麻袋到义乌、广州去进货，海博翻译社开始卖鲜花、卖礼品，甚至向大医院和赤脚医生推销过医疗器械和药品。

5. 马云眼光独特，有风险意识。1995 年 3 月，马云辞职，用借的2 万元创立了中国第一家互联网商业公司——杭州海博电脑服务有限公司，公司当时只有 3 名员工：马云与爱人张瑛，及何一兵。

6. 马云百炼成钢。1996 年，马云的公司和杭州电信合并。1 年后由于种种原因，马云放弃中国黄页，和他的团队在北京开始开发网站。但北京的工作依然不是他想要的，于是，1999 年 3 月，马云正式辞去公职，带着自己的团队回到杭州，凑够50万元开始了新一轮创业，开始开发阿里巴巴网站。当时的马云举步维艰，平时采购东西都是自己用三轮车去运输，如果必须打车也只打夏利，而不敢用桑塔纳（桑塔纳比夏利每公里贵几毛钱）。1999年4月15日，阿里巴巴网站正式上线。2003年5月10日，马云创立淘宝网。2004年12月，马云创立第三方网上支付平台“支付宝”。2007年11月，阿里巴巴在香港联交所挂牌上市。

7. 马云生活情趣很高雅。马云在大学时学下围棋，曾把外语系所有的男生杀了个遍。马云热爱武侠文化，要求阿里巴巴员工都要有个“花名”，要出自武侠或玄幻小说中的正面角色。马云自己起名“风清扬”，马云的办公室叫“桃花岛”，会议室叫“光明顶”，洗手间叫“听雨轩”。

马云一向崇尚武侠文化，喜欢打太极拳，先后师从过9位师傅。2010年4月，马云在陈家沟见到了景仰已久的王西安师傅，并拜其为师。

总之，我感觉马云的成功不是偶然，他清晰的奋斗目标、顽强的拼搏精神、极富吸引力的人格魅力注定他做什么都会成功。

主持人甲：这位同学不愧是马云的超级粉丝，对马云的成长经历如数家珍，又好像自己是主人公似的说得激情澎湃。再次用掌声感谢这位同学！

主持人乙：马云两年才考上高中，3年才考上大学，10多年才创业成功。相比北大清华的学霸们来说，马云的成功是晚了许多，但马云的事业说明：晚成也大器。

主持人甲：大家不知道吧，咱们班主任老师也是个马云粉，下面请班主任老师总结马云的成功给我们的启示。

班主任：听完同学A对马云的介绍，以及大家对马云的剖析，我忽然想起了孔子、唐僧和毛泽东。他们也都是在自己的事业上，很长时期处于人生低谷，可谓是举步维艰。但他们不离不弃，最终都走向了成功。人生路上的挫折就像是磨刀石，只有不断地打磨，我们的人生才能更加精彩。

人生也需要像唐僧那样经历九九八十一难，才能丰富自己的阅历、提高自己的见地，才能临危不惧、急中生智，才能从容不迫、井井有条地处理好工作和生活的事情。

在座的同学们虽然身体已经长大，虽然对社会和人生都有了一定的看法，但我们离成熟还有一定的距离，还需要时间和世事的历练。目前，妥善安排好自己在中职期间的学习和生活，博学善思、培养特长与爱好、多读书、多参加各项活动无疑是提升我们学识、能力和人格魅力的有效途径。

最后，学习不要仅限于书本知识和自身的专业。马云学的英语与阿里公司是八竿子打不着的，但学习英语的过程中铸就的品质和丰富的大学生活无疑是锤炼马云的最好平台。希望大家好好利用当前条件，把中职生涯当成锤炼自己的平台。

主持人乙：老师的见解就是比我们深刻，我们一直认为在学校就只是学习，学习就是背东西、学专业技术，没想到学校生活的“副产品”也是人生中非常重要的东西。大家用掌声感谢老师精彩的点评。

主持人甲：纸上得来终觉浅，绝知此事要躬行。下面我们进入第三个阶段：慧眼独具。

第三阶段　慧眼独具

主持人乙：现在进入各组发言时间，请评价一下咱们班同学都具有哪些优秀的品质。请各组发言。

一组学生 A：某同学生活习惯好，不沉迷于手机。上课、吃饭总是他在提醒大家到时间了，他的生活起居也比较有规律，他像个大哥哥，让人从内心里敬重。

二组学生 A：某同学吃苦耐劳、生活俭朴，总会耐心听完别人说话。他给人的感觉是踏实、靠谱，可以依靠，值得信赖。

三组学生 A：某同学常带大家打牌、下棋和打球，还懂得许多关于汽车和旅游的知识。他丰富多彩的生活对大家有很大的吸引力。

四组学生 A：某同学为人乐观低调，喜欢看新闻和独立思考，平时不爱说话，但一说话就是一套一套的，让人佩服。

五组学生 A：某同学不迷恋游戏，爱找人聊天，同学们发生矛盾时都爱找他调解，他的调解大家还是比较认可的。我们感觉他就不像学生，倒像个社会人。

主持人乙：听大家这么一说，咱班真是藏龙卧虎啊！我作为咱们班的一员深感骄傲。如果把这样优点集中到一起，那肯定能打败马云了。回头大家把这次发言整理到一起，这就是我们人生的目标和努力的方向。

成长是快乐的，成熟是迷人的。二组的另外几名同学对美食林集团和阳光集团的职工结构进行了调查，下面咱们听听在现实企业中各类人才结构的具体情况。

二组学生 B：通过走访美食林集团和阳光集团的校友，我们发现，他们对本企业的职工情况进行了极为相似的描述：同时入职的人员中，有初中毕业生，有中职毕业生，有大学毕业生以及社会闲散人员。在这些人员中，大学生在 3 个月试用期过后，留下的基本上都进入了管理层，升职提薪。中职生试用期过后，大概有四分之一升任为组长。而初中生试用期过后，基本上没有升职，大都还从事着刚入职的工作。究其原因，其实也很简单，就是各自业务能力的问题。整体上看，学历高的人员适应能力强，组织纪律性高，思维比较活跃，敢于创新，勇于担当。而学历低的人在做事时观望者居多，缺乏主人翁意识，没有主动性，自尊心强，对情绪缺乏控制能力，工作中有挑肥拣瘦现象。

这其中，有年龄因素，也有接受教育水平的因素，但教育对人员整体素质的影响更突出。比如，写个工作计划、总结或促销海报等，只有大学生能够完成，而中职生和初中生根本就不知如何下手。还有普通话和交流方式也是影响发展的重要因素。

主持人甲：不经历风雨怎能见彩虹。一棵小树只能做简单的农具，难以堪任大用。而大树能成为栋梁之材，独当一面。成长是时间积累的过程，不能一蹴而就。我们从二组B同学的调查中发现了自身的不足，这为我们今后的努力指明了方向。感谢这几位同学给我们提供了翔实的数据和资料。

主持人乙：如何把我们的认知落实到行动中去呢？下面进入第四个阶段：成长即改变。

第四阶段　成长即改变

主持人甲：有志者立长志，无志者常立志。改变现状既需要勇气也需要方法。

主持人乙：下面请三组同学给我们讲一下改变自己应从哪儿下手。

三组学生A：前几天我刚看了一篇文章，讲如何克服青春期的焦虑，今天与同学们分享一下。

青春期的我们总认为自己已经长大，急于走出校门，急于参加工作。但年龄的限制和家长的约束，让我们必须在学校学习。于是大家容易产生一些焦虑情绪。

学会消除焦虑，学会自我激励，可让自己不轻易放弃目标。有研究表明：有氧运动＋激励歌曲，可以完美地解决焦虑问题。有氧运动建议以慢跑为主，因为在慢跑时不耽误听歌。同时，运动中可以较大量地出汗，汗水可以把肌肉内的压力激素皮质醇排出，这样焦虑感就会降低。同时，运动的身体容易产生内啡肽激素，这让你产生愉快感。双重作用下，你会暂时性地远离负面情绪的影响。此外，在运动中听一些比较积极的歌曲，会使你被热血情绪所感染。就这样，在多重刺激下，你会感到跑步其实没那么累，反而感觉很痛快。你会进入一种前所未有的、无所不能的、自我价值感爆棚的状态，甚至会感觉自己的潜能都被激发出来了。

有心理学家认为：如果遇到难题时把问题放在一边，先去放松，答案有时会自然浮现出来。身体的运动，会让大脑放松，甚至会激发思维快速运转。如果你从事创造性的工作，这个方法既可以帮助你消除焦虑，又能带来灵感。

主持人甲：三组A同学讲的倒是一个简单可行的办法，大家不妨去试试。还有哪位同学有其他办法，可以帮助我们改掉坏习惯，培养好习惯呢？

三组同学B：我也珍藏着一篇好文章，今天借此机会分享给大家。说起道理，我们好像都懂，所以我们最讨厌的就是说教。但我们为什么懂这么多，还总有家长和老师在说教我们呢？这是因为我们的行为太糟糕了，简直就是一塌糊涂。所以，知行合一尤为重要，而提高意志力是知行合一的必要条件。

为此，有些专家认为：虽然人只有一个大脑，却有两个自我。一个自我任意妄为、及时行乐，另一个自我则克服冲动、理智思考。我们总是在两者之间摇摆不定，有时觉得自己想减肥，有时觉得自己不吃个烧烤消夜就睡不着。因此，我们可以这样来定义意志力的挑战——你一方面想要这个，一方面想要那个。两个自我发生分歧的时候，总会有一方击败另一方。决定放弃的一方并没有做错，只是双方觉得重要的东西不同而已。那怎么提高意志力呢？每当冲动的你要击败自控的你时，就去想想什么事情可以延迟这个冲动。例如，你想要控制饮食减肥，但一定要准备好既好吃又低热量的食物。否则，你就很容易因为饿了而失控多吃了食物，结果事与愿违。

冥想也是一种简单提升意志力的方法。冥想不是让你什么都不想，而是让你专注呼吸。如果你在冥想时没法集中注意力，别担心，你只需多做练习，将注意力重新集中到呼吸上。每当冥想结束，你就会感到精神变好，注意力也更集中，也更有控制力。

有人说躺着就不想动，不想干任何事。人的行为是有惯性的，当你懒惰惯了，就会陷入其中无法自拔。而一个勤奋的人，会每天被自己的努力所感动和激励。所以，你要想调整这种懒惰状态，就需要改变你的运动状态。让你起床最简单直接的方法就是：去吃东西、去玩。吃饱喝足后，有了生物能量，就需加点儿精神力量，看看激励的书籍或视频，例如，观看TED演讲、看书等。

你一定要牢记：如果没有梦想，那就和咸鱼没有什么分别。你就这样一直躺下去，就是一条活的咸鱼。也许你没有别人聪明，但是你可以与聪明的人一样去不断地努力，甚至可以笨鸟先飞。你最坏的结果也就是大器晚成，晚成也大器啊！

主持人甲：三组B同学分享的这个资料太有意义了，从心理活动到行为管理都提供了切实可行的办法。让我们再次用掌声对他表示感谢。

最后，请班主任老师对本次班会进行总结。

班主任：首先，感谢二组同学为此次班会做的《马云小传》PPT及精彩讲解。感谢二组同学的调查报告，也感谢主持人和其他发言的同学们。正是你们的辛苦付出，才成就了今天精彩的主题班会。

这次班会是针对咱们班近期出现的厌学情绪和读书无用论而设定的；是针对许多同学急于出去工作而设定的；是针对许多同学认为自己已经很成熟、能应对工作和生活中所有问题的假成熟现象而设定的。通过这次班会大家会明白：我们身上具有的只是成人身体的外形，别说学识和能力，更别说人格魅力，就是体力上我们也还差得很远。还有我们在自律方面，能保证一天不玩手机？谁能保证认认真真听一天的课？如果我们连自己都驾驭不了，怎么谈得上去领导别人？所以，同学们，学校是培养各种能力的平台，在这里有老师和同学们的帮助，在这里你摔倒还可以自信地重新站起来，但在社会上和工作单位中往往就不会有第二次机会，失误就是出局。

还有，成功从来不是一个人的成功，有句名言说得好，“一个人可以走得更快，但一群人可以走得更远”。现在，许多同学的自负来源于个人英雄主义，总觉得自己了不起。但要做一番事业，从来没有一个人的事业，都是一个团队的事业。带一个团队，你准备好了吗？

同学们，你们已经升二年级了，如果不上大专，在学校再学习一年半就要顶岗实习，基本上可以说进入社会了。你真的准备好了吗？我看还有很大差距，希望同学们戒掉浮躁之气，克服涣散情绪，充分把握当下，踏踏实实提高自身素质和工作本领。莫道岁月迟，晚成也大器。

任务拓展

写出对本次班会的心得体会，找出自己的不足，制订出中职阶段要达到的目标。

柳色青青话传统

——传统文化润少年

《春光好·河边柳》

（新韵：十一庚）

河边柳，嫩黄生。又清明。采下绿梢贴饼，味香浓。

更喜翠芽冲泡，清神败火心明。春月丝绦拥老干，意难平。

植言植语

清明是我国唯一一个既是节日又是节气的传统节日。清明节的传统习俗丰富多彩，不仅记载着动人的传说，也是中华传统文化和中国精神的重要载体。

柳树是清明节的代表植物，在中国文学作品中，柳树更多的是以“杨柳”指称，它的文学意象大体表现为象征离别、故乡、美人和春天几大类。杨柳丰富的文学意象也为清明节增添了一抹新绿。

班会时间

60 分钟。

班情分析

在当今学生的心目中，传统节日的仪式感正在逐渐简化、淡化，至于传统节日所承载的传统文化和中国精神更是渐渐成为被遗忘的角落。让学生了解我们的传统文化，建立属于我们民族自己的文化自信，发扬传承中国精神，是德育工作中不可或缺的一环！

教育目标

1. 认知目标：让学生了解我国的清明节及其文化内涵。

2. 情感目标：提高学生的文化修养，增强民族认同感。

3. 运用目标：挖掘传统文化的时代价值，提升学生的文化自信，发扬传承中国精神。

班会要点

1. 活动一：清明传统文化知识问答。

2. 活动二：学生提问。

3. 活动三：嘉宾答疑解惑。

4. 活动四：学生讨论。

活动准备

1. 准备主持词。

2. 查阅资料。搜集“清明节的传统文化”相关资料；搜集与清明关系最密切的植物文化资料；搜集清明相关传统习俗图片。

3. 收集诗词。收集描写清明时节植物的诗词。

4. 问题设计。清明传统文化问题设计。

教育方法

任务驱动法、讨论法、讲授法等。

班会过程

第一阶段　清明习俗有几多

主持人甲：老师们、同学们，大家好！

我们国家历史悠久，传统文化丰富且灿烂。马上就是清明节了，为了让大家更多地了解清明节的传统习俗，深刻理解清明节的传统文化，我们特别举办了这次植物文化主题班会——柳色青青话传统。

主持人乙：今天我们还特地邀请了几位在植物文化研究方面颇有建树的嘉宾，让我们以热烈的掌声对各位嘉宾老师的光临表示真挚的欢迎和衷心的感谢！首先我们进入班会的第一个阶段：清明习俗有几多？

主持人甲：同学们，清明节是我国的传统节日。那么第一个问题来了，清明节一般在什么时间？

学生A：每年阳历的4月5号左右。

主持人甲：第二个问题，清明节有哪些传统习俗？

同学们：扫墓、踏青、吃冷食、插柳……

嘉宾D：大家都答对了，看来大家的功课做得不错。但是清明节的传统习俗并不仅仅只有这几种，还有蹴鞠、放风筝、荡秋千、牵钩、射柳等。

学生B：老师，牵钩是啥意思？

嘉宾D：牵钩就是拔河运动的前身，最早产生于春秋时期的越国。越王勾践为了一雪国耻进攻吴国，不仅自己卧薪尝胆，还下令在全国开展这种牵钩运动，以此增强人民的体质。①

学生 C：原来拔河的历史还这么悠久呢！

学生 D：老师，蹴鞠就是足球吗？

嘉宾 D：“蹴鞠”是古代军中的习武之戏，与今天的足球运动的确非常相似，也是清明的一种传统活动。“鞠”是一种球，外边用皮革包裹，里边塞的是米糠。“蹴鞠”就是古人用脚蹴、蹋、踢皮球的活动，类似于现代的足球。蹴鞠传说是黄帝所作，到了清代中期以后，随着西方现代足球的传入，中国传统的蹴鞠活动基本上被欧洲的现代足球所取代，而踢毽子则作为蹴鞠的另一种形式遗留下来了。②

学生 E：原来踢毽子与足球有着同样的祖先！

嘉宾 W：清明节的传统习俗还有放风筝。古人在清明节放风筝的时候，常常把风筝的线剪断，让它飞得越远越好。

学生 F：那么漂亮的风筝，为什么要把线剪断？那样不就再也找不回来了吗？

嘉宾 W：古人将灾病都写在风筝上，等风筝飞到最高的时候，就把线剪断，让风筝随风飘走，象征着所有的灾病、秽气都被风筝带走了。

学生 G：这么说来放风筝时线断了，不是什么倒霉的事，反倒是一件值得庆贺的好事，象征着我们的晦气和霉运都被风筝带走了。不错，有意思！（笑声）

主持人乙：感谢嘉宾老师们的讲解，让我们了解了我国清明节的传统习俗是如此丰富多彩。好，现在我们进入第二个阶段：清明文化知几何？

第二阶段　清明文化知几何

主持人甲：第一个问题，有谁知道清明节的来历？

学生 A：是为了纪念介子推。

---

① 崔乐泉. 图说中国古代体育［M］. 2 版. 西安：世界图书出版公司，2017：240.

② 崔乐泉. 图说中国古代体育［M］. 2 版. 西安：世界图书出版公司，2017：30，229.

学生 B：听家里的老人经常说清明寒食，到底叫清明节还是叫寒食节？

学生 C：清明属于二十四节气。

学生 D：老师，清明到底是节气还是节日？

……

嘉宾 H：清明本来只是一个节气，属于二十四节气之一。清明作为一个节日，是唐代才形成的①，但是作为时序标志的清明节气早在汉代就已经有了明确的记载。②

主持人乙：第二个问题，清明节是如何由一个节气演变成一个节日的呢？

学生 E：（摇头）还是请教老师吧！

嘉宾 H：要想说清楚清明由节气演变成节日的过程，我们不得不先说我国另外两个传统节日——寒食节和上巳节。

寒食节也称为“禁烟节”“冷节”“百五节”，来源于远古时期的改火旧习。初春季节，把上一年传下来的火种全部熄灭，这就是“禁火”。间隔几天以后，重新钻燧取出新火，作为新一年生产与生活的起点，这就是“改火”或“请新火”。禁火、改火的时候，要举行隆重的祭祀活动。③

禁火节后来之所以转化为寒食节，据说是用来纪念春秋时期晋国的名臣义士介子推。有没有同学了解这个故事？

学生 F：介子推是晋文公的救命恩人。晋文公当上国君以后，介子推不愿意受封赏，带着自己的母亲隐居到绵山。晋文公为了逼迫他出来做官，就下令放火烧山，结果介子推被烧死了。晋文公就下令在介子推的死难之日，也就是每年冬至后的第 105 天，全国禁火只吃冷食来寄托哀思，称为寒食节。这种说法到了汉代传播到全国各地，于是寒食节成了全国性

---

① 宋兆麟，李露露. 图说中国传统节日［M］. 2 版. 西安：世界图书出版公司，2017：74.

② 陈广忠. 二十四节气与《淮南子》［M］. 北京：中国文史出版社，2018：46.

③ 宋兆麟，李露露. 图说中国传统节日［M］. 2 版. 西安：世界图书出版公司，2017：74-77.

的节日。历史上，由于寒食节的时间与清明节非常接近，久而久之便合为一个节日。寒食节的活动也由禁止烟火以寒食为主，逐步演变为以扫墓祭祖为主。因此，寒食节也被称为民间第一大祭日。①

嘉宾 H：上巳节，也是我国古代的一个节日，在汉代以前以农历三月上旬的巳日为“上巳”，魏晋以后定为三月三日②。由于上巳节与清明这个节气的日期接近，就逐渐被后者代替。不过至今某些地区还保留着三月三踏青的习俗。所以，现在的清明节是融合了寒食节和上巳节两个节日后形成的，寒食节的主要习俗吃冷食、扫墓祭祖，以及上巳节的踏青、春游、插柳等习俗也都一并融入清明节之中。除此之外，清明的习俗还有荡秋千、射柳等。

学生 G：老师您说的荡秋千跟我们现在玩的秋千一样吗？

嘉宾 G：早期秋千叫作“千秋”，相传是春秋时期的齐桓公从北方少数民族山戎那里引进的。到了汉代以后，成为清明以及其他传统节日的民间游戏。南北朝时期开始流行，到了唐代，荡秋千已经是很普遍的游戏，并且成为清明节的一个重要习俗。③

嘉宾 D：秋千现在仍然是深受我国老百姓喜爱的游戏，更是一个观赏性很强的体育项目呢。秋千还被列为全国少数民族体育运动会的正式比赛项目。

嘉宾 Y：在上巳节的时候还有一个非常雅致的习俗，那就是“曲水流觞”。“觞”是指酒杯。“曲水流觞”就是上巳节的那天文人雅士们坐在弯曲的河渠旁边，把酒杯放到河水之上，酒杯顺流而下，停在谁的面前谁就端起酒杯一饮而尽，预示着除去一切灾祸和不祥。得到这杯酒的人必须赋诗一首，否则就要罚酒。所以“曲水流觞”主要有两大作用：一是欢聚娱

---

① 宋兆麟，李露露. 图说中国传统节日［M］. 2版. 西安：世界图书出版公司，2017：74-77.

② 张双棣，殷国光. 古代汉语词典［M］. 2版. 北京：商务印书馆，2014：1290.

③ 崔乐泉. 图说中国古代体育［M］. 2版. 西安：世界图书出版公司，2017：235.

乐，二是祈福免灾[1]。后来又演变为把煮熟的鸡蛋放到河水中，任其自由漂浮，谁拾到谁就可以吃掉，也是“祈福免灾、驱祸迎祥”的意思。

学生 H：（羡慕）古人的生活好有诗意哦！我们今天的聚会全都是吃、吃、吃，和古人比起来太没意思了！

学生 I：（惭愧）还显得特别没文化！

学生 G：对！看来以后我们也必须学习先辈们高雅的生活情趣和文雅的生活方式，多做些有情调、有文化的事情！

学生 K：是啊！否则的话就成了“一代不如一代”了！

嘉宾 Y：我也来问大家一个问题，情人节是哪天？

学生齐声：2 月 14 号。

嘉宾 Y：（笑）那是西方的情人节，我们国家传统的情人节是哪天？

同学们（交头接耳）：中国情人节？不知道啊！你听说过吗？

学生 A：老师，弱弱问一句，我们国家有情人节吗？

嘉宾 Y：当然有，而且比西方的情人节早了很多年呢！

同学们：（惊讶）（七嘴八舌）是真的吗，老师？是哪天呢？现在还有吗？我想起来了，是七夕！对、对、对，是七夕！

嘉宾 Y：中国最早的情人节就是每年的农历三月三日，和上巳节是同一天。

学生 B：（不解）老师，为什么三月三是中国最早的情人节呢？

嘉宾 Y：我国古代女子出嫁以前大多深养闺中，大门不出，二门不迈，但是唯有元宵节和上巳节这两个节日除外。特别是上巳节，万物复苏、春光明媚，在这一天万人空巷、全城出动，都会外出沐浴、踏青、赏春游玩，可以说是中国最早的狂欢节。自然界之春和青年男女的怀春契合在一起，青年男女之间也比较容易互生情愫。所以一定程度上上巳节也是

---

① 张双棣，殷国光．古代汉语词典［M］．2 版．北京：商务印书馆，2014：1201．

一个自由自在的相亲大会，也就因此成为我们中国最早的情人节了。杜甫那句“三月三日天气新，长安水边多丽人”，更是把三月三情人节之时那种摇曳绮丽的风情烘托到了极致。

学生C：老师，西方的情人节那天，人们都要给自己的心上人送玫瑰，用玫瑰来象征爱情。那我们中国传统情人节里，有没有送花的习惯呢？如果有，那送什么花呢？

嘉宾Y：当然有了。不过他们相互赠送的不是玫瑰而是芍药。这一点早在《诗经》当中就有明确记载。

同学们（七嘴八舌）：老师，牡丹是百花之王，为什么不送牡丹呢？

学生D：我们经常听人们说，某某人走了“桃花运”。可见桃花也可以用来象征爱情，为什么不送桃花呢？

嘉宾H：关于为什么把芍药作为爱情花，我没有找到具体的考证。但是有两点可以作为推测的依据：第一，根据《辞海》当中的记载，“芍”，也读shuò，与媒妁的“妁”谐音；第二，“药”至今在我国某些地区的方言当中还读yuè，与约定的“约”谐音。咱们中国的植物文化当中，有很多寓意就是利用谐音来表示的。古代男女婚配讲究媒妁之言，这样看来，赠给心上人芍药花，就相当于“妁约”——“媒妁一样的约定”，芍药花代表爱情就是顺理成章的事情了。

学生E：（惭愧地说）原来我们的先辈们也有如此浪漫的情怀啊！以前我们一直以为古代的人不懂浪漫呢！

嘉宾Y：咱们中国清明节的传统文化还有很多表现形式，诸如谚语、歇后语、国画等。比如“清明种瓜，船装车拉”“清明后的竹子——一夜一节子”。

嘉宾H：提到清明的传统文化形式，就不能不提我们的国画。与清明有关的国画有很多，最有名的当属哪个？

学生F：《清明上河图》。

嘉宾 D:《清明上河图》是咱们中国十大传世名画之一，为北宋画家张择端所作，属国宝级文物，现在收藏于北京故宫博物院。《清明上河图》生动记录了北宋时东京汴梁的城市面貌和当时社会各阶层人民的生活状况，是北宋时期都城汴梁当年繁荣景象的见证，也是北宋城市经济情况的写照。它的艺术价值在中国乃至世界绘画史上都是独一无二的。

主持人甲：关于清明节演变的过程，我们终于搞清楚了。那么，植物文化在清明节又体现在哪里呢？现在我们进入第三个阶段：植物文化在清明。

第三阶段　植物文化在清明

主持人乙：第一个问题，哪些植物在清明期间开花？

学生竞相抢答：桃花、梨花、油菜花……

主持人甲：第二个问题，哪些植物跟清明节的联系最紧密？为什么？

学生 G：柳树。“清明插柳”嘛！

主持人乙：那么，有谁知道“清明插柳”的来历呢？

学生 H：这也是为了纪念介子推。在介子推被大火烧死之后第二年的祭日，晋文公带领群臣来到他被烧死的地方祭奠。发现那棵被烧死的大柳树枯树发新芽，晋文公就折断一根柳枝插在自己的帽子上，寄托自己对介子推的哀思。同时，命令全国的老百姓家家户户门口都要插柳枝，纪念恩义之臣介子推。

嘉宾 D：同学们讲得很好。这只是清明插柳来历的其中一个版本，还有两个版本呢。一个是纪念神农氏。神农氏尝百草的时候，一定也是把柳树从头到根尝了一个遍，才知道柳树浑身都可入药。清明节门前插柳的风俗，就是为了纪念中医药的祖师爷——神农氏。

嘉宾 H：还有一个版本跟柳树是佛家的“鬼怖木”相关。《佛学大辞典》把柳枝称作“鬼怖木”，佛家代表人物南海观音就是手持柳枝遍洒甘露，为百姓祛除灾祸的。我国北魏时期贾思勰所著的《齐民要术》中有这样的记载："取杨柳枝著户上，百鬼不入家。"这也说明，在北魏乃至以前，中国老百姓就认为柳枝是有灵性的，是可以驱鬼辟邪的。

主持人甲：柳树在我国老百姓的心里，能够驱鬼辟邪，祛除灾祸、病痛。那么柳树在我国传统文学里的意象又是什么呢？

学生I：象征离别。我们学过《诗经》里的"昔我往矣，杨柳依依"。

学生J：还有唐代白居易写的《青门柳》。

青青一树伤心色，曾入几人离恨中。

为近都门多送别，长条折尽减春风。

……

主持人乙：同学们做的功课还真不少，那么为什么我国古代用柳树象征离别而不用别的树种呢？

学生K：是因为"柳"和"留"谐音吧。折柳送别，暗含挽留、难舍难分的意思。

嘉宾D：柳树在我国传统文学里作为离别的意象有三个原因。

一是"柳"与"留"谐音。

二是柳丝的"丝"与思念的"思"谐音。

三是柳树容易成活。人们折柳送别亲朋好友，是希望他们到了他乡能像柳树一样很快适应当地的生活，日子过得平安顺利。

嘉宾Y：是不是还有一个原因。柳树枝条柔软，又常常种植在官道的两侧，人们在送别亲朋的时候，柔软的枝条随风起舞，轻抚在人们的身上，好像拉住亲朋的衣襟依依不舍的样子。

嘉宾D：确实很形象。柳树大多种在房前屋后、村口塘边，往往会给远行之人留下深刻印象。每当看到杨柳，由此及彼就会想到故乡，想到杨柳枝头袅袅升起的炊烟，所以说杨柳的第二个文学意象就是象征故乡。

嘉宾D：杨柳第三个文学意象是象征春天。"五九六九，河边看柳"，人们常常把杨柳当作春天的使者，因此杨柳也就有了报春知春的文学意象。

嘉宾D：柳树还有第四个文学意象，就是象征美人。

学生L：老师，一般不都是用鲜花来象征美人吗？柳树怎么也能用来象征美人呢？

嘉宾D：从树形上看，杨柳枝条轻柔细长随风摇曳，极具女性柔美。因此，自古以来的中国文人多喜欢以杨柳来比喻女子的美丽。“杨柳小蛮腰”是形容美少女身姿苗条、腰肢细软。“芙蓉如面柳如眉”是比喻女子眉似柳叶，细长秀美。连美人生气时的模样都用“柳眉倒竖”来形容呢。

主持人甲：既然说到了诗词，那么在描写清明节时期的植物诗词当中，除了柳树之外，还有哪些其他的植物诗词呢？

学生M：宋代晏殊的《破阵子·春景》：“燕子来时新社，梨花落后清明。”

学生N：唐代杜牧写的《清明》：“借问酒家何处有？牧童遥指杏花村。”

学生O：宋代黄庭坚写的《清明》：“佳节清明桃李笑，野田荒冢只生愁。”

……

主持人乙：这真是“不听不知道，一听吓一跳!”，我国清明节的植物文化竟然也是如此的缤纷多彩啊！以前怎么没有注意过呢！真是太遗憾了！的确应该为我们国家的传统文化多多点赞！现在让我们一起走进今天班会的第四个阶段：弘扬传统靠你我。

第四阶段　弘扬传统靠你我

主持人甲：大家觉得传统节日的这些习俗究竟有没有过时？到底应不应该传承、发扬呢？

学生P：我觉得没有过时。比如，祭祖扫墓。我们到什么时候都不能忘了自己的先祖啊!

学生 Q：我觉得不但没有过时，而且应该很好地传承下去。你看，踏青郊游不仅是一种锻炼身体的方式，还可以使我们走进大自然，去感受自然之美，这会让我们更加热爱生活、热爱生命！

学生 R：我最喜欢放风筝了！以前风筝的线断了我会很沮丧，现在我至少会安慰自己了：这意味着，风筝把我以前的晦气都带走了，以后我一定会时来运转呢！放风筝不仅锻炼了身体，还让我们学会了从另一个角度思考问题，学会正确看待生活当中的得失。中华智慧真是了不起！应该好好传承下去！

学生 S：清明插柳也不会过时啊！它提醒我们要时刻懂得感恩。

主持人乙：那么，在新时代，我们怎样才能更好地传承我们的传统文化呢？

学生 T：对于那些对身心健康都有益的习俗活动，我们还是应该很好地传承下去，并把它发扬光大。比如荡秋千、踢毽子、拔河等。

学生 U：时代不同了，我们弘扬传统文化也应该有新的方式了。比如，清明插柳这一习俗，出于保护植物的角度，现在我们再去折柳枝是不是就不合适了？

学生 V：但是我们可以把插柳改为栽植柳树啊，这样还可以植树造林，绿化环境，改善气候呢！

学生 W："踏青"也应该正确理解，不是"踩踏青草"。我们要保护草坪，爱护植物。应该是走到户外，游春、赏春，感受自然之美。

学生 X：扫墓祭祖的方式也应该革新，不要焚烧纸钱，改成鲜花祭祀就好了。既能表达我们对先祖的哀思，又能避免污染环境。

嘉宾 H：同学们说得很好，说明大家对传统文化有了进一步的认识和思考。我们要把继承和发扬传统文化的重点放在挖掘它们内在的精神价值。比如，插柳纪念介子推，是崇尚他身上的那种忠君爱国、功成身退的奉献精神，而我们要把这种精神发展成为我们的爱国之情和报国之行，要让这种精神成为我们民族的向心力和凝聚力。

主持人甲：我们的主题班会即将接近尾声，现在有请我们的嘉宾 W 为今天的主题班会做总结点评。

嘉宾总结点评：

嘉宾 W：清明将至！我想说的是节日的文化价值。

首先，节日是一种仪式。在这样的仪式中，人们把文化物化了。因此，大家要清楚一个重要的观点：文化不是虚无缥缈的，而是实实在在的存在。你看，在清明节里，扫墓是对先人的追思，插柳是对逝者的回忆，踏青是对自然的回归。很多时候，仪式就是一场文化的重塑，在一次次的重演中，文化得以升华。

第二，节日习俗是传统文化的重要载体。清明就是缅怀，在缅怀中历练亲情、传承祖训族规；清明就是回归，在回归大地时融入自然、领略美景、强身健体、不负春光。

第三，节日是带来特定美学享受的诗意体验。刚才，各位老师和同学都说到了不少关于清明的诗词、国画，这些作品无疑把大家带到了一个至美的精神境界。

第四，节日是需要用心坚守的。清明节里，扫墓是因为对先祖的孝道和亲情，插柳是因为追忆和新生，在这里形式是为内容服务，而一切内容都源自内心。

主持人乙：通过今天的班会，我们了解了清明节的传统文化是如此的丰富多彩。我们深深感到，我们的传统文化不仅没有过时，而且还散发着迷人的魅力，绽放着精彩的姿容！

主持人甲：“柳色青青话传统”主题班会到此结束！让我们以最热烈的掌声感谢各位嘉宾老师的精彩讲解和点评！谢谢你们！

任务拓展

每人写一篇班会心得：传承发扬优秀传统文化，我能做什么？

野艾茸茸淡着衣

——内外兼修最美丽

《十六字令·蒿》

（新韵：六豪）

蒿。相貌平平效力高。香浓味，熏灸灭蚊罿。

植言植语

艾草又名艾蒿，菊科植物，全草入药，端午时节采收药效最好。艾草的药用价值非常广泛，作为中药使用历史非常悠久，《孟子》《本草纲目》里均有记载。

“端午插艾”是我国端午节的重要习俗之一。艾草在中国备受推崇，其根本原因在于它广泛的医疗和保健价值。这种重视内在美的审美观和价值观正是中国精神的具体体现。

班会时间

60 分钟。

班情分析

中职生学习压力不大，课余时间较多，加上年龄逐渐增大，他们对容貌开始变得日渐上心。同时，语言粗鲁、脏话频出、举止轻浮等不文明现象也是层出不穷，这些都暴露出他们的审美观、价值观存在的问题。

教育目标

1. 认知目标：让学生了解艾草文化。

2. 情感目标：树立正确审美观，让学生明白什么是真正的美。

3. 运用目标：学习礼仪常识，让学生学会如何做到外在美；引导学生理解美的真谛，促使学生努力学习，提高自身的价值，实现内在美。

班会要点

1. 活动一：介绍艾草文化。

2. 活动二：观看《家有儿女》视频。

3. 活动三：讨论主人公的穿着美不美。

4. 活动四：学生上课化妆情景再现。

5. 活动五：讨论这些现象和行为美不美，以及美的标准是什么。

6. 活动六：介绍化妆品的常识和陷阱以及正确的护肤常识。

7. 活动七：介绍服装礼仪和站立行走的礼仪规范。

8. 活动八：通过故事启发学生认识到内在之美靠价值。

活动准备

1. 分组。全班分为 5 组。

2. 查阅资料。查阅艾草的植物文化知识；古今中外历史上虽貌丑却流芳千古的名人故事；明星孙俪成名的过程和原因；2018 世界杯最有价值球员的故事；着装、举止、言谈等礼仪知识。

3. 制作PPT。制作艾草文化的PPT、礼仪常识PPT、古今中外名人凭借自身价值受到喜爱的故事PPT。

4. 下载资料。《家有儿女》第一部第54集视频；央视3·15晚会曝光的各种问题化妆品及检测报告资料。

5. 拍照。拍摄女生浓妆艳抹、衣着暴露，男生头发发色奇怪、冬季穿着单薄、露脚踝等照片。

6. 排练节目。排练女生上课化妆、各种不雅坐姿、走路驼背等情景。

教育方法

情景再现法、讨论法、故事启迪法等。

班会过程

第一阶段　端午为何要插艾？

主持人甲：老师们、同学们，大家好！

主持人乙："野艾茸茸淡着衣"主题班会现在开始。

主持人甲：时间过得真快，转眼我们中华民族传统四大节日之一的端午节就要到了。先考大家一个问题：端午节都有哪些传统习俗？

（学生踊跃回答）

学生A：吃粽子！

学生B：赛龙舟！

学生C：插艾草，"清明插柳，端午插艾"嘛！

主持人乙：看来大家对端午节的习俗还是比较了解的。那么，我再问一个问题：端午为何要插艾？

学生D：习俗呗。

学生E：对呀，家里老辈人传下来的规矩嘛。

学生 F：肯定是有什么讲究，只是我们不知道罢了。

学生 G：别卖关子了，还是赶紧告诉我们吧，让我们也涨涨“姿势”（笑声）。

主持人甲：既然大家想了解，我就满足大家这个愿望。现在我们有请一组的同学们来给我们讲讲端午为何要插艾。

（伴随 PPT 展示，一组同学介绍艾草文化）

一组学生 A：说到艾草与端午的情缘，首先我们能想到那句俗语：“清明插柳，端午插艾”。在我国，每逢端午节有家家户户挂艾草的习俗，还有“悬艾人，戴艾虎，饮艾酒，食艾糕，熏艾叶”的民俗也是处处可见。那么，为什么端午节的时候要把艾草插在自家的门楣上呢？这里可是有着很多的传说和故事呢。

一组学生 B：关于“端午插艾”由来，在我国不同地区、不同民族有不同版本的传说和故事。今天我们就选其中一个讲给大家听。

一组学生 C：除了习俗的影响之外，端午插艾还有一个重要的原因，那就是艾草本身的药用价值。艾草全草入药，而且以端午时节采收药效最好。

一组学生 D：艾草作为中药使用，历史非常悠久，《孟子》中就有记载：“犹七年之病，求三年之艾也”。

一组学生 E：艾草的药用价值非常广泛，它可以抗菌、抗病毒、止血、祛痰、平喘、镇静、抗过敏和护肝利胆，① 等等。我国民间曾流传“家有三年艾，郎中不用来”的谚语。

一组学生 F：正是由于艾草具有广泛的医疗和保健价值，才在我们中国人的生活中备受推崇。艾草的身影渗透到我国老百姓生活的方方面面：比如直接入药、艾灸、利用艾草制作美食、艾草煮汤进行洗浴、制作艾草

---

① 黄克南，范丽丽，冯秋瑜．现代中草药彩色图谱［M］．北京：化学工业出版社．2018：849．

香囊，等等。

主持人乙：以前我只是看到每逢端午节，家长就会买来艾草挂在门口，却从来不了解端午插艾还有这么美丽的传说呢！

主持人甲：哎！你有没有想过这个问题：端午节的时候正是夏季，各种花卉争奇斗艳，比如月季、三色堇、合欢、石榴花、翠菊、萱草、凌霄花，等等。随便拿出一种都比艾草漂亮得多。再看艾草其貌不扬，既没有婀娜的植株，也没有美丽的花朵；既没有鲜艳的颜色，也没有醉人的香气，为什么却受到如此的推崇，甚至能作为端午节的代表植物上升到神圣的地位？

主持人乙：我还真没往这方面想过。不过让你这么一说，还的确值得探讨一下啊！现在我们进入班会第二阶段：美丑标准大家谈。

第二阶段　美丑标准大家谈

主持人乙：到底是什么原因让艾草备受推崇呢？请大家各抒己见。

（学生探究分析原因）

学生H：艾草的医疗价值高啊！刚才一组同学都介绍过了。古代医疗水平落后、缺医少药，艾草能治那么多的病，当然会受到老百姓的喜爱了。

学生I：所以对于古代人们的生活来说，艳丽的花朵是锦上添花，没有也行；而艾草是雪中送炭，缺此不可。

学生J：所以，从艾草本身的价值看，艾草也是美丽的。现在社会上经常会有各种“最美”的评比，我觉得艾草就是“最美的草”。

主持人甲：刚才这位同学把艾草选为“最美的草”。俗话说“爱美之心，人皆有之”。一说到美，这可是我们很多人孜孜不倦的追求啊。那么对我们来说，究竟什么才是真正的美？二组的同学们给我们带来了一个视频，我们先睹为快。

（播放《家有儿女》第一部第54集，小雪浓妆艳抹、穿着暴露的片段）

主持人乙：视频当中的小雪，又是化妆，又是穿着所谓的时髦服装，大家觉得她的做法真的让自己变美了吗？

（学生讨论）

学生 K：我觉得没有。

学生 L：小雪的这种打扮一点儿都不符合她的年龄。

主持人甲：我们当中也有很多同学跟视频当中的小雪一样迫切想要追求美，那么同学们又是怎么追求美的呢？请看二组同学带来的情景再现。

（二组表演男生头发颜色古怪、女生上课化妆以及坐姿不端的情形）

主持人乙：看了刚才的情景再现，大家有什么感受呢？他们的做法让他们变美了吗？

学生 M：坐姿不端正，东倒西歪，不仅对身体健康不利，也显得流里流气的。

学生 N：头发颜色古怪，好像是街上的小混混。

学生 O：一堂课有一半的时间在化妆，这不仅是对老师的不尊重，也严重耽误了自己的学习。我认为，这种行为本身就不美。

学生 P：况且费了这么大劲，自己的脸也没有变美啊！

学生 Q：他们这样化妆其实一点儿都不美，反而把我们这个年龄本来就有的阳光、清纯之美全都掩盖了，而且显得那么庸俗！

学生 R：这些现象在班里太常见了。但是这些做法真的不合适，一点儿都不美。

主持人甲：既然大家都觉得这些行为不美，到底什么样才是属于我们这个年龄阶段真正的美？或者说，大家觉得美的标准又是什么呢？

（学生自由发言）

学生 S：不化浓妆，不染头发，不穿奇装异服。

学生 T：还有举止言谈要体现行为美，比如不说脏话、不乱扔垃圾、不随地吐痰，等等。

学生 U：走路挺胸抬头，坐姿端正。

学生 V：我们这个年龄和作为学生，最重要的标准就是干净整洁。

学生 W：我觉得最重要的是清纯和本真，因为青春本身就是最美的风景。就像诗人谢钟称颂艾蒿那样："端午时节草萋萋，野艾茸茸淡着衣。无意争颜呈媚态，芳名自有庶民知。"

主持人乙：说得太好了！其实美并没有统一的标准，正所谓"一千个观众眼中就有一千个哈姆雷特"（莎士比亚）。

主持人甲：是啊。瘦人苗条，胖人丰满，高个儿的亭亭玉立，矮个儿的小巧玲珑，各有各的美。但是我觉得，有一个起码的标准，那就是看上去舒服、自然、得体、大方，让人赏心悦目。

第三阶段　教你学会美美哒

主持人乙：刚才你说，美就是让人看上去舒服、自然、得体、大方，让人赏心悦目。那么如何才能做到这几点，让我们变美呢？下面有请三组的同学给我们展示他们的探究成果：教你学会美美哒。

（伴随 PPT 展示四组同学讲解礼仪常识）

三组学生 A：我想分享给大家的是"警惕美丽的陷阱"。（伴随讲解 PPT 展示央视 3·15 曝光的各种化妆品和检测报告的视频）

皮肤科医生提示，长期浓妆艳抹反而会导致皮肤产生色斑。一些不法化妆品厂家为了迎合消费者的需求，在产品中添加禁用或者限用的原料，甚至是药物，这些化妆品往往暗藏"杀机"。越是感觉功效好、见效快的化妆品，不法添加的有害原料越多。比如口红和美白、祛斑的化妆品中添加超标的重金属汞和铅；指甲油散发出的刺鼻气味是甲醛；祛痘、抗衰老的化妆品中添加激素；染发剂中加过量醋酸铅和苯；还有的化妆品中添加超大量的抗生素氯霉素；等等。长期使用超标的铅、砷、汞、糖皮质激素、性激素、抗生素等物质会严重危害人体健康，甚至可以致癌。这种花钱买危害的赔本买卖，只有傻子才会干啊！

三组学生 B：我探究的是“护肤美妆有技巧”。美化自己首先要做到干净，我们现在这个年龄段，早晚彻底清洁皮肤，涂一些基础的护肤品；夏季日光强烈时注意防晒，做到这些就足够了。如果参加一些重要活动或者场合必须化妆，也一定化淡妆，减少化妆品的用量，简化化妆的程序，学会给自己的皮肤“减负”，最大限度地减少化妆品对皮肤的危害。头发、衣服要干净整齐，显示自己的朝气蓬勃。如果特别喜欢染指甲，建议使用天然的指甲草。不仅不会对身体有伤害，还可以治疗灰指甲等疾病呢。总之，只有展示我们的自然、本真，才能给人以舒服和赏心悦目的感觉，才有可能真正地、长久地吸引别人的注意哦！

三组学生 C：我们几个探究的是服装礼仪，我们把“服装穿出好风采”分享给大家。我们特地邀请了四组同学为我们进行服装展示。（结合讲解，四组同学辅助服装展示）

（3 位同学迈着模特步上场，一位穿着简单得体的学生装，另外两位一男一女穿着奇装异服）

大家看他们的穿着，哪个看上去更舒服、更适合我们？（学生回答：第一位）选得好！我们还是学生，选择衣服自然要与我们的身份相符合，也就是要得体。除了校服以外，各种适合学生的服装都应该是我们的首选。像那两位的穿着我们实在不敢恭维啊！（笑声）

三组学生 D：（一男一女两位同学上场，虽然衣服的款式是他们所谓的很时尚的，但是脏乎乎、皱巴巴，穿得也是歪歪扭扭）大家看着这两位美吗？（学生：咦！美什么美啊？太邋遢了！）对，他们的衣服尽管款式很新潮，可是又脏又皱的衣服穿在身上，不仅不美还让人因为厌恶敬而远之。所以，服装礼仪还有一个最基本的原则就是干净整齐。

三组学生 E：服装礼仪还讲究 TPO 原则。T 是英语单词 time 的缩写，也就是着装要注意时间。（PPT 展示照片）大家看这几张照片，这几位同学为了显示苗条，即使冬天穿得也很单薄，甚至还裸露着脚脖子。寒风里冻得瑟瑟发抖、缩着脑袋，哪里谈得上美呢？殊不知，这样长期受凉，还会给以后的健康埋下严重的隐患。

三组学生 F：P 是英语单词 place 的缩写，也就是着装要注意地点。我们还是举例来说明（一位男同学身穿泳裤，两位女同学穿着花色杂乱的紧身装，3 位女同学穿着露脐超短裙走着模特步上台）：大家看，在海滩上穿着游泳装很正常，甚至是一道风景。可是我们在教室看到这样的打扮，大家什么感觉？（学生大笑：精神病。）这两位的穿着，大家觉得美吗？（学生摇头：太露了。这么紧，多别扭啊！）我们生活的地方是校园，所以我们除了按要求穿着校服以外，即使是穿着便装，也应该简单、大方，像这些过杂、过紧、过短、过透、过露的“五过”服装显然是非常不合适的。

三组学生 G：O 是英语单词 occasion 的缩写。这个原则是穿着要跟所在的场合、气氛相融洽。（一位同学穿着联欢会表演的服装上场）像这样联欢会演出的服装放到平时上课的场合大家觉得好看吗？（学生：太夸张了！不合适，当然不好看。）所以，作为学生，穿着应该符合学校、教室这个场合，和我们周围的环境相协调，才会让人产生美感。

三组学生 H：所以说，再漂亮的衣服如果不符合自己的身份，不符合 TPO 原则，也不会起到美化我们的作用。我们要想让自己穿出好风采，一定要注意结合我们的身份，按照我们所在的时间、地点和场合，去选择合适的衣物，用我们得体、大方的穿着体现我们的清纯和阳光之美！

三组学生 I：我将要分享的是“挺拔身姿多美丽”。（PPT 展示校园学生身姿、坐姿不正的照片和“站如松，坐如钟，行如风，卧如弓”的照片进行对比）

在我们的校园里经常可以看到走路驼背、坐姿不正的同学。说真的，有时候我都怀疑这是十六七岁的年轻人吗？这些不正确的姿势，不仅不美观，而且会对我们的脊椎造成不良影响。大家看艾草的图片，无论何时，每一株都是挺拔直立，给人一种积极向上的美感。在我国传统文化中，对身姿的要求是很明确的。比如我们曾经听到过的“站如松，坐如钟，行如风，卧如弓”，良好的身姿不仅体现出我们的朝气和活力，有助于我们的身体健康，还能给人一种积极向上的暗示。伙伴们，站直了，别趴下！

三组学生 J：还有一个方面，也关乎着我们是否能“美”。它虽然用眼看不到，却可以用耳朵听到。大家猜是什么？（学生：说话。）对！不知道大家留意了没有，我们当中的很多同学出口成“脏”，甚至很多女同学也是脏话连篇。他们不以为耻，反而觉得这样刺激、个性、新潮、潇洒。语言是表达我们内心思想的，语言脏了就反映出我们的思想也不纯净。内心不美，再通过脏话显露出来，又怎么可能给人带来美的感觉呢？

第四阶段　内在之美靠价值

主持人甲：感谢四组同学们的精心创作，教给我们如何打造自己的外在美，愿我们当中的每一个人都具有清新、淡雅、朝气、阳光之美。

主持人乙：但是这些都还仅仅是外表的美丽。一个人如果单纯追求外表的美丽，即使外表变漂亮了，也不过是一个内心空虚的花瓶。时间一长，人们还是会对他/她失去兴趣。

主持人甲：说得好！一个人要想真正变成大家都关注、喜爱的对象，需要做到的远远不止这些。托尔斯泰曾经说过，人不是因为美丽才可爱，而是因为可爱才美丽。

主持人乙：这就正应了歌德曾经说过的一句话：“外在美只能取悦一时，内在美方能经久不衰。”

主持人甲：那么，内在美来自于哪些方面呢？或者说怎样才能提高自己的内在美呢？下面有请五组的同学带来他们的探究成果：内在之美靠价值。

（伴随五组同学的讲解，PPT 展示相关图片）

五组学生 A：艾草没有美丽的外貌，却备受人们的尊重和喜爱，根本原因在于它广泛的医疗和保健价值。人又何尝不是如此呢？“晏子使楚”

的故事想必大家并不陌生，齐国大夫晏子出使楚国，因为他身材矮小、相貌丑陋，楚王便想尽一切办法意图羞辱他。晏子利用自己的勇敢、智慧和口才巧妙回击，不仅维护了自己的人格和国家的尊严，也让楚国从此再也不敢小看齐国。晏子没有帅气的外貌，却备受国君的信任和重用，靠的正是自己的价值。

五组学生 B：大家对演员孙俪一定不陌生，一部《甄嬛传》让她火遍大江南北。很多人都认为，孙俪是凭借自己的美貌获得大家的喜爱和导演的青睐，其实不然。

五组学生 C：《甄嬛传》的导言郑晓龙曾披露：孙俪虽然不是科班出身，但是在片场孙俪总是最努力的一位演员。她从没有好好地吃过一顿饭，总是匆匆扒拉几口就回房间背台词。从网上晒出的照片可以看到，孙俪对好几本厚厚的台词，根据不同的场景和情感设定分别做了不同颜色的标志，细心揣摩。正是这种坚持不懈的努力，让孙俪的演技不断提升，终于用实力展示了自己的价值，成为众多粉丝眼里的“最美演员”。

五组学生 D：大家对 2018 年世界杯一定还记忆犹新。那届世界杯最有价值的球员评选，C 罗榜上有名。很多人觉得 C 罗是靠“帅”而当选的，这可就大错特错了。为了自己的足球梦想，C 罗严格自律，白天练球，晚上健身，不懈的努力使他很快成长起来。从里斯本到曼联，再到皇马，无论在哪支球队他都是顶梁柱。3 次世界足球先生、5 次金球奖、6 次金靴奖、5 次欧冠冠军……身为一个足球运动员，C 罗几乎拿遍所有可以拿的奖项。

五组学生 E：就这样 C 罗一步步成长为世界上最有价值的足球运动员，也是球迷们心中的“最美球员”。请大家思考，世界上这么多足球运动员，长得帅的也不在少数，如果 C 罗在足球界没有这么高的价值，他又怎么会成为球迷心中最帅的那一个呢？

五组学生 F：所以，经过探究，我们组一致认为：内在之美靠价值。

一个人要想成为众人关注的对象，应该做的不是跟风攀比，不是单纯地、过度地关注和修饰自己的外貌，而是通过不断学习，充实自己的头脑和内心，丰富自己的学识和修养，像艾草一样让自己成为一个对家庭、对社会、对国家有价值的人。这种内在的价值会让我们成为一个可爱的人，同时也是美丽的人。具备了这种内在美，我们才能像艾草一样真正吸引别人的目光，才能引起别人长久的关注，才能让自己的美穿越时光、经久不衰！

主持人乙：感谢五组同学的分享。“野艾茸茸淡着衣”主题班会到此结束，现在请我们的班主任老师为班会做总结点评。

班主任：非常感谢大家为这次班会所做的努力！相信大家在准备班会的过程中，对于“什么是真正的美”“如何做到美”有了更加深刻的认识。古今中外，人类对于美的追求从未停止。外在美的标准不断变化，而内在美的真谛却始终如一。作为新一代的中职生，我们不仅要注意对自己的容貌、服饰等方面进行适度、恰当的修饰，实现外在美；更重要的是通过持之以恒的学习，加强自己的知识和修养，像艾草那样以自身优异的价值，实现内在美。内外兼修，打造专属自己的美丽和魅力！相信你们一定行！加油！

任务拓展

每人写一篇班会心得：现阶段，如何打造属于自己的内在之美？

花中君子　志洁行“莲”

——以君子之道铸人格之美

《如梦令·莲》

（新韵：七尤）

荷叶田田肥厚，曼妙舞姿波绉。花尽落残红，池乱烂泥腥臭。莲藕，莲藕，身正惧何污垢。

植言植语

周敦颐一首《爱莲说》打开了我们认识莲的世界的大门。莲花其高洁，非凡花所比拟。且莲花周身是宝，袅袅婷婷的荷叶，芳香馥郁的荷香，粉黛轻饰的莲朵，根茎丝连的莲藕；莲的“宝”不仅是可入药的品性，更是一种高洁，一种智慧，一种独一无二的品格。

人立俗世，独善其身何其难也。而莲所倡导的，是一种不为外界所改变的品格。她低调，却高昂；她存于世间，却傲然于万物。

班会时间

60 分钟。

班情分析

对于中职生而言，长时间的随波逐流模糊了他们些许的原则，家长偶尔的疏于管理放纵了他们难得的自制能力。而莲的品格，恰恰给他们以榜样。让他们学会坚持原则，培养高洁品格，做花中君子，志洁行“莲”。莲花所代表的君子之道，同样也是德育教育的一部分，能更好地帮助学生学习，辅助学生生活。

教育目标

1. 认知目标：通过学习“莲的君子之道”，了解莲的根、茎、叶、花、籽的品性，学习莲的高洁志趣。

2. 情感目标：通过讲故事、做游戏、诵读经典等活动，树立内外兼修、高洁淡雅的人生志趣。

3. 运用目标：体会莲的本性，回归人的本心，使学生认识到做人的规范与道德。

班会要点

1. 活动一：“莲”说君子——背诵《爱莲说》。

2. 活动二：“莲”语典故——讲述与“莲”相关的历史典故。

3. 活动三：“莲”问调查——填写调查问卷。

4. 活动四：君子游戏。

5. 活动五：我解“莲”语。

6. 活动六：我谈“莲”想。

7. 活动七：君子“荷”而不同——“莲”连看。

活动准备

1. 由学生制作班会 PPT，并拟写调查问卷。

2. 由学生分组搜集与“莲花”“君子”相关的名人名言及经典故事。

3. 分组准备自身与“莲”的品格相关的经历。

4. 由宣传委员绘制“五色莲图”。

教育方法

故事启迪法、趣味游戏法、小组讨论法等。

班会过程

第一阶段　“莲”说君子——背诵《爱莲说》

主持人：莲是中国十大名花之一，又名荷花、芙蓉。有关莲的诗句也频频被人传颂，接下来让我们一起背诵《爱莲说》。

（背诵《爱莲说》）

主持人：看来同学们都会背《爱莲说》，那么《爱莲说》中哪些句子是描写莲花的？

学生 A：予独爱莲之出淤泥而不染，濯清涟而不妖，中通外直，不蔓不枝，香远益清，亭亭净植，可远观而不可亵玩焉。

主持人：在《爱莲说》里，作者把莲比作什么？

学生 B：莲，花之君子者也。

主持人：为什么作者拿莲比喻君子？为什么作者独爱莲？莲究竟有什么样的品格？今天让我们走近“莲”，一起品味“莲的君子之道”。

第二阶段　“莲”语典故——讲述与“莲”相关的历史典故

主持人：在《爱莲说》里，莲的品格是怎样的？

学生 C：品质高洁、清雅脱俗、行为方正、通达事理、洁身自好、自尊自爱、志洁行廉、仪态庄重、不慕名利、不随世俗。

主持人：那么，在大家心中，君子又是怎样的？

学生 D：英俊的、帅气的；儒雅的、绅士的；稳重的、高贵的；默默无闻的、无私奉献的；干净的、不与世俗同流合污的；不会与他人计较，更不会算计他人的。

主持人：品质高洁、不染尘世，从古至今，具有莲一般品格的君子比比皆是。请二组同学为我们带来与“莲”相关的历史典故。

学生 A：有句话是“君子坦荡荡，小人长戚戚”。相传清康熙年间大学士张英，他老家桐城的官邸与吴家为邻，两家院落之间有条巷子。吴家要建新房，想占这条路，张家人不同意，双方争执不下。

张家人一气之下写封加急信送给张英，要求他出面解决。张英看了信后，给家里的回信中写了四句话：“千里来书只为墙，让他三尺又何妨？万里长城今犹在，不见当年秦始皇。”家人读罢，明白了其中含义，主动让出三尺空地。吴家见状，深受感动，也主动让出三尺房基地，这就是“六尺巷”的由来。

张英便是君子，不与他人计较，不私惠家人，有卓绝的气度和容忍的雅量。就像莲花一样，独自开放，从不与他人争抢。

主持人：懂得谦让是君子，宽宏大量是君子，不计较不争辩更是君子之风。莲亭亭地开着，不与世人争，不与群芳争。

学生 B：君子能坚持本心，而很多普通人会因为困难而改变自己的初衷。

屠呦呦院士，在艰难的环境下发现了青蒿素。不管条件如何艰苦，资金如何短缺，她和她的团队宁肯以身试药，也要继续研究。尽管获得了诺贝尔奖，她的研究仍然不曾停歇。

屠呦呦院士的坚持，就是不忘初心的最好象征。

主持人：不忘初心，保持本真。像莲，千年的莲子仍可盛开，是因为它从未改变初心，若莲经历千年随着外界环境而改变，可能莲早已不是莲。

学生C：君子看重道义，小人看重利益。所以，当遇到问题或者面临选择，君子会首先以道义的标准去衡量，最后做出选择。

清末，戊戌变法失败后，谭嗣同“有心杀贼，无力回天”。他坚信“不有行者，无以图将来；不有死者，无以酬圣主”，泰然赴死，留下“我自横刀向天笑，去留肝胆两昆仑”的名句。在家国大业面前，他选择道义。而面对权利与金钱的诱惑，当年的中国，又有多少人投敌卖国？

主持人：没错，谭嗣同就像莲花一样，出淤泥而不染，濯清涟而不妖，不会与世俗同流合污。

学生D：莲花，志洁行廉、不慕名利。

诸葛亮贵为蜀国丞相，却一生清廉。《又与李严书》中写道，家里没有存款，妻子也没有一件像样的衣服的时候，仍坚持家中不要多余的钱财和布帛，可见其清廉。

有人终其一生追求名利，有人终其一生贪爱钱财，但真正的君子不会被凡尘俗世所困扰。鞠躬尽瘁死而后已，克己奉公廉政为民，这才是真正的君子之道。

主持人：我们虽不是诸葛亮一样的人物，但身为普通人，也当有莲花一样的志趣。

学生E：自尊自爱、洁身自好，不与世俗同流合污。

明朝正统年间，宦官当权，每逢朝会各地官僚为了讨好太监王振，多献以珠宝白银。唯独巡抚于谦，每次进京奏事总是不带任何礼品。他的同僚劝他说：“你即便不献金宝攀求权贵，也应该带一些著名的土特产如线香、蘑菇、手帕等物，送些人情呀！”于谦不仅没有听他们的话，反而作诗一首表明心意：“绢帕蘑菇与线香，本资民用反为殃。清风两袖朝天去，免得闾阎（指百姓）话短长。”

在所有人都做一件事时，也要保持清醒的头脑，看看这件事该不该做。世俗间有太多不该做而许多人都在做的事，但君子不会做。坚持本心，不与世俗同流合污是“出淤泥而不染，濯清涟而不妖”的莲花教会我们的，也是真正的君子之道。

主持人：君子量大，小人气大。君子不争，小人不让。君子和气，小人斗气。君子助人，小人伤人。君子重义，小人重利。君子求己，小人求人。君子成人之美，小人成人之恶。君子胸怀宽广，小人心如针芒。君子之德如风，小人之德如草。君子和而不同，小人同而不和。

君子如莲花，她品质高洁、洁身自好、不慕名利、不随世俗。接下来，让我们填写一个调查问卷，看看我们与君子有多近。

第三阶段　“莲”问调查——填写调查问卷

Q1. 在一个人的时候你有没有做过不该做的事？

A. 有　　B. 没有　　C. 不知道

Q2. 在一个人的时候，你的行为与在众人面前无异吗？

A. 不是　　B. 是　　C. 不知道

Q3. 有没有做过“随大流”的事？

A. 有　　B. 没有　　C. 不知道

Q4. 在周围人都做错的时候，自己可不可以坚持己见？

A. 不可以　　B. 可以　　C. 没遇见过

Q5. 有没有过随人群一起闯红灯？

A. 有　　B. 没有　　C. 不知道

Q6. 有没有忌惮他人的权利或威严而改变自己？

A. 有　B. 没有　C. 不知道

Q7. 有没有做过违背本心之事？

A. 有　B. 没有　C. 不知道

Q8. 在你看来，当下社会“君子”常见吗？

A. 不好说　B. 比较常见

C. 非常常见　D. 几乎没有

Q9. 你认为自己算得上“君子”吗？

A. 算得上　B. 算不上　C. 不好说

Q10. 以下关于君子的诗句，你最推崇的是哪些？（任选 3 项）

A. 君子成人之美，不成人之恶

B. 君子喻于义，小人喻于利

C. 文质彬彬，然后君子

D. 富贵不能淫，贫贱不能移，威武不能屈

E. 君子道者三：智者不惑、仁者不忧、勇者不惧

F. 君子和而不同，小人同而不和

G. 天行健，君子以自强不息；地势坤，君子以厚德载物

H. 知其不可为而为之

I. 穷则独善其身，达则兼济天下

J. 君子坦荡荡，小人长戚戚

K. 君子有三畏：畏天命、畏大人、畏圣人之言

L. 君子欲讷于言，而敏于行

M. 君子之交淡如水

N. 有所为有所不为

O. 士不可不弘毅

Q11. 在你看来，君子人格的核心是什么？

A. 文（修养）	B. 信	C. 孝
D. 礼	E. 独（独立）	F. 良
G. 和	H. 慧	I. 勤
J. 仁	K. 恭	L. 宽
M. 义	N. 其他（请补充）	

Q12. 你希望自己是君子或成为君子吗？

A. 不希望，当君子吃亏

B. 希望，应该做君子

C. 不好说

Q13. 在你看来，我们当下社会需要君子人格吗？

A. 非常需要	B. 比较需要	C. 不好说
D. 不太需要	E. 不需要	

Q14. 在你看来，现代社会君子最应该做到什么？（任选 3 项）

A. 对国家和社会的担当

B. 诚信为本的道德规范

C. 重义轻利，追求高尚的价值观

D. 对人有爱心

E. 文质彬彬的气质修养

F. 能合群而不结党营私

G. 有克己之心和成人之美的宽广胸怀

H. 守信用、讲原则

I. 有远大抱负和自强不息的精神

J. 谦逊、尊敬长辈

K. 其他（请补充）

Q15. 你是不是一个君子？还有哪些不足？（请填写）

第四阶段　君子游戏

主持人：填完调查问卷，想必同学们心中都对自己和君子有了新的判断，那么让我们再玩几个游戏。

主持人：（展示莲花图）莲花即便身处污泥，花叶落上水珠，仍可孑然一身傲立人间，不沾湿自己。那么，我们人呢？

我这里有一杯水，请一位同学上台来，将手伸进去。请问，他的手会湿吗？

学生 F：手会湿。

主持人：那怎样才不会湿呢？

学生 G：不伸进去，或者在手上包上塑料袋。

主持人：我们都希望自己永远没有在河边走的日子，因为谁都会害怕“湿鞋”。但是人生在俗世，谁又能一直活在好的环境中？那么，有同学说包上塑料袋，这塑料袋是什么？

学生 H：是知识，因为有了知识的包裹才能更好地坚定自己，让不好的东西隔绝于心之外。

学生 I：是信念，因为有了信念的坚持才能不忘初心，不让繁杂的念头攻破防线。

主持人：我们要努力地学习知识，也要坚定自己的信念。因为有了知识和信念的包裹，才能够让自己更好地坚持本心。

我们再玩一个游戏。大家伸出两只手，五指张开不许合上。下面，把一只手放进抽屉，另一只手举在桌面。坚持5分钟。

现在我们看一个视频《婷婷唱古诗——爱莲说》。

好，5分钟过去了，在桌下的那只手，有谁没有合上五指？

（同学们议论纷纷）

主持人：可见，在桌上的那一只手，只有3个人合上了五指，而在桌下的那只手，只有两个人没有合上五指。这说明什么？

学生J：在别人看不到的地方，会偷偷摸摸做小动作。

学生K：在自己一个人的时候，可能做一些不允许做的事。

学生L：在一个人的时候，很难坚持以往的原则。

主持人：这就是君子慎独的道理。在人群中，我们可以坚守道义。可在没有人的时候，我们独自做事，谁还能保证自己一样严格要求自己呢？君子慎独，即便是君子，仍然在独处时小心，何况是我们。有没有人上课时在老师看不着的时候睡觉？有没有人在家长不注意时玩游戏？君子慎独，所以在独处时，我们更要严格要求自己才能更上一层楼。

我们每个人都见过莲花，下面让我们进入我解“莲”语。

第五阶段　我解“莲”语

主持人：请每个组的同学展示图片，选取莲的一部分进行解说。

第一组：

学生A：（展示图片——荷塘）这是杭州西湖的“曲院风荷”之景，也是莲的最佳观赏之地。

学生B：除了杭州，承德避暑山庄、保定白洋淀、广东、武汉也都有著名莲池。可见，无论南北，莲的开放并没有过多的挑剔。它的生长力旺盛，有研究表明，即便在90度的水里，莲仍然可以存活。

学生 C：莲就是这样的入乡随俗，如果人类世界里多有这样的品格，或许会少许多争斗与计较，多很多娴静与淡然。莲，便是这样，亭亭地开着，却懂得随遇而安的道理。

第二组：

学生 A：（展示图片——莲花）这是一张含苞待放的莲，也称菡萏；当莲花盛开，便称为芙蕖。人们对莲的关注，大都在花朵。初中的课文《爱莲说》便是对莲最好的解读，清雅高洁、出尘不染、遗世独立。

学生 B：莲，叶片片分明，花朵朵分开。我们要做莲花一样的女子，花开为美，含苞亦美，独立自主，自尊自爱，洁身自好。

第三组：

学生 A：（展示图片——莲藕）这是莲藕，也就是莲的茎。是很好的中药材，也是很好的食材。但只有被挖出的时候，才会被人注意。莲藕是整株莲的养料汲取地，承载着整株莲的养分运输任务，但谁会观赏莲藕的美呢？

学生 B：莲藕美味，却不美观。她深埋地下，纠缠于污泥之间，少了叶的清香，没有花的艳丽，却无私地为花与叶输送营养，也可整个被人所食用。这便是淡泊与清丽，这便是无私与奉献。

第四组：

学生 A：（展示图片——莲子）这是莲子，它既可以入药，也可以用作食材。而莲的籽，是公认的世界上最顽强的生命形式。莲的种子深埋地下，千年之后仍可萌发。前些日子据媒体报道，北宋的莲子在山东出土，近日被种植于杭州西湖，仍生出嫩绿茎叶。

学生 B：莲子是坚强、隐忍的象征。无论多么恶劣的环境，千年来仍能秉持本心，静候绽放。

学生 C：千年的莲子，吸收了千年的风霜，却仍有千年前的初心。它执着于信仰，坚守着孤独。莲子就像君子，忍受孤独，“不为外撼，不以物移”。

第五组：

学生 A：（展示图片——莲叶）这是莲叶，我们都爱叫它“荷叶”，人们往往以花为美，很少有人喜爱绿叶。然而莲的叶，既可入药，又可观赏，有消暑利湿、散瘀止血的功效，还有女孩用荷叶茶减肥。杨万里的“接天莲叶无穷碧”也将莲的叶与花放到同等的位置上来观赏其美。

学生 B：莲叶不会被水滴渗透，也不会沾上泥土。她代表着高洁、独立的人格，也象征着奉献精神和默默无闻的低调品格。

学生 C：做人也要像莲叶一样，不可因外物的污秽改变自身，更不可因自身的作用而出头炫耀。需要时可衬托花的美，必要时也释放自身的美，无私奉献、兢兢业业为家庭、为集体、为国家奉献自己的力量。

学生 D：荷叶独自清香，没有花的媚，没有籽的味，却成片成片地开放着、美丽着。正所谓“小池可观莲，莲叶何田田。清雅独遗世，亭亭立水困”。

第六阶段　我谈“莲”想

主持人：我们观赏了莲花，了解了君子，分享了每个人对莲的感悟。那么不妨让我们谈一谈，我们比之莲与君子，还有什么不足之处吧。

学生 A：在所有人都玩游戏的时候，我也会玩游戏，有时候想学习却仍然没坚持住自己。以后我要像莲花一样，做一个君子，耐得住寂寞，坚持住本心，不为外撼，不以物移。

学生 B：许多人都喜欢贪小便宜，甚至有时候我们还会因贪小便宜而窃喜。下一次，我不会因为对方看不到就故意贪小便宜，而会做一个君子，表里如一。

学生 C：父母不在家的时候，我们都喜欢玩游戏，因为没有人监督。走在路上没有人看着，我们也不会把纸扔进垃圾桶。下一次，我要做一个像莲一样的君子，不因为他人没有关注而改变自己的本心，坚守道德和信仰。

学生 D：初中的时候，我会因为害怕高年级的同学而帮他抄作业，我其实可以告诉老师或家长，但我并没有。高年级的同学是错的，但是我帮他抄作业也是错的。我应该做一个君子，贫贱不能移，威武不能屈。

学生 E：上次运动会，我们参加 4×100 米接力赛，我想跑第一棒，因为第一棒最容易被人关注，同学们把第一棒的机会让给了我，我心中窃喜。我太过看中名利了，下一次，我也要像同学们一样懂得谦让，做一个像莲一样的君子，不慕名利。

第七阶段　君子“荷”而不同——“莲”连看

主持人：每个人都是不同的，我们的优点是不同的，缺点也是不同的。而在莲身上，我们也有不同的所得。下面请大家把心中的君子品格，填于这朵五色莲上。请同学们讲述一下，这样填的意义。

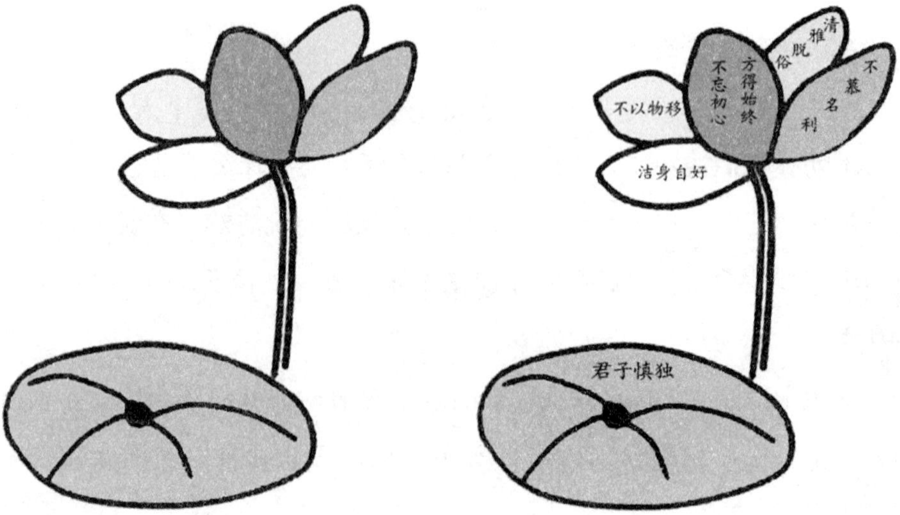

同学 F：我们在白色上填上“洁身自好”，因为白色是最纯洁的颜色。我们也要做最“纯洁”之人，从心灵到行动，都需要爱惜自己，洁净

如初。

学生G：我们在黄色上填上“不以物移”，是因为黄色是最醒目的颜色。我们需要时刻警示自己“不为外撼，不以物移”“不轻易因外界而改变自己”，做到君子“出淤泥而不染”。

学生H：我们在绿色上填上“清雅脱俗”，是因为绿色是最清新的颜色。我们需要用这一片清新告诫自己，不为凡尘俗世所困扰，坚守本心。

学生I：我们在蓝色上填上“不慕名利”，是因为蓝色是天空和大海的颜色，包容一切，净化一切。我们希望像莲花一样不被名利困扰，就要用蓝色的力量净化自己。

学生J：我们在最中心的红色上填上“不忘初心，方得始终”，是因为，无论是莲子心还是人的心，在最初的时刻都是最稚嫩与纯净的。但这些本心凝聚到一起，却可以汇聚成千百种力量。这是我们初心的汇聚，更是我们的信仰。人民有信仰，民族有力量，这是中国红的力量，是最纯粹、最本真的力量。

学生K：我们在荷叶上填涂“君子慎独”，是为了告诫自己，这五色莲花上的一切品格都要延续到自己独处的时刻。要人前人后一个样，坚守品格，不因没了他人的关注就放松对自己的要求。

班主任：首先，感谢同学们的积极思考与配合，无论是游戏还是讲解，同学们都齐心协力共同完成。这正像莲花一样，花朵片片分明，却紧紧团抱。

其次，感谢同学们的自我剖析和深刻感悟。就像莲花一样，虽然周身难免萦绕不和谐的因素，但仍然不忘初心，在做人做事时深谙君子之礼，出淤泥而不忘正道。

最后，感谢为本次班会付出的同学们，感谢班委会成员。是他们精心的准备，换来了我们精彩的班会。

莲，出淤泥而不染，濯清涟而不妖；人，也当入尘世而不秽，沁外物而不惑。同学们，我们年龄尚小，唯有用知识武装头脑，用信念坚定本心，才可遇外物而不迷惑，受外撼而不转移。让我们做一株莲吧，做那君子一样的人，遗世独立，不染纤尘，不忘初心，方得始终。

任务拓展

1. 看看自己何时可以集齐五色莲花上的“君子品格”。

2. 根据同学们所填的调查问卷，进行二次分组拓展，让同学们有针对性地塑造良好品格。

3. 搜集与“君子”相关的诗文，细细品读，思考自己与君子的差距。

赏植物盆景　品礼仪之美

——彬彬有礼显修养

《画堂春·盆景》

（新韵：十一庚）

碧云飞落雾蒙蒙，涧深万壑峥嵘。古松虬曲干如龙，苍郁仙踪。

案几怪石矗立，嶙峋万变如虹。树生盘内九霄重，阅尽苍穹。

植言植语

盆景是融植物栽培、艺术设计、文学、美学于一体的东方艺术精品，它取材于自然，效法于自然，但又高于自然。制作者将不同植物、石头、土壤和水等材料，经过特殊的构思、修剪和栽培等手段打造，达到惟妙惟肖、精美绝伦缩景到盆的艺术效果。

礼仪教育是提高中职生道德修养的一种有效途径，通过对中国传统文化知识和不同礼仪的学习，修剪其过多“枝叶”和缺点，从而使学生达到举止文明、形象完美、人格完善等效果。

班会时间

60分钟。

班情分析

中职学生大部分来自农村，部分学生存在遵纪守规意识不强、礼仪观念淡薄、缺乏责任感等问题。这些不良的行为习惯，严重影响了学生的健康成长，更不利于良好班风、学风的建设，需班主任耐心且及时的引导。

教育目标

1. 认知目标：通过本次班会，使学生认识到文明礼仪的重要性，体会礼仪之美。

2. 情感目标：通过活动，引导学生由被动欣赏美到主动学习美，培养学生由外在的仪态美带动内在的修养美。

3. 运用目标：通过对校园基本礼仪知识的学习，使学生实现自我约束、自我克制、自我教育、自我涵养、自我完善和自我提高。

班会要点

1. 活动一：盆景之意。通过对植物盆景图片的欣赏，了解植物盆景蕴含之意。

2. 活动二：礼仪之美。通过游戏理解“没有规矩不成方圆”的道理，并追溯礼仪之起源，了解礼仪之美。

3. 活动三：修剪之由。引导同学们发现自己的缺点，找到修剪自身的缘由。

4. 活动四：学礼之乐。学习校园礼仪常识，努力提升自身的道德修养，成为一个尊敬师长、言行文明、尊重他人、团结同学的文明中职学生。

活动准备

1. 主持人：准备主持词，根据各组要求制作本次主题班会所用的 PPT。

2. 园艺小组：搜集植物盆景的制作方法及著名盆景赏析的视频。

3. 摄像小组：通过自己的视角，拍摄身边不文明行为的照片和视频。

4. 礼仪小组：准备圆规和直尺，搜集传统礼仪文化和各种场合的礼仪知识。

5. 才艺小组：进行坐、立、行、微笑等基本礼仪培训。

教育方法

故事启迪法、情景体验法、讨论法等。

班会过程

主持人甲：文明礼仪如黄河，滔滔不绝，延古至今。

主持人乙：文明礼仪如白鸽，白首昂天，展翅高飞。

主持人甲：文明礼仪如鲜花，淡雅清香，流芳百世。

主持人乙：文明礼仪如盆景，清秀简洁，小中见大。

第一阶段　盆景之意

主持人甲：尊敬的老师、亲爱的同学们，欢迎大家参加我们的“赏植物盆景　品礼仪之美”主题班会。首先，请大家跟随我们一起来欣赏《美丽的花木盆景》视频（视频大约 4 分钟）。

主持人乙：视频中的植物盆景真可谓惟妙惟肖、精美绝伦，下面请园艺小组的同学们给我们普及一下植物盆景的历史和制作方法。

园艺小组学生 A：我国植物盆景起源于唐代，是把大自然景物按照一定的比例缩小置于盆中，有人称其为微观造园，也有人称其为“立体的画”和“无声的诗”。盆景不仅展现了植物独特的魅力，还蕴含了制作者的审美与思想。经过几千年发展，现代盆景可分为树桩盆景、山水盆景、树石盆景和微型组合盆景四大类。

园艺小组学生B：植物盆景在成型时常用扎景法和剪景法两种方法制作，一种是按植物生态习性用金属丝捆绑、剪扎，形成独特的造型，达到制作者想要的艺术效果；另一种是按植物生长习性，通过剪枝、截干等手段，控制枝芽的生长方向及枝条长短，最终使之具有优美且独特的形态。

园艺小组学生C：植物盆景深受我国人民的喜爱和重视，我国曾于1992年发行过一套关于植物盆景的邮票，此套邮票共6枚，均取材于树桩盆景（PPT展示邮票）。在我国，植物盆景还有其寓意，如松树盆景象征延年益寿，榆树盆景象征年年富裕，九里香盆景象征安宁祥和等。

（同时播放同学制作的植物盆景照片的PPT）

主持人甲：谢谢园艺小组同学的分享，刚才PPT中的植物盆景有的热情、有的婉约、有的苍劲、有的妙趣、有的古朴、有的典雅、有的如苍鹰、有的如腾龙；每一盆都惟妙惟肖、生动逼真，都如一首无声的诗、一幅立体的画。

主持人乙：盆景在制作的过程中都要经历构思、选材、修剪、养护，其中修剪对于植物盆景的造型是十分重要的，通过修剪多余枝干，以达到树形美观。有时为了整体布局的需要或是达到整体的协调，还必须剪去该植物的某些主要的大枝。

主持人甲：盆景的制作过程正如我们的成长过程，先有人生目标，在实现自己人生目标的过程中，要修剪自身的“枝叶”和不良行为习惯，学习必要的礼节、礼仪等方面的知识，才能在今后的生活和工作中更好展现出个人的修养、风度和魅力，也能增加自己参与激烈竞争的重量级附加值。

第二阶段　礼仪之美

主持人甲：下面我们来做一个小游戏，请每个小组不借助任何工具在纸上分别画出一个圆形、一个正方形和一个五角星。

（每一组的同学们都认真地画两分钟）

主持人乙：现在请每个小组的同学来取一套圆规和尺子，来测量一下你们刚才画的图形标准吗。

（开始在图上测量）

园艺小组学生 A：我们画的圆形太不标准了，缺了一块。

摄影小组学生 A：我们画的正方形还可以，但是我们画的比较小，所以差别不太大，但是如果画得大的话，差距可能就会大了。

礼仪小组学生 A：我们组的这个五角星画歪了。

主持人甲：大家知道为什么会出现这种情况吗？你们知道圆规和尺子在古代叫什么吗？是“规”和“矩”，来源于古代工匠的术语，规是用来做圆形的东西，如圆桌、圆门等；矩是一直一横可以成直角的曲尺，是做方形木制品的角尺。那么，大家知道咱们刚才做的游戏是什么意思了吗？

培训小组学生 A：没有规矩不成方圆？

主持人乙：对！没有规和矩，再好的木匠也无法做出方形和圆形的东西，现在“规”和“矩”已合并成为一个新词，“规矩”可解作一定的法则、标准、规范或习惯，没有规矩不成方圆成为一句俗语，是指做任何事情若无一定规则便会出错，在做任何事情的时候都要有规矩和行为规范。

主持人甲：礼仪是人们在生活中应当共同遵守的行为规范，也是一个人知识水平、文化修养、交际能力的外在表现，更是一个人、一个组织乃至一个国家道德和文明程度的标志。请大家跟随一段优美的视频去体会礼仪之美。

（播放礼仪视频）

礼仪小组学生 A：礼仪的历史源远流长，是人们在长期的生活和生产过程中自然形成的，最初形成的时候是随意的，但是一旦约定了，大家共同认可了就必须遵守。如握手礼仪，起源于原始社会，当时生产力水平非常低，部落与部落之间常因争夺食物发生打斗，所以人们见面会伸出双手，让对方看看手中没有拿武器，然后相互击掌表示友好，慢慢地引申到现在，就成了今天的握手礼。

礼仪小组学生 B：我们从小学习的各种诗文、成语等，告诉我们许多有关礼仪的知识，如“父母教，须敬听。父母责，须顺承”“树欲静而风不止，子欲养而亲不待”“香九龄，能温席”等，告诉我们应当从小孝敬父母的道理；“程门立雪”中的杨时，为我们做出了尊敬老师的榜样；“投桃报李”“来而不往非礼也”等，告诉我们朋友之间应相互尊重、相互赠答这个道理。

礼仪小组学生 C：林志玲在一次宴会上，为了达到与她握手的每位嘉宾一样的高度，眼睛能平视对方，她屈膝、下蹲了 80 多次。她用这种常人注意不到的特殊方式，诠释了尊重别人、平等相待的道理。上海某公交车售票员礼貌地把钱和车票双手递给污辱她的乘客，用自己的实际行动赢得所有乘客和车队同事们的尊重。

主持人乙：我们也应该为这些平凡而伟大的人点赞！“知书达礼，以礼待人”是现代社会对我们每个人的基本要求，高素质的人对礼仪文化更重视。良好的礼仪修养可以让我们在各种场合优雅得体，更能让我们对以后的生活充满自信！

第三阶段　修剪之由

主持人甲：礼仪是我们在日常生活中共同遵守的最起码的道德规范，渗透于我们平凡生活的方方面面，如家庭中的孝敬父母、学校中的尊敬师长、参加各种活动时的礼仪、我们平时的穿戴和坐立行走的姿势，等等。

主持人甲：作为新时代的中职生，我们身上有哪些不文明的行为和习惯呢？请大家观看一段由摄影小组随机在校园中拍摄的视频，大家边看边思考。

（播放 PPT：摄影小组随机在校园中拍摄的视频片段）

场景一：操场升国旗

（操场上，升旗手严肃地站在旗杆下，伴随着庄严的国歌声，缓缓地将国旗升起，同学们有的低头看手机，有的衣冠不整，队伍里有几个同学在窃窃私语，还有几个迟到的同学在迅速奔跑……）

主持人甲：大家发现了做得不对的同学了吗？

礼仪小组学生 A：国旗是用我们的先烈们的鲜血染红的，我们应当尊重国旗、爱护国旗。当国歌奏响、国旗升起的时候，我们应立即停下脚步，双手自然下垂靠在身体两侧，挺胸、立正行注目礼，待升旗完毕后，才能继续走动。

礼仪小组学生 B：升国旗时不应说话，更不能低头玩手机，那是对国旗的不尊重。升旗时我们应穿戴整齐，不能戴帽子或背包，应保持立正姿势，向国旗行注目礼。

主持人甲：谢谢同学们，这些是我们必须掌握的升旗礼仪。下面跟随我们的镜头一起来看一下第二个场景。

场景二：上课时和下课时的教室

（课堂上，两个同学枕着书本在“梦游”，角落里一名同学偷偷拿起手机，沉浸在网络的世界里。课间，同学们千姿百态，有的趴着睡觉，男同学们拿起自己的手机开始高声谈论游戏的世界，他们有的用脚踩在凳子上，有的直接坐在桌子上，甚至还互相打闹；女同学们开始侃大山、聊明星，她们时不时发出大笑声和尖叫声；有的干脆把自己的化妆品全部摆在桌子上，开始描眉画眼……）

投影小组学生 A：拍这段视频时我无地自容，教室是我们学习的场所，而我们平时却是这样的。初中时候没有好好学习，现在数理化都是我的“克星”，每到上这些课时我都觉得老师在讲天书，总是不自觉地想睡觉，现在想想很是惭愧。“一日为师，终身为父”，老师就是我们在学校中的父母，在校园中要做到尊敬老师，更应该尊重老师的劳动。

礼仪小组学生 B：作为学生首先应遵守课堂纪律，不迟到，不早退，不旷课，上课时应坐姿端正、认真听讲、独立思考、做好笔记、关闭手机等通信设备，要听老师的统一安排。

礼仪小组学生 C：我觉得仪容仪表要大方得体，端庄整洁，讲究个人卫生，说话时要面带微笑，语言要文明礼貌，校服要干净整洁。在学校与同学交往时应互相尊重、礼貌相待、诚实守信、谦虚随和、宽容理解、团结友爱。更为重要的是，应正确处理男女同学间的交往关系，交往一定要适度。

场景三：男生宿舍内（周末）

（宿舍楼道内一片狼藉，宿舍内床下各种各样的鞋子摆放得乱七八糟，地面上到处是垃圾，两个床铺上的被子未叠，几乎每个床上都堆满了衣服、包等物品。宿舍里的同学有的在大声谈论着，有的低头玩着手机，有的用手机大声放着流行歌曲）

主持人甲：这些场景大家是不是也很熟悉？

摄像小组学生 B：平时我们宿舍不是这样的！周一到周五教官都会检查宿舍卫生的，这是我们拍摄的周末宿舍。

主持人甲：难道我们的宿舍卫生只能在教官的监督之下才能保持吗？

主持人乙：养成良好的个人卫生习惯是我们小学时老师经常教育我们的，而我们今天做得怎么样呢？是不是在座的每个人都可以在视频中找到自己的影子？宿舍是我们的第二个家，我们应该怎样爱护我们的家呢？

（同学们听完主持人的话以后，开始低头深思）

礼仪小组学生 G：宿舍是我们的“家”，也是一个公共场所。首先，我们应该爱护我们这个家；其次，应该自觉遵守这个“家”的规章制度，如按时起床、入寝、熄灯，不影响他人休息；再次，我们每一个人都是这个家的主人，应时刻保持这个家的整洁卫生；最后，个人物品要及时收纳，被褥折叠整齐美观，生活用品摆放整齐。

礼仪小组学生 H：宿舍成员就是我们的兄弟姐妹，兄弟姐妹之间应该团结友爱、互相尊重、互相关心，上下铺之间应相互照顾，平时应注意讲究个人卫生，未经他人允许尽量不随便在他人床上坐卧，更不能随便挪动、翻看他人物品。还有一些我们平时不注意的问题，比如在宿舍内尽量不要大声喧哗、不嬉笑打闹、不跳舞或做其他娱乐活动；放音乐时音量要适当，或自己佩戴耳机，不能影响他人休息。

主持人甲：相信大家今后一定能做到爱护我们的第二个家，并且能和家庭中的每一位成员和睦相处！

场景四：学生食堂

（食堂内人山人海，每个打饭窗口都围得水泄不通，每个同学都想打到可口热乎的饭菜。里面打完饭的同学端着饭菜出不来，后面来的同学使劲往里挤，随时都能听到抱怨声、辱骂声。餐桌上到处都是吃剩的食物、用过的餐具，地面上垃圾满地……）

主持人乙：这场“战斗”是咱们每天中午都必须要打的，你打赢过吗？你觉得这些行为文明吗？

拍摄小组学生 C：我每次都是大赢家，所以我才能拍摄到一手资料。要是不挤，好吃的饭菜就没有了，所以下课第一件事就是往食堂挤，我知道这样做并不好，有一次还有人把菜撒我身上了呢。

主持人甲：大家想一下，如果大家都按秩序打饭，会出现这种情况吗？食堂就餐也有我们必须掌握的基本礼仪。

（播放 PPT，食堂内排队打饭、食堂干净卫生等场面。让学生讨论、总结食堂就餐礼仪）

礼仪小组学生 J：我们小组讨论后觉得，食堂就餐时应注意以下几点：一是爱护食堂的公物，保持食堂卫生，不随地吐痰，不乱扔杂物；二是遵守秩序，自觉按先后次序排队打饭，不能插队或硬挤，更不能出现打闹或其他不文明行为；三是爱惜粮食，应根据自己的饭量购买，不能因为饭菜不合口味就随意浪费，用餐完毕后应把餐具摆放在统一位置；四是尊重工作人员，说话要客气，如果不小心把饭菜弄到别人的衣服上，一定要向对方道歉。

礼仪小组学生 N：就餐时要细嚼慢咽，吃相应文雅，不要发出“吧唧”声，更不要说话或大笑，以防吃呛或把饭菜喷到别人脸上。就餐后半小时内，尽量不做剧烈运动，注意个人身体健康。

主持人乙：谢谢大家！只要我们今后把自身的这些缺点和不文明之处“修剪”下来，时刻把文明礼仪融入学习和生活中，养成良好习惯，努力做到举止文明，校园才会更和谐、美好。

第四阶段　学礼之乐

主持人甲：有人说种下一个行动能收获一个习惯；种下一个习惯能收获一个品格；种下一个品格便能收获整个人生。对于现在的我们来说，要时刻把文明放在心里，把礼仪记在心中，努力与文明交谈，坚持与礼仪对话，让文明之花在我们班级、校园内处处开放。

主持人乙：下面请欣赏才艺小组的同学给我们带来礼仪展示。

才艺小组学生 A：优雅的坐姿是涵养、自信的表现，同时也可传递友好、热情的信息。女士一般常用的坐姿有：侧挂式、侧点式、标准式、前交叉式等；男士一般常用坐姿有：正襟危坐式和垂腿开膝式。下面请大家跟我一起练习各种坐姿。

（开始演示各种坐姿）

才艺小组学生 B：站是人类静态造型动作，一个人优美的站姿能展示出自信和内涵，衬托出气质和风度。站立时要挺直舒展、线条优美、精神焕发。常用的站姿有肃立和直立两种，肃立一般用于升国旗等庄重严肃的正式场合，女士一般用标准站姿、前腹式站姿、腰际式站姿和交流式站姿；男士一般用前腹式站姿和后背式站姿。

（演示并开始练习）

才艺小组学生 C：婀娜多姿、仪态万方、莲步生花等都是用来形容女子走路姿势好看的成语，由此可见，走路是最能表现一个人的风度和活力的肢体语言，也是最引人注目的一种行为。走路时应自然、优雅、轻捷且有节奏，行走时上身基本保持站立的姿势，收腹挺胸，两臂自然前后摆动，手掌朝向体内，脚尖应向正前方，沿直线行走，步幅应均匀。男士要步伐矫健，常见平行步；女士要步履轻捷，常见一字步。(演示)

才艺小组学生 D：微笑是人类特有的一种面部表情，是因双唇轻启、牙齿半露、眉梢上扬、脸部肌肉向后舒展而带来的一种效果。微笑时要精神饱满、神情结合，做到口鼻眉眼肌的完美结合，显出气质，要与仪表举止一致，尽量做到声情并茂。不要出现冷笑、傻笑、苦笑、干笑、假笑等情况。

(小组成员让全体同学咬住自己的笔，练习微笑)

班主任：礼仪是人们在长期共同生活和相互交往过程中逐渐形成的一种道德规范，要求我们大家共同遵守且渗透于我们生活的方方面面，包括基本生活礼仪、校园礼仪、职场礼仪、社交礼仪、用餐礼仪、服务礼仪、商务礼仪等。伟大的德国诗人歌德曾经说过：“一个人的礼仪，就是一面照出他肖像的镜子。”希望大家都能在这面镜子里看到最美的自己，像植物盆景一样把自己最美的一面留给世人。我希望大家能通过今天的主题班会，从现在开始，“修剪”并改正掉自己身上一些不文明行为、习惯。我相信，只要大家有决心，就一定能成为最完美的自己，人生也一定会因文明而更加精彩。

主持人甲：感谢老师的教诲！青春的脚步如行云流水，青春的你我应举止文明。

主持人乙：让我们大家一起在成长中文明，在文明中成长，让我们从今天开始共同携手，向和谐校园的彼岸前行，向美丽文明的明天前进！

主持人甲：请大家全体起立，举起你的右手，一起高声宣读《中等职业学校学生公约》。

主持人乙：我们今天的“赏植物盆景　品礼仪之美”主题班会到此结束，感谢老师的帮助和各位同学的积极参与！

任务拓展

1. 背诵《中等职业学校学生公约》。

2. 根据本次班会内容，写出自己现阶段存在哪些不良的行为和习惯，并制订“修剪”自身的计划。

花开应有时

——珍惜青春　拒绝早恋

《十六字令·花》

（新韵：一麻）

花。阵阵春风处处她。合时令，极目满天涯。

《十六字令·情》

（新韵：十一庚）

情。假意真情懵懂行。经风雨，方见彩虹成。

植言植语

植物开花各有时令，自然状态下的植物，花开有定时。植物的发芽、生长、开花、结实的生命历程是亿万年形成的规律，有条不紊、次序井然、不容扰乱。春季过早开花，由于温度低、气候不稳和昆虫较少等因素，常常导致花而不实。

人作为万物之灵，自然和植物一样遵循生命规律，即不同的年龄有不同的生命主题。中职阶段的学生正处于人生最美好的时期，此时，应心无旁骛，专心学习，健康快乐成长。

班会时间

60分钟。

班情分析

正值青春年少的中职生光彩照人，男女同学随着交往的日益频繁，爱的小火苗渐渐萌生了，有人悄悄谈起了恋爱。为引导学生正确把握青春期的情感方向，并妥善处理异性之间的关系，珍惜青春，拒绝早恋，特召开本次主题班会。

教育目标

1. 认知目标：通过认识植物花开应有时，让学生懂得爱情之花早开必夭折的道理。

2. 情感目标：通过案例分析，让学生认识到早恋的危害，从而主动拒绝早恋；引导学生正确处理青春期情感问题，顺利度过青春期。

3. 运用目标：把提高自身素质作为将来获得美好爱情和幸福生活的前提和基础，并为此而努力。

班会要点

1. 活动一：播放歌曲《窗外》，暗示有一种爱需要深埋在心底。

2. 活动二：解读植物“花开应有时”的自然规律。

3. 活动三：“我的花期我做主”小活动。

4. 活动四：案例分析，讨论早恋的特点和危害。

5. 活动五：诗朗诵《偶然》《所有日子依旧美好》《不，不要说》。

6. 活动六：小游戏，背靠背运送“友谊大气球”。

7. 活动七：诗朗诵《致橡树》。

活动准备

1. 确定主持人并撰写主持词。

2. 由班委构思具体的实施思路，制作 PPT 课件。

3. 团支部委员准备班会所需背景音乐。

4. 根据预设定的班会内容把学生分组，根据发言内容选定发言人。

5. 分组排练诗歌朗诵。

6. 布置教室，准备好游戏所用的道具。

教育方法

故事启迪法、诗歌朗诵法、游戏法、讨论法等。

班会过程

（播放歌曲《窗外》）

主持人甲：春天是小草萌芽的季节！

主持人乙：春天是百花烂漫的季节！

主持人甲：春天是蜂蝶曼舞的季节！

主持人乙：春天是情窦初开的季节！

合：让我们带着青春的幻想一起走进今天的主题班会——花开应有时！

主持人甲：春天，意味着新生，意味着希望。孕育了一个冬天的花蕾含苞待放。

主持人乙：我们的青春也如约而至，我们带着少年的稚嫩走进了人生的花季。

主持人甲：青春是那么的美好，同时也是如此的让人烦恼，有一种欲说还休的情愫在心中暗自生长。

主持人乙：是否她的美丽善良、她的纯真可爱、她的乐观开朗，让你魂牵梦绕？

主持人甲：是否他的潇洒帅气、他的球场风姿、他的刚毅担当，让你心生爱慕？

主持人乙：这种剪不断、理还乱的懵懂情感，有时让我们失眠、沉默不语、浮想联翩。

合：今天让我们放下矜持和羞涩，一起来敞开心扉谈谈恋爱、聊聊爱情。

主持人甲：爱情，毋庸置疑是一个凝结了人类一切美好、圣洁及永恒的主题，它犹如盛夏里绚丽绽放的玫瑰一般热情浓郁。①

主持人乙：然而，如果这羞答答的玫瑰在乍暖还寒的春季就已经悄悄开放，那么它将会怎样呢？下面进入我们班会的第一阶段。

第一阶段　花开有时审问之

主持人甲：下面有请第一组同学为我们讲解植物的花开应有时，让我们走进春天，不做打探春天的无果花。

一组学生 A：首先，由我给大家讲讲植物的生长规律。

（PPT 课件展示）春天播下植物的种子，在水分和温度的作用下种子完成吸涨转化；然后，胚根首先伸出种皮向下生长；接着，随着胚轴的伸长，子叶伸出地面慢慢展开，并进行光合作用。这时，一个完整的植株才得以形成。

植物的一生会经历幼苗期、生长期、开花期、结果期。每一时期的生长都在为后面一个阶段打基础，如生长为了开花、开花为了结果等，次序井然，不可更改。

一组学生 B：（图片展示）我以棉花为例说说“花开应有时”。我家每

---

① 徐振瑜. 请你珍爱生命 [J]. 中国农村教育，2012（2）：41-42.

年种植棉花，假期我经常随父母到棉田干活。爸爸告诉我，棉花开花过早的危害特别大。一是烂铃严重。棉田开花过早会造成伏前桃过多，俗话说“花见花四十八”，棉花开花 48 天后就会吐絮，伏前桃吐絮时会因空气湿度大而烂掉或成僵瓣花，严重影响棉花品质与产量。二是棉花早衰。开花过早，虽然花多蕾多，但棵小、叶小、果枝顶尖伸展不开；伏前桃过多，会影响伏桃的正常结铃，大量蕾铃脱落，导致减产严重。三是病害严重。发育提前、过早开花的棉田，营养生长滞后，减弱了棉花的抗病能力，病害相对严重。所以，为了避免棉田开花过早，需加强管理，通过追肥、浇水并施加适量的磷钾肥，促进根系发育，抑制生殖生长，摘去早花、早蕾，把开花期控制在 7 月 5 日以后。这样才能保证高产、稳产优质棉花。

学生 C：（图片展示）我以黄瓜为例讲讲“花开应有时”的重要性。黄瓜架上各层的瓜都不一样，最底层的开花最早，结的黄瓜又小又难看；中间和上部的黄瓜又细又长，顺遛又好吃，用流行语说，这叫“有颜值，更有内涵”。为什么会这样呢？有经验的爷爷告诉我：通常情况下，黄瓜秧长到 8 片叶左右时开花结的瓜最好，因为此时黄瓜秧营养充足，不仅可以自给，还能供应幼瓜生长，既坠不住棵子，又能生产品相好的瓜。黄瓜秧在三四片叶时开花结的瓜，由于蔓子小、细弱且生长缓慢，黄瓜因营养不良、生长空间小造成了畸形瓜。所以要将早开花的根瓜及时疏除，以免造成过多的营养消耗，影响产量。

爷爷还说，南瓜早开的花都是空花，必须等到气温适宜及营养、水分都充足的时候，盛开的花朵才能有果实。

主持人甲：谢谢一组同学的精彩讲解！让我们了解了植物花开有时的科学内涵。其实，人也一样。哲学家们认为：人要遵循成长的规律，出生—长身体—长知识—求职—恋爱—结婚—生儿育女—建功立业—安享晚年。这说明人的成长道路和植物生长是一样的，当发芽则发芽，当拔节则拔节，当结果则结果①。

主持人乙：接下来，我们搞个“我的花期我做主”小活动。请大家看黑板上的这张图，图上分小学期、中学期、大学期、工作后四个阶段，你认为在哪个阶段谈恋爱最合适？请同学们认真思考、慎重选择，并把自己的一颗“彩色心”粘贴在所选处。

（同学们将自己的“彩色心”贴在相应的位置。两分钟后，结果出来了，40 名同学中，6 名同学选择在中学，26 名同学选择大学，8 名同学选择在工作后）

主持人乙：绝大部分同学选择在大学阶段，有 6 名同学选择在中学时期。我们知道青春期是含苞待放的季节，那恋爱之花该不该在中学阶段绽放呢？

学生回答：不该！

主持人乙：为什么？

学生齐声答：那是早恋！

主持人甲：那么，下面让我们来了解早恋。

主持人乙：顾名思义，早恋就是在还未成年时，便开始谈恋爱，相互憧憬着未来。这显然是不对的，因为早恋的年龄与法定最低婚龄（男 22 岁，女 20 岁）相差甚远；且学校明确规定，在校期间不允许谈恋爱。

主持人甲：大家都知道中职生不应该早恋，可还是有那么多人走进早恋的围城，有很多人还在城门口往里张望呢！这不，我们班就有 6 位赞成者。

主持人乙：那是他们不懂早恋的危害，更不知道什么是爱情。下面进入第二阶段。

---

① “成长在花开的季节”主题班会设计［EB/OL］.［2016-12-10］. https://max.book118.com/html/2016/1210/70565811.shtm.

第二阶段 早恋苦果明辨之

主持人甲：有位作家说，早恋是一朵带刺的玫瑰，我们常常被它的芬芳所吸引；然而，一旦情不自禁地触摸，又常常被无情地刺伤[①]。尽管如此，还是有人禁不住诱惑，陷入早恋的旋涡。下面，有请二组同学给我们带来分享。

二组学生 A：有人说早恋是美丽的，但它往往是一朵没结果的空花。我老家的一个堂哥，高大、帅气，他上高一时就与班里的一名女同学谈恋爱，成绩急剧下滑，高考落榜后只好到外地打工。而他女朋友呢，原本学习很优秀，因为早恋最后勉强考上了一所大学。他们就这样异地相恋，4 年后，堂哥终于等到女朋友大学毕业，本以为可以开开心心走进婚姻的殿堂，却突然分道扬镳了。原来是因为堂哥既没有远大的理想，更无安身立命的真才实学，虽打工多年，终究一无所成。两个人社会地位的差距、文化的高低、人际交往的层次，使双方不得不正视他们之间的距离，最终结束了这段早熟的恋情。所以说，早恋是一个无言的结局。

二组学生 B：早恋的喜悦是一时的快乐，错误的选择是一生的痛苦！某校一名学生会干部，原本品学兼优，后来和临班的一名女生谈恋爱，学习成绩一落千丈。他们经常卿卿我我毫不避讳，影响极为不好。老师知道后多次批评教育，但他们仍我行我素，肆无忌惮。终因偷食禁果致使女生怀孕，学校教育无果后，在临近毕业之际，不得不双双选择退学。本是花样年华、前途无量的好学生，一场早恋毁了彼此的未来。渴望憧憬美好的爱情并没有错，但应该懂得“什么季节就开什么花，不成熟的果实是酸涩的”。

二组学生 C：冲冠一怒为红颜，毁此终生惹祸端。上个月，某校电商班的两名男生为一名女生争风吃醋大打出手，一名男生随手拿起花盆砸在

① 史峰. 青春里挥之不去的情愫［J］. 少年心世界，2012（7）：1-2.

另一男生的头上，导致那名男生的眼角膜损坏，眼睑缝合数针，可能导致失明。打人的男孩因家庭贫困无力支付医药费和赔偿费，自愿走司法程序，以服刑来抵偿经济赔偿。另一个男孩因伤势过重，需长期治疗而休学，不能正常毕业。一失足成千古恨啊！

主持人甲：早恋给我们带来身心的伤害，甚至是血的教训，现实让人不寒而栗！可是为什么还有人要铤而走险，去触碰这朵有毒的罂粟花呢？

学生A：早恋的人，大多没有明确的人生目标，不知道该干什么，无所事事，混天度日。

学生B：有的是缺乏父母的关爱，得不到家庭必要的温暖和理解，寻求一种精神上的慰藉。

学生C：还有的是性格比较孤僻，孤独、寂寞、空虚，想找一个说话的人，这种情况的往往网恋的比较多。

学生D：大多数人是因为好奇、从众、虚荣心早恋。别人谈对象，我也谈一个玩玩，要不然多没面子。

主持人甲：仔细想想那些早恋的同学，还真是这样的。早恋除了在人生树上没有结果之外，对我们还有哪些危害呢？

学生E：分散精力，影响学业。早恋很容易让人兴奋、好奇、想入非非，常常痴迷沉醉于爱的幻想中难以自拔，根本不能专心致志地学习。

学生F：传染性强，影响班风。早恋就像“传染病”一样啊，班内如果出现一对早恋的，其他同学很快就会被感染，严重影响了班风的建设。

学生G：对，还有的甚至很羡慕、向往、攀比那些早恋者，相互之间热心帮忙，积极寻找对象和物色异性朋友呢！

学生H：年少无知，恋情不稳。早恋者心智不成熟，缺乏包容与担当，在相处一段时间对方的缺点暴露出来后，便吵闹不断，随意分手。

学生I：浪费金钱，损毁名誉。谈恋爱，少不得逛街、下馆子、看电影，浪费父母的血汗钱。而且过早搞对象，引得街坊邻居的闲言碎语，毁坏自己的名声，影响将来的婚姻家庭生活。

学生J：感情冲动，埋下祸根。中职学生自我控制能力较差，容易一时冲动失去理智而发生两性关系，从而导致一幕幕的悲剧轮番上演，堕落、出走、自杀的现象比比皆是。

主持人甲：由此看来，早恋的确百害无益。可是，生命到了情窦初开的季节，必然会萌动着一种纯洁的憧憬和期盼。

主持人乙：异性同学的一个微笑、一个眼神、一个不经意的动作都会让我们青春懵懂的心颤动不已。

主持人甲：异性之间产生好感是人之常情，有爱慕之心也属正常。那么，当我们心动的时候该怎么做呢？下面进入第三阶段。

第三阶段　花季情感慎思之

主持人乙：爱和被爱都没有错，关键是我们如何把握花季的情感。

三组学生A：我有一个闺蜜，是个漂亮、活泼的女孩子，在班里人缘特别好，是同学们的“开心果”。而她的同桌是个腼腆、性格内向的男孩，很少与别的同学交往。作为班干部的她，经常热情地帮助男孩，男孩逐渐变得自信、快乐起来。可是，有一天，男孩突然递给她一张纸条，说喜欢上了她，希望永远和她在一起。这是她做梦也没有想到的，面对这样的情感，如果是你，该怎么办？

三组学生B（女）：如果是我，我会委婉地拒绝并明确告诉他：“我们之间是纯洁的友情，相互之间的好感和喜欢不是爱，它就像天空中的云彩变幻莫测，正如徐志摩《偶然》诗歌中所描写的，瞬间会消灭了踪影。”我想把《偶然》这首诗歌送给在座的少男少女们。

有请我们三组的同学们集体朗诵。

《偶然》

我是天空里的一片云，

偶尔投影在你的波心——

你不必讶异，
更无须欢喜——
在转瞬间消灭了踪影。

你我相逢在黑夜的海上，
你有你的，
我有我的，
方向；
你记得也好，
最好你忘掉，
在这交会时互放的光亮！

主持人甲：太好了！相信他听了之后，会做出正确的选择。

三组学生 C：其实，在花季雨季的年龄，不光男孩子多情，女孩子也怀春！和我无话不谈的表姐上高二，在学校是个品学兼优的好学生，在家是个乖巧懂事的好孩子。表姐在班里是团支书，而班长是一位英俊、聪明、好学的男生，因为工作的关系两个人接触越来越多，关系也慢慢拉近了。她说，她突然特别在意这个男生的存在，时常希望看到他的身影，而且两人平常的靠近都会让她脸红、心跳加速。她认为自己是早恋了，既激动又惶恐。她很苦恼，不知该怎么办。

三组学生 D：我认为那是一种对异性的欣赏，是我们在青春期很容易产生的一种情感。不必惊慌，它是生活中不可或缺的七彩阳光。应该把这份纯真的感情埋藏在心底，尘封在青春的记忆册中。在这里我也送给 C 同学的表姐和各位一首诗，有请四组的同学一起朗诵。

《所有的日子依旧美好》①

世间万物各有时节，过早地成熟，就会过早地凋谢。

我们既然是在春天，就不要去做秋天的事。

不要以为我细小的手指可以抹平你心中的创伤。

不，它能承受的只是拿书的力量。

我脆弱的心灵载不动你的款款深情，驶向海洋。

我不想让自己的小船过早地搁浅，

所以，请收回你热烈的目光。

请原谅我的沉默，丢失我，你并不等于失去一切。

如果真的如此不幸，只能说你还太幼稚。

把我连同你青春的心事一块儿，尘封进那粉红色的记忆吧。

那时，你会发觉阳光依然灿烂，所有的日子依旧美好。

主持人甲：这首诗写得太好了！为我们朦胧的情感指出了明确的方向。你们的朗诵也引发了我的诗情，下面我和五组同学一起朗诵一首汪国真的诗：

《不，不要说》

不，不要说

让我们依然保持沉默

我多么珍惜

这天真的羞涩

你也应保持那青春的活泼

我们的肩膀

都还稚嫩

扛不起太多的责任

---

① 所有的日子依旧美好：关于异性交往［EB/OL］. ［2012-08-26］. http://www.banhui.net/sucai/shige/906.html? _t=950317b1573479282.

等一等吧

等你的肩膀更厚实些

我也懂得了

什么是成熟的思索

主持人乙：那就让我们现在就去思索，去思索男女同学应该如何珍藏这份真挚的友情，避免早恋的发生。

学生K：人的精力是有限的，把注意力转移到学习知识、掌握技能和提高综合素质上来，用求知的乐趣来冲淡不成熟的情感。

学生L：丰富自己的生活，拓展自己的业余爱好，可以学唱歌、跳舞、画画、书法、朗诵等，让自己忙起来。

学生M：建立广泛的友谊圈，多参加集体活动。避免和心仪的异性单独相处，如果单独相处，最好选择在公共场所，或者是人多的环境。

学生N：保持心理健康，多看一些积极向上、思想健康的书籍及影视剧，比如伟人的传记、励志的文章等，培养自己高雅的情趣和坚强的意志。

……

主持人甲：非常感谢以上同学给出的小妙招！下面我们来做个游戏，男女搭配运送“友谊大气球”。游戏规则：1. 背靠背夹住气球，在运送过程中不许用手扶。2. 两人背靠背侧身向前行进，不许一前一后。3. 手碰一次球或落球一次为犯规，返回起点重来。三组比赛，气球不掉且用时最少者获胜。

（比赛完毕，分享感悟）

学生O：友情，就像我们运送的大气球，彼此太近，容易爆破。友情也一样，处理不好，越过界限，就变质了。既得不到爱情，也丢失了友情。所以男女应该保持适当的距离，要“亲密有间，男女有别”，做到近而不狎，远而不疏，这样才能保证友谊之花永不凋谢。

主持人甲：男女同学正常交往是应该的，也是必需的，它是建立纯朴友谊的基础，是人格完善的需要。愿纯洁、真诚的友谊之花盛开在我们的“芝兰之室”，永远激发我们彼此对真、善、美的追求。

主持人乙：我们“芝兰之室”的花卉不仅扮靓了我们的教室，为我们创造了芬芳的学习环境，同时我们日日目睹花落花开，也从中体会到了植物的萌芽、生长、开花、结果的规律。而人类的情感也需要时光的沉淀、岁月的磨炼，对美好的事物需耐心等待。下面进入班会第四阶段。

第四阶段 静待花开笃行之

主持人甲：“静待花开”这个问题，是不是请有经验的老师给我们讲讲啊？

大家异口同声喊道：好！

老师：在今天的班会上，大家通过认识植物的花开应有时，了解了早恋的危害，懂得了如何处理青春期的情感以及男女生怎样正常交往。通过大家的发言可以看出，大家在准备的过程中付出了很多心血。当然，我相信大家也收获了很多，非常感谢同学们的积极参与！

自古以来爱情都是个永恒的话题。没有爱情，哪有“执子之手，与子偕老”的忠贞誓言；没有爱情，哪有“衣带渐宽终不悔，为伊消得人憔悴”的执着追求；没有爱情，哪有梁祝化蝶的千古绝唱。爱情是美好的，然而，爱情是简单的男女私情吗？

同学们异口同声：不是！

老师：对，娇艳的玫瑰需要阳光、雨露和肥沃的土壤来养育，而培育人类最美好、最神圣、最纯洁的爱情，不仅需要双方有无怨无悔的奉献精神，还要有高度的社会责任感。爱情应当是成熟（包括生理和心理）的男女做出的严肃、认真、负责的选择。大家说，如果对方没有对社会和他人的责任感，你会把自己交给他（她）吗？

同学们纷纷摇头：绝对不会。没安全感。不可靠。

老师：那没有一定的经济基础呢？

同学们：也不行。要爱情，还得有面包啊。不然，谁跟你去喝西北风啊？

老师：没有父母、亲朋好友的真诚祝福，能享受到爱情的甜美吗？

同学们：不能！

老师：所以，我们应该——

同学们：拒绝早恋！

老师：我想问刚才把“彩色心”贴在中学时期的同学们，此时是什么感受？

学生P：老师，如果再给我一次选择的机会，我绝不会贴在中学期了，我会在对的时间和对的地点，去选择心仪的她。

老师：真爱需要等待。前段时间，有同学悄悄地告诉我他喜欢咱班某个女生。我认为，此时此刻你爱她最好的方式就是远远地欣赏。当你足够优秀的时候，你喜欢的人自然会靠近你，否则你的主动就会成为打扰。

人生每个阶段有每个阶段的重要使命，青春期是读书的黄金时期，我希望大家把爱的种子珍藏在心底，把全部精力投入到学习知识、掌握技能和培养综合素质上。当自己成长为一棵参天大树时，（他）拥有了铜墙铁壁，而（她）也拥有了红硕的花朵，你们能够共享阳光、共担风雨，幸福的爱情之果自然充满生命的甘甜。所以请：静——待——花——开！

最后，作拙诗一首送给大家。

《静待花开》

人生犹如花绽放，

四时芳华不一样。

春来春风化春雨，

浇开万花春意扬。

青春年华似桃李，
意气少年临风强。
花开应时色最艳，
美酒佳酿味悠长。

莫恋陌上花开早，
风寒易折嫩枝伤。
折花栽酒不少年，
会抱遗恨嫌年长。

骠骑将军霍去病，
二八年华破长枪。
若念儿女私情短，
哪有虽死侠骨香。

闻鸡起舞少年郎，
不怨恶声扰睡香。
权当鼓角催奋起，
梦想成真做栋梁。

少年意气勤学苦，
青年担纲责任长。
你若花开正当时，
清风明月伴久长。

主持人甲：谢谢老师的精彩点评及恳切的忠告！早恋就像未熟透的青苹果，不适宜现在采摘。我们在适当的年纪做该做的事情，想要的一切才会以最美的姿态如约而至[①]！下面请全体起立，一起朗诵《致橡树》。

（全体朗诵）

合：《花开应有时》班会到此结束。

任务拓展

1. 将“我的花期我做主”的“彩心贴”张贴在教室的墙壁上，时时告诫学生“珍惜青春，拒绝早恋”，并自觉践行。

2. 观看电影《早熟》《那些年，我们一起追过的女孩》，并写出观后感。

---

① 苏木. 姑娘，请在适当的年龄做该做的事，一切才会如约而至［EB/OL］.（2015-11-28）［2016-05-26］. https://www.jianshu.com/p/2c3d381b8e7f.

做一片绿叶

——学会适应环境　成就多彩人生

《天净沙·叶》

（新韵：五微）

迎接雨打风吹。艳阳之下鲜葳。

片片层层劲追。未曾知累。灌乔禾草菲菲。

植言植语

叶是植物暴露在空气中表面积最大的器官①，因此受外界环境影响也最大。每一种植物的叶子都是在自然选择和历史进化中，为了适应不同的生态环境，形成了自己独特的叶片形状和大小。

“物竞天择，适者生存”是亘古不变的真理。对于人类来说，适应能力是指在面对不断变化的环境的时候，通过自身的调整和努力，获得自身的生存与发展，实现自我与环境的平衡，增强自我与社会互动的能力。

---

① 齐海鹰. 园林树木与花卉［M］. 北京：机械工业出版社，2008.

班会时间

60 分钟。

班情分析

相对于初中紧张的学习、生活节奏而言，中职生学习轻松，自由支配的时间较多。新的生活、学习环境使刚踏入中职校门的他们很不适应，主要表现为心理承受能力较差、人际关系紧张、学习困难等。如何提高他们的适应能力，使他们尽快进入健康生活、快乐学习状态，是新学期亟待解决的问题。

教育目标

1. 认知目标：通过收集、分析叶子形状、大小、颜色以及特征与生存环境之间的关系，认知植物适应各种环境的能力，懂得“物竞天择，适者生存”的道理。

2. 情感目标：通过观看视频、剖析历史人物和成功人士的成长经历，认识到适应能力对成才、成功的重要性。

3. 能力目标：通过学生自我剖析和粘贴班级大树的活动，增强学生改变自我的意识，引导学生用积极的心态去面对新的环境，并在生活和学习中努力锻炼自己的适应能力。

班会要点

1. 活动一：识叶。收集叶子，播放神奇植物影片；认识叶子，体会叶子的适应能力。

2. 活动二：读叶。理解物竞天择、适者生存的道理，为树叶的适应能力点赞，剖析成功人士的成长经历，为自己的中职生涯做准备。

3. 活动三：画叶。“粘贴班级大树”活动。

4. 活动四：释叶。老师根据学生画叶情况，总结出适应中职生活的方法。

5. 活动五：诵叶。共同朗诵《如果我是一片叶子》。

活动准备

1. 根据学生兴趣，分成5个兴趣小组，并收集各种植物叶子。

2. 搜索历史人物与成功人士的成长经历资料。

3. 准备各种不同叶子的图片和沙漠中神奇植物的视频；绘制班级大树树干，每人制作各自的树叶。

4. 选定主持人，制作班会用PPT。

教育方法

故事启迪法、讨论法、情感体验法等。

班会过程

第一阶段 识叶

主持人甲：尊敬的老师、同学们下午好！请大家先猜个谜语：春来穿新衣，秋来换新装。夏至刷绿漆，冬至落满地。大家知道这是什么吗？

同学A：大树？

主持人甲：NO！NO！

同学D：土地？

同学B：是树叶吗？

主持人乙：对！就是树叶。每一片叶子都很神奇，它不仅是植物进行光合作用的器官，也是每一株植物适应不同环境的外在表现。今天请大家跟我们一起开启“做一片绿叶”主题班会之旅吧！

主持人甲：欢迎大家！不知道大家都收集到了哪些植物的叶子呢？

一组学生 A：我们小组收集到了杨树叶、槐树叶、法国梧桐树叶、银杏树叶、松树叶还有柳叶。

二组学生 A：我们收集到的是海棠树叶、樱树叶、竹叶、梨树叶、苹果树叶、山楂树叶、葡萄叶还有草莓叶。

三组学生 A：我们小组主要收集的是各种花的叶子。有绿萝叶、牡丹花叶、月季花叶、百合花叶、发财树叶、连翘叶、君子兰叶、玉树叶，还有鸢尾花叶。

四组学生 A：我们收集的是荷叶、睡莲叶、芦苇叶、蒲苇叶，还有一些不知道名字的水草。

五组学生 A：我们小组查了相关资料，秋天可以变色的树叶很多，但是我们只收集到了五角枫叶、爬山虎叶、火炬树叶、黄炉叶、银杏叶、杨树叶。

主持人乙：现在请大家把你们收集到的叶子结合 PPT 中的几张图片仔细比较一下，看看各种叶子有什么不同？

（PPT 展示。第一组：香蕉树叶、松树叶；第二组：枫叶；第三组：椰树叶、仙人掌叶；第四组：含羞草、荷叶）

一组学生 B：我们观察到叶子一是形状不同，叶片宽大的植物大多数生活在气候炎热、雨水充足的地方，叶片较小的植物大多生活在寒冷、干旱少雨的地方。二是颜色不同，大部分植物的叶子是绿色的，因树叶中都含有叶绿素。除此之外，还有一些其他的色素，如黄色、橙色、红色等。当外界温度、日照时间等发生改变时，其他色素的颜色就会在叶面上渐渐显现出来，于是树叶就呈现出黄、红等颜色。

二组学生 B：我们发现叶子结构不同，如荷叶的叶片上有无数的微米-纳米双重结构，使荷叶表面与水珠或尘埃的接触面积非常有限，因此便产生了水珠在叶面上滚动并能带走灰尘的现象，而且水不留在荷叶表面。含羞草的细胞中有股动蛋白，当叶片受到刺激时，股动蛋白束散开，使水分快速跑出来，叶片产生闭合运动，是为躲避狂风暴雨和动物对它的伤害。

三组学生 B：还有功能不同，如猪笼草叶片顶部的瓶状体，是捕食昆虫的工具。它可以分泌特殊味道吸引昆虫，并可以把进入瓶中的昆虫杀死，逐渐消化吸收。而洋槐的羽状复叶的叶柄两侧长着两枚硬刺，是由托叶变化而来。这些硬刺虽小，却能有效地帮助洋槐抵御食草动物的啃食。

四组学生 B：我们还发现同一株树上的叶子也不相同。为了更好地利用光能，处于阳光充足地方的树叶茂盛；但由于受光受热较强，叶片一般较小。另外，叶片的大小还跟叶片萌发的先后、植物体内营养物质多少等因素有关。

主持人甲：对！世上没有完全相同的两片叶子。植物不像动物可以从不适应的环境迁徙到适合生存的环境中，它们没有手脚，但它们都有自己的“绝活”，可以使它们适应环境从而生存下来。下面，请大家欣赏一段更为神奇的植物视频。

（在撒哈拉沙漠中，有一种存在了几亿年的神奇植物叫复活草，可以在原地假死，伺水还魂，而且还会主动离开生长地，去寻找有水的新家。从遥远的 3 亿年前开始，就已在地球上生长蔓延，并凭借自身独有的神奇力量，经受住了地球上几次极度严重的干旱期，顽强地繁衍至今）

五组学生 B：植物真的是太“聪明”了！我们还找到了一些叶片中会变身的“特种部队”，比如仙人掌的“刺”，多肉植物的“肉”，豌豆的“须”，猪笼草的“瓶”，洋葱的“膜”，向日葵花序外面的“苞”，等等。还有一些有“绝招”的植物，比如三角梅、红掌等为了传承子嗣，大量繁衍后代，将紧贴花瓣的苞片增大，并“染”上红、黄、白、橙红、红白相间等多种艳丽的色彩，使之酷似美丽的花瓣。这样，蜜蜂或蝴蝶禁不住三角梅“色”的诱惑，就被“骗”来了，成了它的座上常客，从而解决了传宗接代的难题。

主持人甲：叶子的形态和功能会随所处的环境发生改变，似乎它们更懂得“既然不能改变环境，只能改变自己”的道理。

主持人乙：是啊！在自然界中的各种生物都有自己独特的适应环境的本领。植物叶子不仅提供了各种动物的必须生活来源，又是进行光合作用的场所，是孕育生命最基础、最原始的地方。各种植物叶子经历数亿年的自然选择形成了自己特有的形态。它们改变自我适应生存环境，才不至于被淘汰。

第二阶段　读叶

主持人甲：大家知道了叶子的聪明与神奇，那么大家知道叶子是怎么来的吗?

（同学们摇头）

主持人乙：4 亿年前地球上出现了第一批蕨类植物，早期的植物成为自身胜利的受害者，它们过多地吞食大气中的二氧化碳，耗尽了几乎所有的二氧化碳，植物即将面临饿死的危险。为了获得更多的“食物”，它们扩张了体表与空气的接触面积，便形成了最初的叶子。从那时起，我们的地球上出现了美丽极致的树冠。直到今天，叶子在不同的环境中都能茁壮成长，都是通过改变自己的形状、大小或者颜色等方式，来适应所生存的环境。那么，大家知道我们人类是如何适应生存环境的吗?

一组学生 C：我们人类是从灵长类经过漫长的进化而来，经历了猿人类、原始人类、智人类、现代人类四个阶段。为了获得树上的果实，我们的祖先学会了站立行走；为了遮羞，他们把树叶串起来披在身上；为了保护自己，他们学会了利用和保存火种……每一次进化都是为了更好地适应所生存的环境。也正因为如此，人类才得以生生不息、绵延至今，才有了我们!

主持人甲：是的，适应能力真的很重要！下面我给大家讲一个故事。一只虎皮鹦鹉飞出笼子逃走了，重新翱翔天空。获得自由本是件好事，但是十多天后，人们在森林里发现了它的尸体，在果实累累的林子里它竟然会饿死，大家知道是什么原因吗？

二组学生C：我觉得它是“懒”惯了，经常是饭来张口，适应了这种安逸的生活，丧失了自己觅食的本领，虽然获得了自由却失去了生存的能力。

主持人甲：非常好，为你点赞！那么大家谁愿意分享一下，为了“适应”而改变自我的例子吗？

三组学生C：我知道一种动物，它是适应环境的高手——变色龙。它会随环境、背景、温度和心情的变化，随时改变自己身体的颜色，目的是为了隐藏自己、保护自己免遭袭击；又利于捕捉猎物，使自己生存下来。

四组学生C：“士别三日，当刮目相看”讲的是三国时期东吴名将吕蒙的故事。吕蒙在孙权的劝说下，为了适应时局，发奋读书，改变了自己识字不多的窘状，成为东吴文武双全的名将。吕蒙在适应时局的过程中也完善了自己的人格和修养，成功改变了自己。

五组学生C：相信大家都知道海伦·凯勒的故事。双目失明、双耳失聪的海伦·凯勒，87年生活在无声、无光的世界中。她自强不息，努力让自己适应世界、适应生活，在莎利文老师的帮助下，她成了人类历史上第一位获得文学学士学位的盲聋人。

主持人甲：谢谢大家的分享。他们都是“伟大”的叶子，发挥着自己的光芒。请大家联系一下自己，想想看，你到底是一片什么样的叶子呢？

（同学踊跃发言）

一组学生D：我来自唐山，刚开学的时候，我很不适应也很郁闷，特别是到了周末同学们都回家了，而我只能一个人在宿舍里想家。我努力去适应这个陌生的环境，我真诚帮助别人，努力改变自己，渐渐地我融入这个大家庭，收获到友谊和威信。在班级选举中，我以较高的票数夺得了副班长的职位。现在我感觉我很幸福，有各位老师的爱护，有各位同学的帮助，我会尽我最大努力做好一片带头的叶子，做好班级的每一项工作。

二组学生D：我中考成绩差无缘高中，看着昔日的同学都进入了心仪的学校读书，我心里倍感失落。刚到这个学校，面对陌生的环境和陌生的面孔，我曾经想退学。在父母和老师的帮助下，我开始努力改变自己，尝试适应新的环境，渐渐地我发现我竟然开始喜欢这个专业了。第一学期专业课很少，我就利用课余时间和周末提前实习，学习到了许多专业实践技能。现在的我，上课集中精力听讲，下课认真复习，各门功课在班内均名列前茅。

三组学生D：我是来自农村的一名留守学生，因父母常年不在身边，我养成了拖沓、没有时间观念等诸多坏习惯。学校的准军事化管理和一系列规章制度对我的约束力很大，面对新的环境我努力去适应，改掉了身上的一些陋习，调整了自己的心态。在开学军训时，我以优异的成绩获得了“优秀训练标兵”的荣誉称号。

四组学生D：我是一个非常内向的人，平时不爱说话，不愿意和别人交流，有时候我甚至怀疑自己根本不会说话。初到这所学校我很害怕，经常坐在角落里看着其他同学说说笑笑，感觉整个世界都与我无关。直到有一次语文课上老师提问我，答案就在嘴边但我却一直张不开口，我才真正意识到问题的严重性。在老师的鼓励下，我试着跟同宿舍的同学开始交流，虽然有时我会脸红、无话可说，但是我知道我必须要适应这个环境，学会跟别人交流。经过半年的训练，我现在说话已没有那么紧张，可以和同学们正常交流。我觉得我这片叶子正在成长。

五组学生D：我是在市里长大的，初到这个学校，我的一切都和其他的同学格格不入，就连聊天都聊不到一起。开始那段时间我很孤独，我没有交到一个朋友。当看到别人一起聊天一起学习，我很羡慕！于是我用心地去了解他们的生活和爱好，把自己的优点展示给同学们。我教他们唱歌、跳舞，共同的爱好拉近了我们的距离，纯真的友谊使我真正融入他们中间了。

主持人乙：感谢各位的分享！请大家为这些能够适应新环境，或者为适应新环境而努力改变自我的同学，伸出你的大拇指，为他们点赞。

主持人甲：叶子为了适应各种不同的生活环境，发生着不同的改变。现在的我们，到底是一片什么样的“叶子”呢？

第三阶段 画叶

主持人甲：入学以来，我们都在逐渐适应这个大家庭，由昔日的陌生人变成了朋友，将昔日的分歧逐渐变成了默契。通过我们大家的共同努力，班集体这棵大树越来越茂盛。那么你到底是这棵大树上的哪片叶子呢？下面我们来进入“画叶”环节。

主持人乙：我们每人手中都有一片已经裁剪好的彩色叶子，这片叶子就代表了自己。请把自己到这个学校以来，为了适应而做出的改变、现在还没有适应的不足和以后要努力的方向写在叶子上面。（同学们都认真把叶子写好，大约5分钟后）请大家把“自己”贴在咱们班这棵大树上你觉得合适的位置。（在这棵树上有三个等次，最上面的是阳光最充足的地方，也长着最茁壮的叶子，它能充分进行光合作用，为大自然创造着无穷的财富，但同时也能承受狂风暴雨的洗礼。它代表我们班里那些思想比较成熟、独立性强，可以勇敢面对遇到的挫折，能够适应和遵守学校的各项规章制度，并且积极参加学校的各项活动，为班集体的荣誉争光的同学们。第二层在第一层叶子“庇护”下，接受的阳光和雨水少于第一层，但也勇敢地“站”在枝头。代表那些基本可以遵守学校的规章制度，但独立性和积极性较差、参加班内活动较少、遇到挫折和困难就会失到信心的同学。第三层被前两层密密麻麻的树叶遮挡，默默无闻接受着大自然的考验。代表班里那些适应能力差、不愿意与别人交流、基本不参加任何活动、学习能力差、信心严重不足的同学）

一组学生E：我的年龄比较大，曾经打过两年工，社会阅历比大家多一些。我觉得我无论是适应社会环境还是学校环境都比较快，但是我的学习底子比较差，学习成绩的提高是我应该适应的方向。我这片叶子应该在第二层。

二组学生 E：我觉得我可以把“我”贴在第一层。我的中考成绩是498分，但是我没有选择普通高中，而是选择了我喜欢的中职专业。自入学以来，我积极参加班级和学校的各项活动，从开始的不知所措，到现在的如鱼得水，我不仅取得了专业成绩的第一名，而且还参加了汉字听写大赛、辩论赛、体操比赛等，为班级争得许多荣誉。现在的我既是一名优秀的班干部，也是一名出色的校学生会成员。

三组学生 E：我的童年比较“精彩”，曾经作为合唱团成员登上春晚的舞台，为歌唱家李谷一伴唱！我活泼开朗、真诚主动、善于与陌生人互动，所以我很快地就适应了这个新的环境。但是我比较任性和懒散，上课经常听歌、玩手机……我觉得我勉强可以把自己“贴”在大树的第二层。

四组学生 E：我是由于身体的原因从普高转到这个学校来的。第一学期学的基础知识对我而言比较简单，而中职的学习、生活环境相对于高中生活而言轻松而又快乐，这让我很快便融入这个大家庭中。我开始练字、读书、学画画，不断充实自己的生活，并积极参加各项活动，取得了很多荣誉。我改变了自己，也为班集体这棵大树添了一分绿，我把我这片叶子放在第一层。

五组学生 E：我的坏习惯特别多，新的环境对我的挑战很大，学校的一些规章制度对我的束缚很大，仅早操一项我就适应不了，我现在只能在第三层。但我不会气馁，今天的班会让我认识到了适应的重要性，也让我看到了自己的不足，同时明晰了自己的努力方向。请老师和同学们相信，我会尽力改变自己的，本学期争取站上第二层。请为我加油吧！

……

（同学们纷纷把象征自己的叶子贴在班级大树上）

第四阶段 释叶

主持人甲：谢谢大家的积极参与！进入中职以来，适应环境是我们每一个人都要认真面对，并且是亟待解决的问题。下面有请班主任老师来告诉我们，应该如何适应中职这个新环境。

班主任：亲爱的同学们，听了刚才你们的发言我很感动，从入学到现在我见证了你们的改变与成长，也见证了班集体这棵大树的枝繁叶茂。经过大家的共同努力，我们班这棵大树已长大，树上的每一片叶子对于大树的成长都非常重要。今天我们这棵大树第一层的叶子比较少，大部分的叶子在第二层，说明大家还正在适应这个新环境。对于现在的你们而言，只有在短期内尽快调整自己的心态，积极面对新的环境，转变个人的角色，改掉自己的不良习惯，才能成功地度过中职阶段。我建议大家：

第一，适应新的角色，实现从中学生到中职生这种角色的转化，积极地面对这个陌生的环境，用改变自身的办法更快地适应中职生活；还要为自己的中职生涯制订奋斗目标，并为此而努力奋斗。

第二，适应新的校园环境，要适应新的语言环境、制度变化、生活方式的改变，这些改变都要求大家必须及时调整和改变原来的习惯，努力适应这些变化。

第三，学会处理与同学之间的关系，要学会从中学时期的以“自我”为中心向现在的以“集体”为中心转变。在班级里要多关心他人，在宿舍里要相互礼让。要多参加集体活动，将自己融入集体之中。

对于大家而言，即将面临的是一段艰难的适应期，它既是一段成长道路的起点，也是人生道路的重大转折点。我相信，尽管大家还不太熟悉中职学校这个新环境，但不适应的感觉很快就会过去，最重要的是在这个过程中能够认识自我、改变自我、超越自我。

主持人乙：感谢老师给我们的指点！适应能力是我们每个人应当掌握的一项基本生存技能，在今后的生活和学习中我们应克服困难、主动调整自我、适应新环境，才能不被社会所淘汰。

第五阶段　诵叶

主持人甲：鸟儿有了羽毛才丰满，大树有了叶子才茂盛，班集体有了我们才有活力。我们就是班集体这棵大树上的45片叶子，为了班级这棵大树越来越翠绿和茂盛，让我们做一片茁壮成长的叶子！

主持人乙：让我们大家齐声朗诵金波先生的《做一片美的叶子》，作为本次班会的结束语。

（播放背景音乐，由一位同学领诵）

任务拓展

1. 对照叶子，每人总结归纳出自己现在中职生活中不适应的几点，贴在自己桌子的右上角，时刻提醒自己，努力改变自己。

2. 争取到本学期末，班级大树上的那片“你”提高一个等次。

良药苦口

——忠言逆耳利于行

《江城子·良药苦口》

（新韵：九文）

本草神农五味分，酸咸甘苦辛。自然恩。

苦药难吃、能愈病中神。辩证实施哲理在，求配伍，重原因。

植言植语

植物有个诗意的名字——“本草”，如《神农本草经》《本草纲目》。《说文》中说：“药，治病草也。”植物必有其性，必有所对之用。中药“用其偏性，损上益下”，针对病因症状用药。

古训“良药苦口利于病，忠言逆耳利于行”深刻揭示出治病与教育在本质上是一致的。只有帮助学生克服成长的痛苦，才能使他们健康快乐地成长。

班会时间

60 分钟。

班情分析

中职高年级的学生马上面临毕业实习，但这个年龄段的学生还未完全脱去稚气。在工作中难免会受到领导和同事的训导，需要同学们客观对待，克服情绪上的不适应。因此，培养学生养成闻过则喜、从善如流的品德非常必要。

教育目标

1. 认知目标：通过班会的开展，使学生明白每个人都是在不断学习中发展和完善的，要善于听取周围不同的声音，勇于自我革新，才能成为更好的自己。

2. 情感目标：良药苦口利于病，学生能有意识地自省，正视、感谢并认真对待他人善意的劝谏，从而真正地提升自己。

3. 运用目标：班会之后，学生能够时常进行自我反省，主动征求他人给自己提建议，并真正地付诸行动去改变。

班会要点

1. 活动一：以清热解毒的药用植物文化引入班会主题“良药苦口”。

2. 活动二：讲一讲关于纳谏如流的故事。

3. 活动三：历史重现《扁鹊见蔡桓公》的故事，体会讳疾忌医的后果。

4. 活动四：播放相声《我惯着他》，珍惜身边敢于直谏的朋友，不做“灌肠”，做善于劝谏的人。

5. 活动五：神秘心理学，以人为镜。

6. 活动六：给同学提意见，同学讲述感受。

7. 活动七：总结。

活动准备

1. 主持人准备主持词和相声《我惯着他》视频。
2. 制作 PPT，讲解苦口草药的文化内涵。
3. 搜集、准备历史上勇于劝谏和善于纳谏的故事。
4. 改编、排练情景剧《扁鹊见蔡桓公》。
5. 寻求温馨小屋心理辅导老师的帮助。

教育方法

故事启迪法、情感体验法、讲授法、讨论法等。

班会过程

第一阶段　良药苦口

主持人甲：同学们，大家好，今天咱们用幻灯片来开始我们的主题班会，请大家在看幻灯片的时候，联系一下今天的班会主题。

(幻灯片展示中药植物图片，黄连、薄荷、苦瓜、苦参、白花蛇草、蒲公英、穿心莲等)

主持人乙：请问同学们，这些植物大家都认识吗?

同学们：认识啊，黄连、苦瓜、蒲公英……

主持人甲：哇，大家火眼金睛呀，都认识。那看过这些图片大家有什么感觉?

一组学生 A：舌头苦!

主持人甲：嗯，我也觉得舌头好苦啊。为什么大家会觉得舌头苦呢?哪位学霸给大家讲讲?

一组学生 B：幻灯片上展示的植物，大部分都是常见的中草药，比如苦参、黄连、蒲公英。它们都有性凉寒、味苦的特点，是常用的清热解毒、消肿散结的中药。大家看到这些图片觉得舌头苦，是一种条件反射。除了中草药，里面还有一些常见食材，比如苦瓜、薄荷，都有清凉去火的作用。苦瓜有多苦就不用我多说了，大家觉得舌头苦也就可以理解啦！

主持人乙：感谢一组同学为大家精心准备的幻灯片和精彩介绍。作为中国人，我们肯定知道大部分中药源自植物，所以中药又叫草药。众所周知，人一旦上火就容易头脑发热、急躁不安，变得易怒甚至狂躁。这个时候怎么办呢？同学们有没有给自己开去火药的经历？开的什么药？

一组学生 C：三黄片！三黄片去火效果特别好！

主持人甲：三黄片，我上火的时候也常吃呢。那大家知道三黄片的成分是什么吗？

一组学生 D：这样一个“接地气”的药最早来源于医圣张仲景所著《金匮要略》中的经典名方“三黄泻心汤”，该方由大黄、黄连、黄芩三味药组成，是治疗三焦实热、血热出血的良方。三黄片是常见的清热泻火类中成药，味苦、微涩。

主持人乙：感谢一组同学对三黄片的详细介绍，那结合幻灯片和 B 同学的介绍，大家有没有想到哪个成语呢？

同学们：良药苦口！良药苦口利于病，忠言逆耳利于行！

主持人甲：对，我们本次班会的主题就是“良药苦口”！

主持人乙：大家都知道，我们有小病小痛的时候，医生会开点儿药，药大部分是苦的；病情严重的会打针和输液，甚至手术。但是有同学因为治病的过程痛苦就放弃治疗了吗？

一组学生 E：谁能这么拎不清？不治病更痛苦！

主持人甲：对呀，没有人因为药苦就不治疗，因为我们深深地知道，良药苦口利于病！那要是思想上生病了，自负自傲，刚愎自用了，谁来给我们治呢？下面就来听听二组同学给大家带来的几个避免刚愎自用、崇尚从谏如流的故事。

第二阶段　从谏如流

二组学生 A：我喜欢历史，给大家分享一个历史故事。主人公是赫赫有名的唐太宗李世民和他的大臣魏徵。有一次，唐太宗问魏徵说："历史上的人君，为什么有的人明智，有的人昏庸？"魏徵说："多听听各方面的意见，就明智；只听单方面的话，就昏庸。"也就是兼听则明，偏听则暗。魏徵说："治理天下的人君如果能够采纳下面的意见，那么皇帝就能了解民间的实情，他的亲信就再也蒙蔽不了他了。"唐太宗深以为然。

帝王最重威严，有一次魏徵当着大臣的面和唐太宗争论，弄得唐太宗很没面子，又不好当面发作。但唐太宗已经快要气炸了，回到内宫气呼呼地对长孙皇后说："总有一天我要杀了这个口无遮拦的土老帽。"长孙皇后听完之后，换上朝服，非常正式地向太宗朝拜。太宗很是惊讶，问道："你这是干什么呀？"长孙皇后说道："我听说英明的天子才有正直的大臣，现在魏徵这样正直，正说明陛下英明。我怎能不向陛下祝贺呢？"唐太宗听后清醒了很多，也不再生气了。后来魏徵又给唐太宗提了很多意见，成为贞观之治的有功之臣。魏徵去世以后，唐太宗非常难过，并留下了"以铜为镜，可以正衣冠；以古为镜，可以知兴替；以人为镜，可以知得失。朕常保此三镜，以防己过。今魏徵殂逝，遂亡一镜矣！"这样的警句。

主持人乙：李世民纳谏如流的故事在这位同学的分享下，更加生动立体。那现代社会又是怎么做的呢？

二组学生 B：同学们好，我要说的不是故事，而是事实。大家都知道，言论自由是有一定限度的，普通人是不能随便质疑法律和国家政策的，但是有一部分人却享有言论免责权。在咱们国家，《中华人民共和国全国人民代表大会和地方各级人民代表大会代表法》第二十九条规定：代表在人民代表大会各种会议上的发言和表决，不受法律追究。同时，国家还赋予了新闻媒体和人民群众监督的权利。这就是国家为了服务人民、提高自己执政能力所采取的措施。

二组学生C：刚才两位同学从国家层面说了积极采纳建议的案例，我来说说生活中企业单位为了提高竞争力所做的努力吧。不知道大家有没有注意，几乎每一个服务部门都有意见箱、意见簿、满意度调查。比如，大家熟悉的移动、联通客服满意度评分，这不仅仅是公司对员工工作的监督，更是公司获取外界反馈的重要渠道。像移动、联通这样的行业巨头都需要不断汲取意见来提高自身的服务质量和竞争力，何况我们自己呢？

每个人都是社会的一员，必须学会遵守社会规则。成长的过程就是接受外界的声音，慢慢改掉原来的坏习惯，适应社会规则的过程。小孩儿叽叽喳喳是可爱，可是我们如果在公共场合还大声喧哗就会引人侧目。正是师长的一再告诫，才使我们从随心所欲的顽童变成行为有礼的少年。恒宽说，“多见者博，多闻者智，拒谏者塞，专己者孤”。老子《道德经》也说过“信言不美，美言不信”。我们只有闻过则喜、纳谏如流，勇于改变自己，才能完善自我。

主持人甲：好的，二组同学从国家到个人，层次清晰地给大家分析了听取逆耳忠言的必要性。那如果一个人逃避现实讳疾忌医会怎样呢？

第三阶段　历史重现

主持人乙：请欣赏由三组同学带来的改编自《韩非子·喻老》的历史剧《扁鹊见蔡桓公》。

旁白：这个小故事发生在群雄并立、战乱频繁的战国时期，故事的一个主人公是战国时期的名医扁鹊。扁鹊姓秦，名越人，是现在河北任丘人。秦越人曾跟随长桑君学习医术，学成后周游列国。因医术高明，每到一处都能给人们解决病痛，人们就用象征着吉兆的扁鹊来称呼他。另一个主人公是齐国的国君蔡桓公田午。扁鹊周游列国来到了齐国都城上蔡，治好了一场瘟疫，得到齐国上下的称颂。国君要奖赏他治疗疫病的功劳，扁鹊才得到了蔡桓公的召见，也就有了下面的故事。

（内侍官引扁鹊上场，蔡桓公已坐在殿上）

内侍官：（客客气气地）秦大夫，您请，大王正等着您呢！秦越人觐见大王（高声通报）。

扁鹊（上前作揖行礼）：草民秦越人见过大王！

蔡桓公（打量扁鹊）：神医免礼。久闻神医大名，今日有幸得见。神医在此次齐国时疫中功不可没，寡人要重重赏赐你。

扁鹊：多谢大王赏赐，这是身为医者的分内之事。

蔡桓公（点头微笑，表示欣赏）：医者众多，唯独神医想出解决疫病的药方，可是有什么秘诀？

扁鹊（躬身行礼）：回大王，我哪儿有什么秘诀呢，依仗的不过是望闻问切。如果非说有什么秘诀，可能是草民行走四方，所见病症多了，遇到疑难杂症，更能融会贯通了吧。

蔡桓公：神医医术高明，希望可以在齐国多留些时日，为齐国百姓解除病痛。

扁鹊：能得大王赞誉，草民万分荣幸，定会更尽心竭力行医者本分。（又抬头看了看蔡桓公，为难地说）大王，草民有一事不得不说。

蔡桓公：讲！

扁鹊：大王，草民发现大王的皮肤上有点儿异样，现在不处理，往后可能有麻烦。

蔡桓公：寡人没病，就是这几天没注意防晒。退下吧。

（扁鹊将信将疑地退下了）

蔡桓公（对身边的侍者，不屑一顾地）：寡人向来身强体健，能有什么毛病？这些医生就是喜欢给没病的人治病，治好了当作是自己的功劳，沽名钓誉，哼！

（退场）

旁白：过了10天，扁鹊还是不放心，就去拜见蔡桓公。

扁鹊：拜见大王。

蔡桓公：免礼，神医有何要事啊？

扁鹊：启禀大王，上次分别后草民心中不忍，特地再来看看大王。（上下打量蔡桓公）据草民观察，大王的健康问题现在已经发展到肌肉了，再不采取措施恐怕会更严重的！请大王不要掉以轻心啊。

（蔡桓公面色不悦，哼了一声，改背对着扁鹊）

扁鹊（为难地，退下）：草民告退。

扁鹊（无奈地摇摇头，悻悻地走了，嘟囔道）：大王是真的生病了，怎么办呢？

蔡桓公（转过头嘟囔着）：不可理喻！

旁白：又过了10天，扁鹊还是心有不甘，放心不下蔡桓公的身体，求见蔡桓公。

扁鹊：拜见大王（又打量蔡桓公）。

蔡桓公：求见寡人，所为何事？

扁鹊：草民刚刚认真地给大王看了看，发现大王的健康问题更严重了。病灶已经到达肠胃啦，大王如果再不放在心上，后果就更难以预料了。希望大王一定让草民给大王好好诊治一下。

蔡桓公（生气地）：寡人的身体自己知道，我健康得很。退下！

（扁鹊退下）

旁白：又过了10天，扁鹊远远地看到蔡桓公在外巡视。

（扁鹊静静地看了几眼，略一思索，拔腿就跑）

蔡桓公（很疑惑，对内侍官）：去问问那个家伙跑什么跑，有什么猫腻？

内侍官：（应声）是。（转向扁鹊，不客气地）你为何见了大王就跑呀？有什么见不得人的事儿，从实招来。

扁鹊：一个人如果毛病出在皮肤浅表，外敷就能解决；病灶在肌肤，扎几针就治好了；病灶在肠胃，喝几剂火剂汤也能治好；一旦病灶侵入骨髓，那是阎王爷管的地盘了，我是一点儿办法也没有啦。现在大王的病已经深入骨髓，我也不用再费力啦。

（内侍官离去）

扁鹊独白：哎呀，过几天大王犯病了，肯定得找我治病，他这病又药石无效，治不好还得治我的罪，我还是赶紧跑吧。

内侍官（对大王）：启禀大王，扁鹊说您现在病得很严重，他不敢来见您。

蔡桓公（气愤难平）：简直可恶至极。让他滚，眼不见心不烦！

旁白：又过了5天，不出扁鹊预料，蔡桓公果然发病了。

蔡桓公：哎呀，寡人浑身疼痛。来人呐，快去请神医扁鹊，快去！

内侍官（慌忙外出，逢人便问）：知道扁鹊去哪里了吗？大王急召见！

百姓：神医5天前就已经去秦国啦。

内侍官：大王呀，扁鹊神医已经去秦国啦，怎么办？

蔡桓公：都怪寡人不听神医劝说呀。啊呀，疼死我啦！

旁白：就这样，蔡桓公因为讳疾忌医不听劝阻，白白葬送了自己的性命，实在可叹呀！

（演员鞠躬谢幕）

主持人甲：看同学们的反应就知道演出非常成功啦。看过演出，咱们来发表下意见吧。首先，大家觉得蔡桓公这个人怎么样，是不是个好君主？

三组学生A：当然是啊。你看他赏罚分明，扁鹊治疗疫病有功就赏他；脾气也好，扁鹊说他有病那么多次，他都没有杀了他。

三组学生B：我觉得你说得有些片面。蔡桓公作为一个君主，不光要做到赏罚分明，还要会知人善任、闻过则喜、虚心纳谏。这次讳疾忌医，仅仅是丢了他自己的性命，要是到了关系百姓的大事上，他还是固执己见、刚愎自用，那就是祸国殃民的罪人！

三组学生 C：作为一个普通人，知错不改，毁的是自己的人生；作为领导，不听劝谏或偏听偏信，就会损害集体利益。所以我们坚决不能做蔡桓公那样的人，要学习唐太宗做一个从善如流的人。

主持人乙：好，我觉得大家的发言都很精彩，尤其是 C 同学，又提到了历史上有名的纳谏君王唐太宗。我觉得唐太宗之所以能够做到从善如流，离不开两个人，一个是魏徵这样有能力又敢于上谏的大臣，另一个是在私下劝唐太宗心平气和纳谏的长孙皇后。然而，能遇到这样的俩人是多么幸运啊。因为生活中比较常见的还是下面的相声里的那种人。下面请欣赏相声《我惯着他》。

第四阶段　不惯着你

（多媒体播放相声《我惯着他》）

主持人甲：哇，这个相声真传神呐。快来排查一下，看看我们身边有没有“灌肠”，你自己是“灌肠”吗？想象一下如果咱们身边都是这样的人，咱们会怎样？假如课代表就是“灌肠”，会有啥后果？

四组学生 A：简直不敢想象呀！要是科代表不催着我交作业，期末测评的时候，我这个拖延症晚期患者肯定一路红灯地补考啊！感谢科代表啊！以前对你催作业不耐烦，请你多多包涵。以后还请你使劲儿催我，我会感激你的，哈哈。

四组学生 B：所以，我们要珍惜那些督促我们和严格要求我们的人，“灌肠”这种人害人害己啊。我看过一个故事，一个新手交警在执勤时查到一个酒驾的司机，那个司机声泪俱下地哭诉自己生活的不易，交警一时心软，就放行了。结果，司机才行驶出 100 多米，就出了事故撞了人。事后司机埋怨交警没有严格执法，害他危险驾驶才闯祸。如果交警及时制止了酒驾司机，就不会出现这种事情了。最后交警也被处理。所以遇到原则性的问题，一定不能手软！

四组学生 C：我发现上了中职以后，同学们之间说话客气多了，能直言不讳的人越来越少，真不是个好事儿啊。

主持人甲：唐太宗富有天下，才得到两个直言进谏的人。可见，能够遇到肯指出你不足的人是多么的幸运啊。

第五阶段　以人为镜

主持人甲：你想喝水是身体缺水了，想吃饭是肚子饿了，那我们需要从善如流是为什么呢？这个原因就由五组的同学来给大家揭秘吧。

五组学生 A：大家好，经过与心理老师的沟通，我来说说在成长过程中“以人为镜”的必要性。首先，我们要明白什么是成长。所谓成长过程是一个逐渐完善人格的过程，它使我们更好地保持内心的平衡和适应社会环境。要成长需要经历认识自我、完善自我、展示自我以及调控和超越自我四个过程。认识自我是成长的基础。我到底是谁呢？唐太宗曾经说过，“以铜为镜，可以正衣冠；以古为镜，可以知兴替；以人为镜，可以明得失”。他也凭借三面“宝镜”不断认识和检查自己，才成为一代明君。我们在认识自己的过程中也需要三面“宝镜”，我们“以铜为镜”知相貌，“以人为镜”现风度，“以心为镜”明人性。其中的“以人为镜”就是要我们和家长、老师、朋友、同学多来往交流，通过他人的反应来反省自己的言行是否得当、举止是否得体，进而调整自己的行为。所以，从个人成长的角度来说，别人的建议和评价是我们成长和完善自己必不可少的催化剂。我们只有做到闻过则喜、从善如流，才能让成长更顺畅、更快乐。

主持人乙：五组同学的讲解告诉我们，从善如流对一个人的成长来说是雪中送炭。这是根植于基因中的需求，所以我们一定要重视。

第六阶段　勇于纳谏

主持人甲：经过大家的讨论及对古今中外事例的讲解分析，我们知道了拥有一个直言不讳的良友是多么可贵！作为同学的我们应当互相帮助、互相劝谏。那么谁愿意领取这次班会的福利，听听同学们的心声，让同学给你画画像？

一组学生C：我来我来。我一向自我感觉还不错，大家给我画画像吧，看看我有什么不足！

学生A：C有时候太闹腾了，我要给他画一对眉飞色舞的眉毛。

学生B：因为C很有爱心，而且很容易被感动哭，所以我要把他的小眼睛换成一双漂亮的温柔多情的大眼睛。

学生D：C可能最近武侠小说看多了吧，常常以大侠自居，大男子主义非常明显。他脸上的小鼻子显然已经与他的形象不符了，我要给他换一个挺拔的鼻子。

……

主持人乙：看看大家的画作，这还是咱们认识的C吗？请当事人C同学来说一下感想吧。

一组学生C：大家一边画一边说，我在下面坐着可紧张了。听着大家给我指出的问题，我心里还挺不是滋味儿的，但是我知道大家这是在给我诊断、治病呢。所以，非常感谢大家愿意指出我的缺点，帮助我进步。原来我以为打打闹闹都是闹着玩儿，没想到会给同学造成了困扰，我以后会注意的。原来我没注意到的问题已经影响了我在大家心目中的形象，我今后会努力改正这些小毛病。希望大家以后还能时常提醒我，我也会毫不客气地指出你们的问题的。你们可不许生气哦！

主持人甲：我觉得我们应该为C和给他画像的同学鼓掌！（同学们热烈鼓掌）一方敢于为同学进步直指要害，另一方心怀感激虚心接受。只要同学们互相督促，人人闻过则喜、从善如流、勇于改变，我们每个同学都会越来越完美。良药苦口，治的是病；忠言逆耳，医的是命呀！

班主任：闻过则喜、从善如流是每一个追求上进和完美的人的共同特点。我们要在生活习惯、待人接物、文明礼仪上，从被动接受建议向主动学习转变。子曰："三人行，必有我师焉。"我们要向厨师学习做菜的火候，向司机学习开车的技巧，向时尚达人学习服装搭配。我们应该不因人废言，不因言废人。我们要提倡：人人提建议，人人闻过则喜，人人为我，我为人人。让我们做一个从善如流、勇于自我革新的人，让自己越来越好。

任务拓展

1. 背诵《扁鹊见蔡桓公》和《邹忌讽齐王纳谏》。

2. 反思和提高：写写自己以前是怎样对待别人提的意见以及提意见的人的，反思今后应该怎么做。

花木各有型　合和成园林

——尊重包容更和谐

《忆秦娥·风声猎》

（新韵：三皆）

风声猎。开开谢谢花摇曳。花摇曳。年年岁岁，醉了台榭。

岸边春色忽明灭，团团簇簇堆华晔。堆华晔。齐心协力，功成雄业。

植言植语

春兰夏荷秋菊冬梅，桃红杏白橘黄串蓝。杨柳依依池边树，松柏穆穆陵园路。一花独放不是春，百花齐放春满园。园林师根据植物的不同特性进行组合运用，展现出一个个独特的园林意境。

植物讲究配合、合作，人亦如是。人们都是在各自的环境中成长起来的，生而有异是不可争辩的事实。我们只有通过默契配合、相互尊重，才能处理好学习、生活和工作中的问题。

班会时间

60 分钟。

班情分析

当今的中职生普遍个性显明且张扬，常常不顾忌他人的感受而为所欲为。同时，面对别人的批评又极无耐心，甚至不能正确认识到自己的错误，更别说改正了。同宿舍或座位相邻的同学之间，矛盾更为突出且频繁，部分学生与其他同学之间的关系时常出现紧张情况，已影响到学习和生活。

教育目标

1. 认知目标：让同学们认识到“一花独放不是春，百花齐放春满园”。在一个植物群落里，植物间总是相互竞争而又相互补充，这样才能形成一个区域的生态平衡。

2. 情感目标：通过对历史名人和当今明星的剖析，使同学们认识到世界上没有十全十美的人。虽然保持自己的个性对自己或对事业都有帮助，但个性的基本前提是不妨碍他人正常的生活和工作。

3. 运用目标：通过分组剖析，找出本班同学身上的优点和不足，既大胆表扬其他同学的优良个性，也鼓励同学主动承认错误。通过此项活动，让同学们认识到自己身上的优点，了解怎样合理地发挥自身优点；同时，也认识到自身的不足，并努力改正错误。

班会要点

1. 活动一：解读花中君子异彩纷呈。
2. 活动二：英雄亦有别，团结成大业。
3. 活动三：区别个性、缺点，开展批评与自我批评。
4. 活动四：求同存异的和合智慧。
5. 活动五：合唱歌曲《世界需要热心肠》。

活动准备

1. 选拔主题班会志愿者，确定主持人。
2. 根据预设的班会内容把学生分组，并根据发言内容选定发言人。
3. 由各组同学根据自己的发言内容制作 PPT。
4. 班主任准备相关发言内容。
5. 主持人根据环节需要写出主持词。
6. 宣传委员和文艺委员选定并下载相关歌曲和背景音乐。

教育方法

故事启迪法、情感体验法、讨论法等。

班会过程

第一阶段　花中君子　异彩纷呈

主持人甲：一花独放不是春，百花齐放春满园。中国地域广博、气候各异，所以植物资源非常丰富，被世界称为园林之母。

主持人乙：伴随着中华民族的繁衍生息，中国的植物文化源远流长。植物文化不仅渗透在我们衣食住行的各个方面，对文学艺术影响也是巨大的。

主持人甲：网上有人专门统计过，仅《诗经》里就记录有 138 种植物，《红楼梦》中植物达 242 种，《西游记》里的植物达 253 种之多，《水浒传》中也有 102 种植物出现，等等。

主持人乙：可见植物对人们的生活影响是多么的巨大。那么，问题来了。地球上植物虽然很多，但我们何不只选用一种“最美丽”的花进行栽种，选一种“最高产”的粮食进行生产？那样，对植物的操作和管理不是更简单吗？谁能说一说，为什么我们选择了各种各样的花卉和栽培作物？

一组学生 A：花朵开的季节不同，我们需要在不同的季节欣赏不同的花。

一组学生 B：不同的花有不同的颜色、形状、芳香，有不同的美。我们需要丰富多彩的花卉进行欣赏，不能用一种花代替所有花。

一组学生 C：不同的人有不同的审美观。就拿国花来说，到现在人们还在梅花与牡丹之间进行争论。它们各具特色，代表着不同的文化和情趣，也代表着不同地域人们的生活追求和审美取向。花卉本就应该是万紫千红、百花争艳的样子。

主持人甲：同学们都是一语中的，说得也都蛮有水平。在漫长的历史长河中，文人墨客与植物相生相伴，寄情寓志，赋予各种植物以不同的意义。就拿花中君子来说，就不止一种。下面哪位同学来介绍一下花中君子呢？

二组学生 A：梅花不畏严寒，傲霜斗雪，一身傲骨，冬季独自开放。文人认为梅花志洁高雅不入俗流，所以，被人们喻为高洁志士。兰花多是幽居空谷，不以无人而不芳，所以，兰花也常被喻为世上贤达之士。

二组学生 B：竹子“未出土时便有节，及凌云处尚虚心”的意象，一直是文人墨客追求的高贵品质。苏东坡还曾说过“宁可食无肉，不可居无竹”。可见竹子文学寓意已远远超过了它的实用性。

二组学生 C：菊花和其他植物一样在春天发芽，夏天生长。但它不与百花争艳，独在深秋凌霜绽放，这也是一种谦让的品格。菊花不畏寒霜，岁开重阳，说明它坚贞不屈；菊花“宁可枝条抱香死，不肯飘落北风中”，说明它有气节，不趋炎附势。东晋因为陶渊明爱菊，菊便被喻为花中隐士。

主持人乙：梅兰竹菊以各自的操守向世人展现了中国文人对生命意义的感悟。中国人在一花一草、一石一木中负载了自己的一片真情，从而使花木草石脱离或拓展了原有的意义，而成为人格的象征和隐喻。谁还要代花中君子发言?

二组学生 D：我更欣赏花中君子——莲，请同学们跟我一起背诵周敦颐的《爱莲说》吧!

“水陆草木之花，可爱者甚蕃。晋陶渊明独爱菊。自李唐来，世人甚爱牡丹。予独爱莲之出淤泥而不染，濯清涟而不妖，中通外直，不蔓不枝，香远益清，亭亭净植，可远观而不可亵玩焉。”

大家都知道，莲花是佛教中的圣花，是印度的国花。每当盛夏酷热难耐时，看到池中莲荷，心底总能透出一丝清凉。莲花出淤泥而不染，独自开在水中央，是那么的静逸与脱俗。

主持人甲：两组同学旗鼓相当、不分上下。下面请班主任老师给我们进行总结和点评。

班主任：同学们说得都很到位，我再给大家拓展一下知识吧。

地球上大约有 40 余万种植物，千万年来它们各自保持着自己的个性，不断地繁衍生息。植物物种之间的差异明显，从外形上看，有小到单细胞的蓝藻，有大到上百米高的桉树；从寿命上来看，有月余就完成一个生命周期的短命菊，也有上万年的云杉树；从花来看，有无花之果，也有昙花惊鸿一现，更有紫薇的百日之红；从香气来看，既有兰花的王者之香，也有莲荷之清香，还有樟檀树之幽香。

生而有异不仅存在于植物之间，即使在同一株植物之内又何尝不是?德国哲学家莱布尼茨就说过，“世界上没有相同的叶片”。他的学生怀疑老师的论断，在林里找了 10 万多片叶子，也没有发现相同的叶片。这更用事实说明了老师论断的正确。叶片的不同主要取决于其生长的时间和周围的环境不同，如叶序、着生位置、光线和通风等方面的区别。

正是由于植物的生而有异，才使得我们赏得百花争艳，有了春兰夏荷秋菊冬梅；正是由于植物的生而有异，才使得我们穿得冬暖夏凉，有了棉麻丝绸；正是由于植物的生而有异，才使得我们吃得五谷杂粮，有了南甜北咸东辣西酸；正是由于植物的生而有异，才使得我们住得方便，有了梁檩柱门桌椅柜床；正是由于植物的生而有异，才使得我们医病有百草良方；正是由于植物的生而不同，各安其命，才使得我们这个世界异彩纷呈。

主持人乙：感谢老师用诗一般的语言和广博的知识，为我们做了植物生而有异的解读。

主持人甲：刚才，我们好像一直在说植物。其实，人也是一样的。“龙生九子，子子不同”，更何况没有血缘关系的你我他呢。所以，人生而有异也是最正常不过的了。生而有异不可怕，异中求同是智慧；自古英雄多有别，从来团结成大业。

第二阶段　君子不同　合和方成

主持人乙：三国时期是一个风云变幻、英雄辈出、令人神往的年代，文臣武将出类拔萃、战功彪炳、名垂青史。特别是刘备手下的“五虎上将”均有横扫千军、万夫不当之勇。大家都爱玩王者、打三国，对他们都是比较熟悉的了。咱们就聊一下三国蜀汉的“五虎上将”的个性与成就。哪一组先说呢？

三组学生 A：我最崇拜汉寿亭侯武圣人关云长。他作为五虎上将之首，熟读《春秋》、武功盖世，文韬武略俱佳。斩颜良、诛文丑、围襄樊、擒于禁、杀庞德，“过五关斩六将”威震华夏。他绝对无愧“武圣”的称号！但他骄傲大意、刚愎自用的缺点毁了他，也毁了蜀汉政权。

三组学生 B：我感觉燕人张飞最好。他心直口快、疾恶如仇，被人称为“万人敌”。他义释严颜、大败张郃，特别是独踞当阳桥时，一声虎啸吓退了曹操百万雄兵。张飞对蜀汉贡献极大，被刘禅追谥为“桓侯”。但张飞酒风不好，嗜酒成性，醉后还鞭打士卒，最终害了自己。

三组学生 C：我最佩服常胜将军赵子龙。他为人低调、谨小慎微，很少表态说话，是刘备托孤的重臣。长坂坡一战七进七出，怀揣阿斗斩杀曹操 50 余名上将；汉水之战只带了 20 余兵便击退曹操十余万大军，被刘备称为“一身是胆”，军中将士都呼其为“虎威将军”。赵云不仅有勇，还深明大义，在长江上从孙夫人处夺回阿斗，为刘备立下汗马功劳。

四组学生 A：我敬重百步穿杨的才将黄汉升。人老脾气大的老将军黄忠，以射艺精湛著称。长沙之战，黄忠一箭射落关羽盔缨令其败走，可见其实力之强。在定军山一役中，杀了被曹操视为左膀右臂的大将夏侯渊。

四组学生 B：锦衣马超有万夫不当之勇。马超治军有方，在羌、胡人中有很高的威望。曹操手下第一高手许褚曾光着膀子大战马超三昼夜不分胜负。曹操与马超在潼关对峙时，屡遭马超偷袭，甚至被逼割须断袍狼狈逃窜。但马超也有缺少谋略、疑心较重的缺点。

主持人甲：三国时代的群英谱像一道靓丽的画卷，镶嵌在历史长河的大幕之上。蜀汉群星异彩纷呈，他们各有各的性格，各有各的爱好，各有各的特长，各有各的优缺点。他们虽然各具特色，甚至谁都不服谁，但都无愧于英雄的称号。并且他们都能融洽相处，携手并肩帮刘备建立了蜀汉政权。

主持人乙：谁还有和谐相处的精彩故事可以分享给大家呢？

四组学生 C：今天我给大家介绍一篇关于司马光与王安石的文章。

北宋曾经有两位宰相，一位叫司马光，一位叫王安石。一个是保守派，一个是改革派。

司马光从小就聪明过人。小时候有小伙伴不慎掉进水缸，同伴们都拉不上来，眼看小伙伴要淹死。这时，司马光急中生智，搬块石头将缸砸破，水流了出来，同伴于是得救。“司马光砸缸”成了流传千古的美谈。司马光性格温和、待人宽厚，即便做了宰相，其言辞也很有法度，是位谦谦君子。他在处理政务上也遵循旧法、秉承祖制，主张“无为而治”。

与司马光同时期的王安石也是个小神童，从小就显得老成持重。王安石官运亨通，中年时便当上了宰相。但王安石与司马光不同，他既对自己要求严格，也对下属要求严格。在王安石任职期间，他勘察时弊、锐意改革，推行新政新法，想方设法为大宋收税充盈国库。

司马光和王安石性格迥异，两个人在朝堂上是你方唱罢我登场，轮流做宰相。但是，由于两人的政治主张截然不同，彼此都认为对方的执政方针荒谬至极，彼此也都觉得自己比对方更高明、比对方更了解国情，所以在施政和权力争夺过程中，两人都极力打压对方。第一个回合是王安石获胜，司马光从宰相宝座上被赶了下来。这时，皇帝询问王安石对司马光的看法，王安石称赞司马光为“国之栋梁”，对他的人品、能力、文学造诣都给予很高的评价。正因为王安石的态度，使得司马光虽然失去了皇帝的信任，但是并没有被人落井下石，才能得以从容地“退江湖之远”。

正所谓十年河东十年河西。王安石强力推行改革不仅触动了皇亲贵胄的利益，也招致地方官的强烈不满。皇帝本来十分信任王安石，怎奈朝野大势不可违，王安石终于被就地免职，而皇帝又戏剧性地重新任命司马光为宰相。这时，很多人就跳了出来，不断地向皇帝告王安石的黑状。皇帝征求司马光的意见，司马光恳切地告诉皇帝，王安石胸怀坦荡忠心耿耿，有古君子之遗风，陛下不可听信谗言。皇帝听完司马光对王安石的评价，说了一句话：卿等皆君子也！

主持人甲：以前只知道司马光砸缸、王安石变法。没想到两个人是同时代的人，更没想到两人间还有如此精彩的故事。

主持人乙：两个人虽然政见不同，治国方略各异，但他们都为当朝百姓做出了应有的贡献，是真君子和而不同的典型写照。下面我们进入第三阶段。

第三阶段　个性、缺点要分开批评与自我批评

主持人甲：我们通过分析不同植物和历史上英雄人物，知道了不论人还是植物，都有自己的个性（本性）。但只要他们能取长补短、相互包容、和谐共处，就能形成一个卓有成效的、一加一大于二的团队，相处也会是快乐的，事业更容易取得成功。

主持人乙：时间过得真快，转眼我们到一起也已经一年多了，大家彼此都已经比较熟悉了。今天就借此机会，大家分别剖析一下自己的个性与不足。谁先说一下个性与缺点的区别？

五组学生A：一个人的个性是指他的性格特点和说话做事的风格。比如，活泼开朗、幼稚调皮、温柔随和、害羞腼腆、风趣幽默、小心谨慎，等等。

五组学生B：人的个性还有多愁善感、快言快语、追求刺激、豪放不羁、胆小怕事、积极负责、勇敢正义、老实巴交、脾气暴躁、婆婆妈妈，等等。

五组学生C：一个人的缺点是指他的行为已经伤害到了别人。如骂人、乱扔垃圾、随地吐痰、随便拿别人东西、强迫别人去做不喜欢的事，等等。

主持人甲：五组同学说得很好。看来一个人的个性与缺点还是有明显区别的。有句老话叫"一个人要知道得的什么病，这病就等于好了一半"。那么，接下来的活动就比较"刺激"了，我们相互指出缺点来警醒一下自己。当然，我们只是就事论事，不搞人身攻击，也不要提及姓名。谁先来？

学生A：有同学乱扔垃圾，我们刚扫完地他就扔，最恶心的是还随地吐痰。还有同学在宿舍很晚了接电话还特大声，影响别人休息。

学生B：有同学爱占小便宜，经常借别人纸、洗衣粉，甚至香皂和牙膏也借。你一说她，她就急，还说我们小气。有同学乱翻其他同学的物品。

学生C：有同学老给别人起外号，还专门针对人家的缺点起，爱取笑人。

学生D：有同学爱偷懒，经常不值日。有同学不讲卫生，不爱洗衣服，也不洗澡，影响大家生活。

学生 E：有同学说话爱带脏字，跟女同学说话也不注意，弄得女同学很难堪。

学生 F：有同学总带其他班同学来我们教室和宿舍，一待就是很长时间，我们感觉不方便。

学生 G：有同学自习课大声说话、追逐打闹，自己不学习还影响别人学习。

学生 H：有同学自己不打水，总喝别人的水。

主持人乙：唉呀呀。不说不知道，一说吓一跳。原来我们身上存在着这么多的不足和缺点。这些问题会影响我们每个人的心情，甚至也会影响我们的学习和生活，甚至影响我们这个大家庭的团结。

主持人甲：刚才，大家都给别人提了点儿意见，现在哪位同学有勇气给自己提点意见？

学生 I：我知道刚才说给别人起外号的同学在说我，这是我的不对。开始起外号只是感觉好玩、好笑，确实没想到会伤害到大家。刚才同学一说受到了伤害，我忽然感觉外号一点儿也不好玩，也不好笑了。我保证以后不再喊大家外号，也绝不再给别人起外号。

学生 J：我爱听歌，并且怕伤听力，一直没用耳麦，还经常听着听着就睡着了。很多次都是舍友帮我关的手机，肯定影响了大家的休息，我以后注意。

学生 K：我上学期没买过本，做作业总是撕其他同学的本，真是太对不起了。

主持人甲：大家今天都很坦诚、很真诚。古人讲，“以铜为镜可以正衣冠，以人为镜可以知得失”。通过今天这样的交流，我们的自身素质一定会提高很快。这也会促进大家今后更加和睦相处，增进同学之间的感情。我们走到一起不容易，大家一定要珍惜这种缘分。但相处也是讲究艺术和技巧的，下面就请班主任老师给我们传授一下处世心得。

第四阶段 求同存异 知行合一

班主任老师：我们今天这个班会的背景就是同学之间的相处出现了问题，相互之间的矛盾增多，所以班会的主题就是探寻如何在融洽相处的前提下，保持各自的个性。前面大家说得都比较好，既承认了每个人的个性是天生的，是现实存在的，又分析了个性与缺点是不同的，都认识到了团结合作的重要性。特别是最后，同学们勇于进行批评与自我批评，这都是很难得的。今天的表现说明大家都有一颗坦诚的心，只要有坦诚的心，我们就能改掉坏毛病，就能不断地进步。

其实，人们的个性张扬与和谐相处是个老话题，那么，在现实生活中我们应该怎么做呢？

一是不影响他人。遵纪守法是底线，触碰法律就必然受到惩处。所以，遵守法律是第一位的。社会公德是人们长期形成的约定，得道多助，失道寡助。如果不能做到恪守道德底线，其结果一定是众叛亲离，更何况没有亲缘关系的别人呢。“己所不欲勿施于人”可以作为一条处世金律牢记心头，比如在公共空间和环境卫生等方面。

二是尊重他人。文明礼貌是交往的润滑剂，影响到别人一定要及时说一句“对不起”，别人说对不起时一定要回应一句“没关系”。平时同学间发生的矛盾，大都是因为生活中的小事引起，明显是在处理方式上简单粗暴而造成的。另外，我们平时开玩笑千万不可伤人，更不能取笑人。良言一句三冬暖，恶语伤人六月寒。

三是帮助他人。《论语》里说“己欲立而立人，己欲达而达人”，就是告诫我们要力所能及地帮助别人，形成一个“我为人人，人人为我”的互帮互助良好习惯，克服落井下石、讥讽挖苦、尖酸刻薄的毛病。

四是冷处理矛盾。大家长时间学习、生活在一起，不可能没有矛盾。当出现矛盾时，首先要冷静、低调，平和地分析事实经过，“无心为错，有心为过”，应包容对方争取和解处理。如果处理不了，一定要求助于老师或学生管理部门。在整个过程中不激化矛盾，不扩大矛盾。此外，树立高远志向，开阔胸怀也很重要。一滴墨水滴到一杯水中，水就变色了，但要滴到大海中，则和没有一样。心大了，事就小了；心小了，事就大了。不要在小事上纠结，不要在偶然的事上纠结。

五是保持个性。我明确反对没有个性、缺乏原则的迎合。一个人要没有个性、没有爱好、没有追求，就是没有灵魂。一个没有灵魂的人，每天都会把鸡毛蒜皮的小事放在心上，这样的人还能有什么作为呢？

每个人或内向或外向，或爱说笑或爱静处，或爱读书听歌或爱购物旅游，等等。这都是我们的个性，不必苟同。只要你阳光快乐，你就是最有魅力的人。

我们每个同学都是一种乐器，都有自己独特的音质和音色。但是每种乐器都需要调校音准，只有音调精准，才能奏出优美的乐曲。人也要“调音”，去掉杂音和噪声，留下宽厚与包容。让我们在一起和谐相处，互相补充，就一定能奏起生命交响乐，奏出世上最强音。

主持人甲、乙：团结、团队是我们每个人都要经历的，而有一副古道热肠是和谐相处的重要品德。下面请大家合唱《世界需要热心肠》。

（全体合唱）

任务拓展

1. 反思与同学相处的情况，分析自己的个性和缺点，并规划出自己努力的方向。

2. 搜集《论语》中君子修养、交友和为人处世等相关的句子。

堂上椿萱渐白头

——感恩父母

《西江月·堂上椿萱渐白头》

（新韵：四开）

故地寿椿高耸，梦中萱草常开。夜深明月落窗台，身处他乡别寨。

静忆幼年时日，双亲膝下乖乖。蓦然热泪挂双腮，恨不飞回受爱。

植言植语

在我国的传统文化当中，香椿因其寿命长而被视为“长寿之木”。香椿习惯上喻义父亲长寿，因而成为父亲的象征。萱草又称“忘忧草”，古人常常种植在母亲的房前，希望母亲快乐无忧，因此被视为中国的母亲花。

古人常用“椿萱”来代指父亲和母亲，称父亲为“椿庭”，母亲为“萱堂”。椿萱文化无疑是中国传统孝道文化的具体体现。①

---

① 张双棣，殷国光．古代汉语词典［M］．2版．北京：商务印书馆，2014：209，1685．

班会时间

60 分钟。

班情分析

当今社会，孩子是家庭的中心。这种背景下成长起来的孩子，很少去体会父母的不易，很多孩子认为父母对自己的付出都是理所当然的。不“识恩”就不会“知恩”，不“知恩”就谈不上“感恩”，不“感恩”就不可能去“报恩”。

教育目标

1. 认知目标：让学生了解香椿和萱草在中国传统文化中的象征意义。

2. 情感目标：树立报恩之志。让学生由“识恩”“知恩”到“感恩”，学会体会父母无处不在的深沉之爱。再由感恩之心催生自己的报恩之志，在思想上明确孝敬父母是每个人必备的品质和修养，也是每个人与父母相处的行为指南，立志要做一个孝敬父母的人。

3. 运用目标：（1）学习报恩之才。让学生明白，今天的成长既是现阶段的孝敬行为，也为将来更好地孝敬父母打下坚实的基础。（2）践行孝敬之道。让学生理解“子欲养而亲不待”的深刻含义，从现在开始，从点滴做起，脚踏实地地践行孝道。

班会要点

1. 活动一：介绍椿萱文化。

2. 活动二：欣赏歌曲《母亲》。

3. 活动三：回忆感知父母对自己的爱。

4. 活动四：诗朗诵《妈妈是天，爸爸是地》。

5. 活动五：欣赏歌曲《烛光里的妈妈》。

6. 活动六：体察父母的变化。

7. 活动七：同唱歌曲《父亲》。

8. 活动八：讨论现阶段如何孝敬父母。

9. 活动九：诗朗诵。

活动准备

1. 分组。全班分为 4 组。

2. 查阅资料。查阅萱草、香椿的文化寓意。

3. 制作 PPT。中国母亲花、中国父亲树。

4. 回忆。回忆自己和父母最温暖的记忆，回忆观察到的父母近几年的变化。

5. 下载资料。歌曲《烛光里的妈妈》MV（音乐短片）、《母亲》MV、《孝敬爹和妈》MV 以及诗歌《妈妈是天，爸爸是地》。

6. 学唱歌曲《父亲》。

教育方法

歌曲启迪法、情感体验法、讨论法等。

班会过程

班会开始前，播放歌曲《母亲》营造情境，渲染气氛。

第一阶段　漆园椿树寿无涯　堂前萱草为忘忧

主持人甲：老师们、同学们，大家好！

主持人乙：“堂上椿萱渐白头”主题班会现在开始。

主持人甲：马上就到母亲节了，每年这个时候，大部分同学都会想起给父母打个电话，还有的人会给母亲买一束鲜花。

主持人乙：那么在母亲节大家会给母亲买什么花？

（齐声回答：康乃馨）

主持人甲：大家都知道，康乃馨是美国的母亲花。所以每到母亲节的时候，我都会想一个问题：我们中华民族的传统文化如此厚重，那么我们有没有自己的母亲花呢？

主持人乙：哎，你的问题在我们今天的班会上就可以得到答案了。

主持人甲：真的吗？那你赶快仔细说说。

主持人乙：别急，现在我们进入班会的第一个阶段“漆园椿树寿无涯，堂前萱草为忘忧”。

主持人甲：你说的这是啥意思？这跟我们所说的中国的母亲花有什么关系呢？

主持人乙：跟你说先别急嘛。现在我们有请一组的同学给我们讲讲“椿萱文化”，讲完你就全明白了。

（一组同学讲解椿萱文化，配合展示 PPT：中国母亲花、中国父亲树）

一组学生 A：大家认识这是什么树吗？

学生 A：香椿树。

学生 B：能吃，香椿炒鸡蛋！

（笑声）

一组学生 A：说得对。我们吃的是香椿的嫩芽，香椿也因此被称为“树上蔬菜”，而且我们中国是世界上为数不多的把香椿芽当作蔬菜的国家。

一组学生 B：但是我们今天关注的不是香椿的食用价值，而是它的文化价值。香椿的寿命很长，这一点在《庄子・逍遥游》中就有记载：“上古有大椿者，以八千岁为春，八千岁为秋”。也正因为这一点，香椿树在我国传统文化中被视为“长寿之木”，人们常以“椿年”“椿龄”“椿寿”来祝福长寿。香椿习惯上喻义父亲长寿，香椿也就成为父亲的象征。这就是中国的父亲树。

一组学生 C："萱"指的是萱草，这是我们中国自己的"母亲花"。古人何时开始用萱草象征母亲，我们没有找到确切答案。但是早在唐诗中，萱草作为"母亲"的意象就已经得到普遍的认同。比如，唐代孟郊的《游子诗》："萱草生堂阶，游子行天涯。慈母倚堂门，不见萱草花。"

一组学生 D：古代游子远行之前，都会先在北堂种植萱草。北堂正是母亲居住的地方，而萱草又被称为"忘忧草"，所以即将远行的游子希望以此减轻母亲对孩子的思念，使其忘却烦忧。游子们虽然将要远行，但是他们对留在家中的母亲充满了牵挂之情，其孝心可见一斑。

一组学生 E：由以上介绍可以看出，"椿萱"在我国传统文化中是指"父亲和母亲"。古代称父亲为"椿庭"，母亲为"萱堂"。比如，唐代牟融在《送徐浩》这首诗中写道："知君此去情偏急，堂上椿萱雪满头。"意思是：知道你离开这里回家的心情是很迫切的，因为家中的父母年事已高，都已经满头白发了。

一组学生 F：有很多祝寿对联把"椿萱"并提，比如"椿萱并茂；兰桂齐芳""松柏年年茂；椿萱世世荣""椿萱并茂阶前郁；兰桂齐芳堂上春"，等等。

主持人甲：这下你明白"椿萱"是什么意思了吧？

主持人乙：原来"椿萱"分别是指"父亲"和"母亲"啊！这下清楚了：椿树是中国的父亲树，萱草是中国的母亲花。

主持人甲：我国古人借助"椿萱"的文化意蕴，表达了自己对父母的牵挂和祝福，同时也启示我们对父母的养育之情要懂得感恩。

主持人乙：现在我们就一起进入班会的第二阶段。

第二阶段　回忆父母舐犊情　方知处处是深恩

主持人甲：二组同学给我们准备了一首好听的歌曲，现在让我们一起欣赏。

（播放歌曲《母亲》MV）

主持人乙：我看到很多同学在听歌的时候眼圈红了，还有的同学甚至都流泪了。

主持人甲：是啊，父母对我们的照顾事无巨细、无微不至，很多时候我们可能根本就没有意识到那就是爱。

主持人甲：现在就让我们一起来回忆一下，在咱们成长的过程中，父母与我们相处的点点滴滴，认识并体会那一份份舐犊深情。

学生 A：离开家出来上学，我妈给我带了好多衣服，她总说：出门在外，饥不饥带干粮，冷不冷带衣裳。还嘱咐很多遍：刮风下雨要记得添衣保暖，不要犯懒硬挺着，注意防止感冒，等等。以前我总是嫌她唠叨，敷衍着答应她，其实根本就没往心里去。现在想来，我是真愚钝，怎么就没意识到这是妈妈对我的牵挂、对我的爱呢？

学生 B：今天早晨换衣服的时候，我突然想到了孟郊那首著名的《游子吟》："慈母手中线，游子身上衣。临行密密缝，意恐迟迟归。谁言寸草心，报得三春晖。"（很多同学自发参与朗读，表情凝重，声音哽咽）

学生 C：（激动流泪）爸妈总担心我在学校食堂吃不好，每次周末放假回家，我妈都会给我包饺子，炖上一大锅肉。以前觉得这很正常，好像是应该的，现在仔细品味一下，这正是爸妈爱我的一种体现。

学生 D：入学时，爸妈担心学校暖气不好，担心被褥薄了我受冻，妈妈给我做了那么厚的被褥，爸爸又给我买了一个厚厚的床垫，躺上去那叫一个舒服！现在我明白了，我那张舒适的床啊，铺满了爸妈对我的爱。躺在舒适的床上，就是躺在父母浓浓的爱意当中！（眼含泪花）

学生 E：我家到学校的距离比较远，每到周末回家时，我妈都会打电话嘱咐我路上注意安全，早点动身坐车，不要磨蹭，免得天黑到不了家，等等。

学生 F：回想起我小时候，特别爱发烧，有时吃了药一个多小时体温就又升上来了。可是服用退烧药的时间必须间隔 4 个小时以上，我妈就将凉水浸湿的毛巾敷在我头上给我降温，几乎整宿整宿的不睡。当我的体温恢复正常时，我妈还会给我做好吃的，看着我吃下，她才带着熬红的眼睛和一脸的疲惫去休息。（声音哽咽，断断续续）

学生 G：我小时候不听话，爸妈会打我，当时我特别生气。奶奶跟我说“打是亲、骂是爱”，我不以为然。我妈打我的时候，我会好几天都不理她，姥姥说“打在儿身，痛在娘心”，我嗤之以鼻。当时我根本就不信，觉得父母不爱我、不关心我，甚至在挨打的那一刻还会恨他们。现在觉得特别愧疚，如果我当时能听他们的劝告，不是那么任性不懂事，他们又怎么舍得举起巴掌呢？我怎么就不知道他们是为了我好呢？

学生 H：记得初中时我有一次离家出走，我爸我妈像疯了一样找我。找到我的时候，我还是不愿意跟他们回家。我爸苦口婆心地把我劝回去，我以为他一定会狠狠教训我一顿。没想到，回到家之后，我爸什么也没说，直到现在也没再提过这件事。他们的宽容让我非常惭愧，以后我再也不会做这样的傻事了！

学生 I：平心而论，我要是对谁好他还不知情，我早就离他而去了。可是父母不是这样，他们对我们的爱并没有因为我们的粗心、疏忽甚至任性不懂事而有丝毫的衰减！

学生 J：用当前的流行语来形容父母对我们的爱，恐怕就是：孩子虐我千百遍，我仍待他如初恋！

（学生）……

主持人乙：通过大家一起回忆，我们认识到了：加减乘除，算不尽父母为我们付出的心血；诗词歌赋，颂不完父母对儿女无私的奉献！

主持人甲：现在有请二组的同学为我们朗诵诗歌《妈妈是天，爸爸是地》。

第三阶段　白驹过隙时光去　回看椿萱渐白头

主持人乙：自从我们降临到人世的那一刻起，我们的父母就开始了无休止的操劳，他们好像永远都不知道疲倦。

主持人甲：日子一天天过去了，我们在一天天长大，父母也在一天天变老。可是我们有谁真正关注过父母这些年的变化？他们的身躯、他们的容颜、他们的思维、他们的体力精力，还跟我们小时候一样吗？

主持人乙：现在我们来欣赏三组的同学为我们准备的一首歌曲《烛光里的妈妈》。

（播放歌曲《烛光里的妈妈》MV）

主持人甲：现在让我们一起来回忆一下，从我们记事起到现在，我们自己的爸爸妈妈身上都发生了哪些变化。请大家自由发言。

（学生自由发言，播放歌曲《烛光里的妈妈》作为背景音乐）

学生K：我能感觉到我爸的变化。以前我爸干什么事情都很麻利，现在他的动作明显比以前慢了，动作没有以前那么灵便了。

学生L：我觉得我妈的记忆力不如从前了，老爱忘事。

学生M：我妈是公交售票员，她上班的时候需要一直站着，所以这两年经常腿疼，有时晚上疼得睡不着觉，我看着都害怕。（声音哽咽，说不下去）

学生N：以前我爸好像从来不知道累，现在不行了，干活多了就会腰酸背痛。

学生O：我妈都有点儿眼花了，看东西时需要撤得远一点儿，有时还得凑着光、眯着眼睛。

学生P：我感觉变化最大的是妈妈。我妈长得非常漂亮，走到哪里回头率都很高。可是这几年，她老是问我一句话："你看我是不是老了？白头发是不是又多了？我脸上是不是又长皱纹了？"其实我知道我妈变老的一个很重要原因，是为我和我爸的关系而忧心。我爸爸重男轻女的思想非常严重，因为我是女孩，所以从小他就对我爱搭不理。因为这个，我跟爸爸可以说是势不两立，长这么大，我都很少跟他说话。为了缓和我跟爸爸之间的关系，我妈可是费尽了心思。

班主任：你爸爸重男轻女是不对，但是你有没有想过，如果你通过自己的努力成为你爸爸的骄傲，让他可以以你为荣，他的老观念会不会被你改变？

学生 P：老师，谢谢您！我知道该怎么做了！

（学生）……

主持人甲：看来大家确实都在极力回忆爸爸妈妈这些年的变化。尽管大家讲的内容不尽相同，但是有一个事实越来越明确，那就是：我们慢慢长大的过程，就是爸爸妈妈日渐变老的过程。他们脸上的每一道皱纹中都藏着他们对儿女深深的牵挂，他们手背上的每一道青筋上都镌刻着他们对儿女无尽的操劳。

主持人乙：我想我们每一个人都应该认真思考一个问题：我能不能做到像父母爱我那样去爱他们？现在有请三组的同学带领我们一起合唱歌曲《父亲》。让我们在歌声中再次把爸爸妈妈的形象深深镌刻在脑海，再次把爸爸妈妈的爱深深铭记在心中。

（在三组同学的带领下，全班一起合唱《父亲》）

第四阶段　孝敬父母切勿等　应教椿萱四时春

主持人甲：父爱永不停息，母爱永不枯竭。父母对孩子的爱无处不在、经久不衰，不管我们长到多大，在父母眼里永远是孩子。就像歌曲当中唱的那样：不管你走多远，无论你在干啥，到什么时候也离不开咱的妈。

主持人乙：父爱伟岸如青山，宽广如江海；母爱圣洁如冰雪，温暖如骄阳。父母一天天变老了，换来的是我们一天天长大。我们要学会独立，不能再牵着父母的衣襟走过春秋冬夏；我们还要学会孝敬，我们必须向父母奉上自己的报答。

主持人甲：父母的恩情要时刻铭记在心，我们不能只是在母亲节、父亲节的那一天才想起父母，才会打上一个电话，才会送上一句祝福，才会送上一支鲜花。

主持人乙：经常听到有同学说："等我长大了，有钱了，我一定会好好孝敬爸妈。"现在我们讨论一下这个问题。孝敬父母一定要等自己长大吗？我们现在可不可以去孝敬父母呢？请大家各抒己见。

（七嘴八舌）

学生 Q：当然可以啊！

学生 R：必须滴！

学生 S：对啊，我们都已经这么大了，还要等到什么时候呢？

学生 T：等什么等，现在、立刻、马上开始做就对了！

主持人甲：我还经常听到有的同学说："我现在还小，自己也不挣钱，拿什么孝敬父母啊？"

主持人乙：那我们就再来讨论一个问题。我们处在现在这个年龄，有没有孝敬父母的能力？请大家畅所欲言。

学生 U：当然有了。我们都多大了！帮父母做家务就是孝敬父母的体现，难道我们现在还没有做家务的能力吗？

学生 V：除了做家务，我们还可以做很多事情来孝敬父母，比如父母烦恼的时候，陪他们聊聊天就很好啊。

学生 W：我会在爸爸很累的时候给他按摩，捶捶背、揉揉肩，缓解他的疲劳。

学生 X：我觉得，我们不和爸爸妈妈顶嘴，有话好好说，也是一种孝敬。这个我们现在可以做到啊！

主持人甲：大家有没有听到过这样一种说法：我现在给父母买东西花的还不是父母的钱，何必走那个形式呢？

主持人乙：好像听到过。所以我就在想：孝敬父母是不是一种形式？是不是给父母买点儿东西就是孝顺了？我们究竟应该怎样做才是真正的孝敬父母呢？借着这个机会，请大家帮我解决解决这些困惑。

学生 Y：孝敬父母怎么能是形式呢？我们必须脚踏实地去做才行。

学生 Z：当然，孝敬父母需要一些形式来体现。但是，可不仅仅是买东西那一种形式。

学生 A：刚才大家说到的做法，做家务啊，帮父母按摩啊，这些都是孝敬父母的形式。

学生 B：但是，我觉得我们现在这个阶段对父母真正的孝敬是好好学习。

学生 C：对，让父母少为我们操心，也是对他们最大的爱。

学生 D：是啊，经常听爸爸妈妈说，他们最大的心愿就是看到我好好学习，将来有出息。如果我做到了，就是完成了父母的心愿，当然就是最好的孝敬了。

主持人甲：大家讨论得很热烈。通过讨论，我们达成了共识：1. 孝敬父母不能等。2. 现在的我们早就具备了孝敬父母的能力。3. 孝敬父母也要体现在行动上，要从现在做起，从点滴做起。生活中时时处处都有孝敬父母的机会，就看我们是不是真的去做。

主持人乙：太对了！我们绝不能等到“子欲养而亲不待”的那一天，才感叹悔之晚矣。

主持人甲：四组的同学们为我们今天的班会创作了一首长诗，或许他们的文采不是那么出众，词句也还不十分贴切，但这是发自他们内心的呼声，更是他们感恩父母之心最真挚的体现。有请四组的同学为我们朗诵他们创作的诗歌。

（四组齐声朗诵）

呱呱坠地一瞬间，长到今天成少年。

父母操心不间断，时时刻刻想周全。
两鬓青丝生白发，皱纹悄悄爬眼睑。
腰背渐驼失挺拔，步履不再快似箭。
好吃好穿给儿女，自己吃苦却相瞒。
一点一滴都是爱，半生操劳为哪般？
识恩知恩更感恩，为人子女孝当先。
尽孝不是很遥远，没有想的那么难。
四肢健全正常人，再靠父母多汗颜。
自己事情自己做，不让父母再流汗。
家务事情多帮忙，尽己所能把活干。
哪怕一顿家常饭，亲手端到双亲前。
洗洗筷子刷刷碗，捶捶后背揉揉肩。
一杯热茶勤问候，也让父母心中暖。
不挑吃穿不攀比，体谅父母不容易。
纵使衣物再普通，父母关爱心中甜。
离家在外多保重，身体康健母心宽。
管好自己多努力，每天进步孝心显。
好好学习长才干，学业有成前程宽。
父母欣慰展笑颜，受益终身还是咱。
成长不同两代人，意见相左很常见。
好好说话少顶撞，要讲道理敬为先。
而今身材齐父母，孝顺二字记心间。
感恩父母在行动，脚踏实地责任担。
孝敬不是朝夕事，持之以恒不能烦。
细水长流永不断，椿萱常绿传美谈。

主持人乙：感谢四组同学说出了我们大家共同的心声。现在我们有请班主任为我们的班会做点评。

班主任：识恩、知恩、感恩、报恩，是我们今天班会的主题。通过一系列的活动，前三个阶段大家都完成得很好。但是仅仅认识到是远远不够的，最核心的或者说最后的落脚点是如何报恩，也就是我们如何把对父母的感恩转化为行动。

我们中华民族传统的孝道文化内容非常丰富，简单概括一下可以用12个字来体现，那就是：敬亲、奉养、侍疾、立身、谏诤、善终。其中的"敬"是孝道的精神实质，所以我们应该反思，过去我们在面对父母的时候是否做到了"敬"这个最基本的要求。而要做到其中的"奉养、侍疾、谏诤、善终"这几点，则要建立在"立身"的基础之上。所以，除了前面同学们提到的我们能为父母做的一些力所能及的事情以外，现阶段我们最应该思考的问题是如何"立身"。我们只有珍惜时间、好好学习、苦练技能、学有所成，才能练就"立身"的本领，才能为以后更好地孝敬父母奠定坚实的基础。希望并且相信大家都能做到以下几点：管好自己的一言一行，让父母省心；走好自己的人生路，让父母放心；把感恩之情转化为实实在在的行动，让父母开心。祝愿每一位同学都能健康成长，以安慰父母那颗殷切的牵挂之心！愿天下父母亲都能永远健康快乐！

主持人甲：谢谢老师的点评。班会进行到这里，相信大家已经有满肚子的话想跟父母说。

主持人乙："堂上椿萱渐白头"主题班会到此结束。让我们伴随着《孝敬爹和妈》的歌声，给父母写一封信作为我们班会的拓展延伸。再见！

任务拓展

每人给父母写一封信：《致我亲爱的父亲母亲》。

绿叶不是无情物

——化作春泥更护花

《卜算子·又见叶葱葱》

（新韵：六豪）

又见叶葱葱，片片堆繁茂。风送清凉簌簌鸣，雨落滴答闹。

秋去凛冬来，委翳飘摇掉。敢忘陈根养育情，化作微尘报。

植言植语

植物的根和叶是相互依存的关系，叶片吸收空气中的二氧化碳和太阳光能，利用来自根系吸收的水分和无机养分加工成有机物质，供树体各个器官再生长，包括根系的生长。年复一年，生叶又落叶，终而复始。树苗一年年长大，树的年轮不仅记录着它经历的岁月，也记录着绿叶的贡献。

感恩是中华民族的传统美德，《菜根谭》中提到“心者修裔之根，未有根不植而枝叶荣茂者”。感恩是一种品德，是一种生活态度，拥有感恩之心、报恩之行，是做人最基本的标准。

班会时间

60 分钟。

班情分析

现在生活条件越来越好，学生在家里受到父母、亲人无微不至的关爱，现在的学校注重个性的培养与张扬，学生也是经常得到老师的鼓励与表扬。因此，学生们形成了眼中只有自己，只知道“我该怎么样”，不知“该我怎么样”，很多学生缺乏感恩意识。本次主题班会，旨在激发学生的感恩之情，让学生们懂得爱父母、爱老师、爱同学、爱学校、爱社会、爱祖国，并付诸行动。

教育目标

1. 认知目标：让学生了解绿叶与根的植物学关系。

2. 情感目标：通过故事情境渲染，使学生进一步理解父母和老师的爱、同学间的情谊和祖国繁荣富强带给我们的便利和幸福。

3. 运用目标：通过 PPT 展示感恩图片、听感恩歌曲、讲感恩故事、话感恩小事、写感恩话语等一系列活动，让学生知道从哪些方面来进行感恩。

班会要点

1. 活动一：PPT 展示绿叶与根的关系，体现爱的传递和循环。

2. 活动二：演唱歌曲《绿叶对根的情义》，唤起同学们感恩的情感。

3. 活动三：父母情、师生情、同学情、赤子情中的感恩故事分享。

4. 活动四：播放歌曲《感恩的心》。

5. 活动五：同学们在绿叶卡上写下真情感言，贴到在黑板上画的大树上。

活动准备

1. 分组。全班分为5组。

2. 班委会确定班会主持人，并构思班会的具体实施思路。

3. 学生搜集绿叶与根的关系的材料，并制作成PPT。

4. 准备好班会上需要分享的感恩故事，并制作好各个感恩故事的PPT。

5. 搜集有关绿叶与根关系的相关歌曲（歌曲《绿叶对根的情义》《感恩的心》）以及学生感恩的视频。

6. 确定播放歌曲、PPT及视频的专职学生。

7. 根据班会内容及实施过程布置班会现场。

8. 在黑板上画一棵大树。

教育方法

故事启迪法、情感体验法、讨论法等。

班会过程

第一阶段　绿叶与根的植物学关系

主持人甲：老师们、同学们，大家好！“绿叶不是无情物”主题班会正式开始。首先，请一组同学为我们介绍植物的根与叶的关系。

一组学生A：植物根的主要功能是吸收并运输土壤中的水分和养分，滋养抚育地上器官，特别是数量最多的绿叶；同时，根用力支撑并固定着整个植株。正是有根的付出，绿叶才得以葱绿昌茂。另外，绿叶光合作用生成的有机物，也源源不断地通过维管束为根系的生长提供营养。根作用于绿叶，绿叶反作用于根，爱是相互的。

主持人甲：是啊，根是血脉，叶是枝芽。根，纵深漫延；叶，葱绿昌茂。叶与根拥有深重的情谊，这是造物主赋予的高尚情操，是宇宙万物繁衍至今的宝贵经典，是自然界最美的情谊。

主持人乙：让我们一起来聆听一组同学B带来的歌曲《绿叶对根的情义》。

（播放歌曲）

主持人甲：好一个绿叶对根的情义。绿叶心怀感恩之情，纵使飘零一生，也眷恋不忘根对自己的呵护。根是默默无闻的，它努力地生长着，把自己的美好带给绿叶、带给世界。在一年四季的更替中，绿叶总是对根做一次次的亲吻，化为腐叶，作为春泥，只为报答根的无限情义。

主持人乙：哦，爱原来是相互的，爱是可以传递的。只有根把爱给了绿叶，绿叶把爱给了根，幼苗才能成长为参天大树。如果，如果只是一方在一味地付出，另一方在一味地索取，那么，结果就是一棵幼苗的日渐枯萎。

第二阶段　父母情

主持人甲：是谁赋予我们生命，是谁把我们抚养至今？

主持人乙：是谁每天为我们准备可口的饭菜，洗净我们穿脏的衣服？

主持人甲：是谁对我们嘘寒问暖，关心备至；不求索取，不求回报？

主持人乙：同学们，你们说是谁呢？

集体回答：父母！

主持人甲：是的，没有父母哪来我们的生命。

主持人乙：父母给予我们生命，让我们健康成长；父母给予我们关爱，让我们成为有用之才。

主持人甲：是啊，父爱如山，深沉而又充满力量。

主持人乙：母爱似海，宽广而又包容一切。

主持人甲：父母的爱是天地间最无私的爱，是天地间最深、最纯、最伟大的爱。古有“孟母三迁、孟母断织”，今有“地震中的母爱”。一个母亲在地震中将自己柔弱的身躯弓成弧状，蜷缩在废墟中，扛起了倒塌的砖石和混凝土，硬是支撑起一个狭小的空间，把孩子挡在了下面。当救援人员找到他们时，母亲已经死去多日了，但不变的是她的身体还是保持着那个样子。用生命保护了自己的孩子，妈妈如愿了，孩子活了下来。这是宇宙中最坚强的力量，是世间最伟大的母爱啊！

主持人乙：是啊！父母给予我们满满的爱！可是我们呢？

主持人甲：我们有多久没有认认真真地看过自己的父母了？

主持人乙：我们又有多久没有真真切切地喊一声爸爸、叫一声妈妈了？

主持人甲：善待自己的父母吧，不要再让人家说“儿行千里母担忧，母行万里儿不愁了”。

主持人乙：最近大家通过搜集资料和思考，有什么要与我们分享的吗？

二组学生 A：自我记事起一直就是父母在照顾我，我不知道该做些什么回报。另外，父母正值壮年，而我还未成年。父母身体还好，还能挣钱。他们天天工作应酬，甚至还打牌、旅游，好像我也没有什么可以为父母做的。（部分学生点头默默认同）

二组学生 B：在没查资料和没有认真思考这件事之前，我确实也是这么认为的。但是通过深思，我发现事实不是这样的：父母不是我想象中那么轻松，我也不是无事可做。

二组学生 C：要做到对父母有礼貌，听从父母的正确教导，不顶撞父母，不乱发脾气。

二组学生 D：生活上勤俭，不乱花钱，不对父母提过高的要求。

二组学生 E：有心事了要主动和父母说，要经常与父母聊天。

二组学生 F：碰到一些比较重大的事情，一定要和父母商量，认真考虑父母提出的意见。

二组学生 G：打算外出前，要征得父母同意，并把去向和时间告知父母。

二组学生 H：努力搞好学习，经常主动向父母汇报自己在学校的学习、生活情况，不让父母操心。

……

主持人乙：你们说得太好了，我们应该做到：

养父母之身，父母已至中年，日夜忙碌，也需要得到照顾；

养父母之心，我们长大了，做好自己的事，不惹父母生气；

养父母之志，树立远大理想，努力拼搏，做个有出息的人。

主持人甲：虽然望子成龙、望女成凤是父母内心的愿望，但现实中父母对我们的要求并不高，我们对父母的一个简单的祝福、一句温馨的问候、一朵鲜花、一个拥抱，甚至只是一个微笑就足以让父母高兴。

主持人乙：正如《弟子规》中给我们的明示："父母呼，应勿缓；父母命，行勿懒""父母教，须敬听；父母责，须顺承""冬则温，夏则清；晨则醒，昏则定""出必告，反必面；居有长，业无变"。我们的孝与爱大概就在这日常简简单单的言行之中了。

第三阶段　师生情

主持人甲：在学校，部分同学对学习产生一些抗拒的心理。可是，敬业的老师们总不会让我们放任自流，通过跟我们聊天、话家常、讲专业发展前景等方式，润物细无声地做着我们的工作。他们用无私的爱拉近了我们的距离，同时也逐渐激发了我们的学习兴趣和对生活的热爱。

主持人乙：饮其流者怀其源，学其成时念吾师。

主持人甲：下面我们看个短短的监控视频，这是山东淄博工业学校门前监控 2017 年 5 月 14 日拍下的一幕。"白色上衣、深色裤子，一名学生在结束最后一门考试后，平静地走出校门，然后缓缓转身，向着学校深深鞠了一躬。"不足 10 秒的视频却在当时引发热评，这一个小小的举动戳中了同学们心中那份对于学校、对于老师的“感恩”。

主持人乙：2017 年 6 月 12 日的《人民日报》头版批底位置，刊发这段视频的评论《毕业前的最后一课》。

主持人甲：这段视频在朋友圈中传开后，更多的人被这样的鞠躬所感动。

主持人乙：这一鞠躬，胜过千言万语。鞠躬，是告别，告别美好的校园时光；是感谢，感谢老师们的悉心栽培；也是自我期许，期许母校日后以己为荣。有母校帮助和支持的毕业生会更有力量，懂得感恩的学子一定走得更远。

主持人甲：自古以来，尊敬老师的典范不胜枚举，谁来给大家分享一下？

三组学生 A：我给大家讲一讲“程门立雪”的故事吧。

在北宋时期，福建有个叫杨时的进士，他非常喜好钻研学问，到各地寻师访友，曾就学于洛阳著名学者程颢门下。程颢死后，又将杨时推荐到其弟程颐门下，使其在洛阳伊川所建的伊川书院中求学。

那时的杨时已 40 多岁，学问也相当高，但他仍然谦虚谨慎、不骄不躁、尊师敬友，深得程颐的喜爱，被程颐视为得意门生。

一天，杨时同一起学习的游酢向程颐请求学问，却不巧赶上老师正在屋中打盹。杨时便劝告游酢不要惊醒老师，于是两人静立门口，等着老师醒来。一会儿，天空中飘起了鹅毛大雪，越下越急，杨时和游酢却还站立在雪中。游酢实在冻得受不了，几次想叫醒程颐，都被杨时阻拦住了。

直到程颐一觉醒来，才赫然发现门外的两个“雪人”！从此，程颐深受感动，更加尽心尽力教杨时，杨时也不负重望，终于学到了老师的全部学问。之后，杨时回到南方传播程氏理学，且形成独家学派，世称“龟山先生”。①

后人便用“程门立雪”这个典故，来赞扬那些为求学师门诚心专志、尊师重道的学子。

主持人乙：杨时可以说是古代尊敬老师的典范。在古时候就算是达官贵族的子女，第一次被父亲带着见贫寒的先生都是需要跪拜的。虽然现在已经不合时宜，但学生对于老师的这种“尊敬”的“遗产”应该是不会改变的。

主持人甲：伟大领袖毛泽东同志在给他的老师徐特立的信中写道：“你是我20年前的先生，你现在仍然是我的先生，你将来必定还是我的先生。……”

主持人乙：古人、伟人都在尊敬老师、感恩老师方面给我们树立了榜样。

主持人甲：正在求学中的我们又该如何感恩老师呢？其实，只要从日常的点滴做起，就是对老师的尊重。谁想好了，可以站起来说一说，自由发言。

三组学生B：作业工整，让老师判作业时赏心悦目。

三组学生C：看到老师，要微笑着主动问声“老师好”，让老师的疲倦顿消。

三组学生D：聚精会神听课，积极回答问题，让老师开心地给我们上课。

三组学生E：积极参加校内外比赛，努力奋斗，争取佳绩。

三组学生F：保持教室整洁、一尘不染，让老师走进教室心情舒畅。

三组学生G：虚心接受老师的意见，多与老师沟通。

……

① 程门立雪的故事［EB/OL］. http://www.jingpinwenku.com/view/11952df723b986d6.html.

主持人乙：老师教给我们做人的道理、传授给我们知识，老师是世界上最值得尊敬的人。

主持人甲：借此机会，咱们一起对老师道一声："老师，您辛苦了！"

第四阶段　同学情

我们生命的前 20 多年里，都离不开这样一个群体：同学。现在进入班会第四阶段。

主持人乙：从幼稚的孩童到热血沸腾的有志青年，从刚进校门的懵懵懂懂到跨出校门的振翅高飞，在这求学期间朝夕相处，一直陪伴我们的就是这样一群人——同学。

主持人甲：有时学习是枯燥无味的，让枯燥无味变得欢快有趣的是同学间的深厚情意。同学们的玩笑与幽默冲淡了枯燥和寂寞，同学们及时伸来的援助之手总能化解学习和生活中的困难。

主持人乙：如果说，老师是我们成长道路上的指路人，那么同学就是我们成长道路上的搀扶者和激励者。有了同学的陪伴，我们在克服困难时才更有勇气，在书山的攀登中才不会感到孤寂。

主持人甲：是的，同学们，感恩同学的默默陪伴，珍惜那份纯真的同学之情吧！

主持人乙：通过近一段时间的梳理，大家都回想起了哪些同学间的情意？

四组学生 A：当我的作业得到老师表扬时，同学们就会伸出大拇指，并向我投来赞许的目光给我力量。

四组学生 B：在我眼里同桌的你并不是一个完美的人，但你是一个比完人还能让我快乐的人。有了你，我的生活变得有趣。

四组学生 C：在我因车祸架着双拐上学的日子里，同学们轮流扶我上楼，帮我打饭。

四组学生 D：我在乒乓球赛场上比赛时，同学们的一声声"加油"、一次次鼓掌，都给了我莫大的鼓励。

四组学生 E：专业课上，我的程序代码运行结果错误时，是同学帮我检查出错的代码，我才得以顺利完成作业。

四组学生 F：一起包粽子时度过的快乐时光。

四组学生 G：一起张贴书法作品时的喜悦。

四组学生 H：一起备战辩论赛、汉字听写比赛时的紧张情境，找素材，彩排演练。

……

主持人甲：看来，这些生活的点滴，同学们都历历在目。

主持人乙：是的，这些美好的时光将永记我们心间。

主持人甲：前生 500 次的回眸才换来了今生的擦肩而过，而我们同时走进同一个教室，并能够成为同学，在我想来是何等的不容易，感谢上苍给予我们的同学缘分，我们要珍惜。

第五阶段　赤子情

主持人甲：我们来到这个世界，都要在社会中生存，都要获取生存发展的物质条件。生于斯，长于斯，一切所得都是这方土地的馈赠。热爱自己的祖国是一种朴素的情感，不需要刻意提起，却总是油然而生。

主持人乙：是啊，“落红不是无情物，化作春泥更护花”，叶子在生命的最后一刻找到了最好的归宿。

主持人甲：古往今来，无数仁人志士为了报效祖国奋斗终生。谁来给大家分享一下这样的故事？

五组学生 A：我今天来给大家分享一个故事《苏武牧羊》。

苏武是汉人的使节，被单于扣留，让卫律制服他。卫律用尽各种方法威胁诱惑，苏武最后都不屈服。最初，单于派人向苏武游说，许以丰厚的俸禄和高官，苏武严词拒绝了。匈奴见劝说没有用，就决定用酷刑。当时正值严冬，天上下着鹅毛大雪。单于命人把苏武关入一个露天的大地窖，断绝提供食品和水，希望这样可以改变苏武的信念。时间一天天过去，苏武在地窖里受尽了折磨。渴了，他就吃一把雪；饿了，就嚼身上穿的羊皮袄。过了好几天，单于见濒临死亡的苏武仍然没有屈服的表示，只好把苏武放了出来。

单于敬重苏武的气节，不忍心杀苏武，又不想让他返回自己的国家，于是决定把苏武流放到现甘肃省武威市民勤县一带，让他去牧羊。在那里，唯一与苏武做伴的是那根代表汉朝的使节和一小群羊。苏武每天拿着这根使节放羊，心想总有一天能够拿着它回到自己的国家。这样日复一日、年复一年，使节上面的装饰都掉光了，苏武的头发和胡须也都变白了。苏武在匈奴度过了 19 个年头，却始终没有屈服，匈奴人只好放他回汉朝。苏武维护了国家的尊严，受到人们的尊敬。

主持人乙：尽管古人对于“国”的概念有些狭隘，但我们绝对要对这片“不指南方不肯休”的绿叶致以崇高的敬意。

五组学生 B：我今天给大家分享的故事是《科学家钱学森》。

钱学森从小立下发奋学习长大成人后报效祖国的宏愿。1934 年他以优异的成绩在上海交通大学毕业了，当时腐败的政府却不给他施展才华的机会，钱学森无奈含泪离开祖国来到美国深造。由于钱学森的积极进取、发奋图强，很快就获得了博士学位，并取得了惊人的成就。第二次世界大战爆发后，钱学森为研制火箭做出了杰出贡献。不久，中华人民共和国成立的消息传到钱学森的耳朵里，钱学森立即对周围的人说：“我可以放弃这里的一切，但不能放弃自己的祖国，我应该早日回到祖国的怀抱，为建设新中国贡献自己的全部力量！”钱学森对美国麻省理工学院聘请他为终身教授一事不屑一顾，他一心只想回到祖国。美国当局得知此事后用尽一切办法想使钱学森打消回国的念头，开始，他们让钱学森的同窗好友来说服他，钱学森仍旧坚持回国。后来，他们把钱学森关进牢里，折磨钱学森，不许钱学森吃饭、睡觉，企图摧垮钱学森的意志。面对种种非人的折磨，钱学森一度消沉。然而一碰触到他带去的《论语》，心中便想到了日思夜盼的祖国，想到年轻的祖国满目疮痍百废待兴，内心深处便有一个声音召唤着他：你是一个中国人，祖国召唤着你，你一定能战胜一切困难。钱学森打起十二分精神在牢里攻读《论语》，他没有崩溃，崩溃的是美国当局，他们最终释放了钱学森。

钱学森终于克服重重困难回到祖国，为祖国的导弹、人造卫星事业奉献了全部的精力与智慧，被誉为“中国导弹之父”。①

主持人甲：大科学家有他伟大的爱国情怀，我们同样也有自己的爱国行动。大家自由发言，谁来说一说？

五组学生C：作为当代的中职生，国家让我们免学费上学，还给我们发放助学金、奖学金，我们心里有说不出的激动、高兴和沉重。我代表全体免学费学生对国家和学校表示衷心的感谢，同时我也感到身上有一份责任，我们一定要好好学习，为祖国的更加美好奉献自己的一分力量。

五组学生D：了解革命历史，培养民族荣誉感。身为中国人，我们有义务了解祖国的革命史，知道她曲折的成长过程，了解为了新中国的成立而光荣牺牲的革命先驱，清楚他们的英雄事迹。我们要沿着他们的足迹，寻找中国的昨天！以他们为榜样，开创中国的明天！纵观历史，我们不难发现，一个国家、一个民族真正强大的时候是不会受到欺侮的。

五组学生E：修身养德，博学志远。“修身养德”是每个人都应做到的。比如，周一早晨升国旗时安静，行注目礼；节约一滴水，节约一度电；不乱扔垃圾，文明乘车；外出旅行，自觉地爱护一砖一瓦、一花一草；保护资源，爱惜粮食，珍惜农民的劳动果实；保护环境，自觉地少用塑料购物袋。

五组学生F：古人云，国家兴亡，匹夫有责。当前，我们要紧跟党和

---

① 涂元秀，莹莹. 钱学森故事［M］. 北京：中国人民解放军出版社，2011.

国家的战略方针，学习十九大精神，全面贯彻社会主义核心价值观，不忘初心、牢记使命，加快推进社会主义现代化，为开创中国特色社会主义事业新局面而奋斗。要想做到这些，就必须学会关注社会的发展，关心国家的形势，归根结底，还是要爱国！

……

主持人乙：是的，这些看似小小的举动汇聚了强大的爱国热情。

主持人甲：我爱我的祖国，强大的祖国是我们生活安定的保证。

主持人乙：我爱我的祖国，为我们生长在这样一个国度而庆幸。

主持人甲：感恩不是一句空话，我们要用真情来表达。下面（播放背景音乐钢琴曲《感恩的心》）请每位同学在自己手工制作的绿叶卡纸上写下心灵的真情感言，并贴在黑板上展示，师生共同完成一棵爱心大树。

主持人乙：最后请班主任老师对我们今天的班会进行总结。

班主任：同学们，生活中处处都能寻找到爱，就连不起眼的树叶和树根都向我们展示出了感恩的真谛！感恩是一种发自内心的动力，父母、老师、同学、祖国哪一个不需要我们去感恩？哪一个不值得我们去感恩？感恩是一种处世哲学，是做人的大智慧。

我们中国人都比较含蓄，对于感恩往往讳莫如深，常言道："大恩不言谢。"更不用说微不足道的小恩了。但一声温馨、真诚的"谢谢"，会带给他人一份美好的心情。同时我们还知道"滴水之恩，当涌泉相报"，这足以证明我们是更懂得感恩的民族。拥有一颗感恩的心，感恩你生命中的拥有，让我们对父母、对老师、对同学、对祖国的感激之情内化于心、外化于行，成为一种信念、一种习惯。

任务拓展

请同学们课下以"感恩，从我做起"为主题，制作不少于 10 张幻灯片的 PPT。

慧眼识花

——选择的艺术

《蝴蝶花·姹紫嫣红花满树》

（新韵：十四姑）

姹紫嫣红花满树，春夏秋冬，锦绣织天幕。蝶舞鸟鸣频眷顾，流连忘返迷归处。

万万千千植物录，形色难分，进化谁人妒？天阔地宽铺画布，河山最美青春赋。

植言植语

人类天性爱花，以花为美，与花为伴。我国有着历史悠久的养花、种花的传统，认为花是世上最美之物。对于我们平常人来说，有人喜欢花香的沁人心脾，有人喜欢花色的绚丽多彩，有人喜欢花型的千姿百态，有人喜欢花语的感人至深。

对花如此，而面对人生道路的各种选择犹豫不决时，我们中职生更要具有“慧眼识花”的能力。

班会时间

60 分钟。

班情分析

中职高年级学生面临着升学、就业、参军的多重选择，因迷茫困惑而焦躁不安，常陷入选择困难的窘境，不知道自己何去何从。同时，选择的痛苦导致无心学习。此时，召开班会引导学生如何学会正确选择，并做好职业生涯规划，无疑是一场及时雨。

教育目标

1. 认知目标：通过欣赏世界十大花海图片，体会在面对不同花色、不同花香、不同花型和不同花语等方面上的多重选择时，如何建立一个判别标准。

2. 情感目标：通过讲述名人故事和分享同学经历，引导学生面对选择时不犹豫、不纠结、不迷惑，能够做出适合自己的选择。

3. 运用目标：通过欣赏图片、小测试、讲故事活动，使学生直观地体会到选择痛苦的原因和解决办法。面对选择时不再痛苦和纠结。

班会要点

1. 活动一：观看世界十大花海的。
2. 活动二：选择纠结症的小测验。
3. 活动三：师生问答互动。
4. 活动四：讲述名人和植物故事。
5. 活动五：学生讲述个人关于选择的故事。
6. 活动六：分析如何摆脱选择纠结症。

活动准备

1. 由学生和老师共同制作 PPT。

2. 由学生分组搜集古今中外通过坚持自己的选择而成功的名人或植物的故事。

3. 由参加信息化办公比赛的同学整理备赛、参赛的心得体会。

教育方法

故事启迪法、情感体验法、讲授法、讨论法等。

班会过程

第一阶段 欣赏世界十大花海图片

（展示图片）

主持人甲：同学们，在班会开始之前，首先让我们欣赏几处花的海洋。

1. 首先映入我们眼帘的是普罗旺斯花海。有一种花是纯纯的紫色，在阳光的照射下，它是翩翩起舞的舞者，它那淡雅清新的紫色与蔚蓝的天空营造出美轮美奂的世外桃源仙境。它就是薰衣草。

2. 日本北海道富良野素有东方普罗旺斯之称。每逢 7 月下旬至 8 月上旬这段时间，山坡与平原上变成了紫色的汪洋，空气中充盈着迷人的花香，为北海道添加了一丝意趣盎然的景色。

3. 保加利亚素有“玫瑰王国”之美誉。每年 6 月的第一个星期，卡赞勒克市都会举办玫瑰谷玫瑰节，每逢此时，多达 7 000 多种的玫瑰遍布在山间争相开放，浓浓的花香沁人心脾、令人陶醉，让人们如痴如醉。

4. 素有“欧洲花园”之称的荷兰，每当花季到来时，数以万计的郁金香竞相开放。五彩斑斓的郁金香在微风中摇动，花香四溢。置身花海当中让人真正感受到什么才是“风景如画，如诗如歌”。

5. 门源油菜花海。一眼望不到边的油菜花海和青山相接，青山与蓝天相连，白云点缀着蓝天的纯净，风儿送来阵阵的清香，阳光普照在这片金黄的大地，每个到过这里的人都忘却了身在何方。你会真正地爱上这片土地，爱上这样一片清香又广阔、精美又壮观的花海。

6. 雏菊——隐藏的爱。一提起雏菊，大家或许会第一时间想起由全智贤主演的电影《雏菊》。电影中，雏菊园美轮美奂的画面对每一名观众来说都是难以忘怀的，这片雏菊花海位于荷兰的阿姆斯特丹，每到花季，木桥、小溪衬上成片的雏菊，美得让你置身于仙境之中。

7. 中国台湾省桃源县的大溪花海农场是台湾北部最大的花卉农场。农场拥有自然山林景致，沿线两侧郁郁葱葱的林木与绚丽多彩的野花衬托着幽静的天然环境与景观。站在观景台上可以远眺周边湖光山色，仿佛已在世外桃源。

8. 在洛杉矶与圣地亚哥之间，有一座名为卡尔斯班的幽静小城。每年的 3 月中旬，卡尔斯班农场内 20 万平方米的坡地鲜花陆续盛开，直到五月初五彩缤纷的花海会覆盖整个山坡。工匠们根据不同颜色栽种不同的花区，巧妙的排列尽显一番匠心，使得整体效果异常秀丽壮观，令人赏心悦目。

9. 向往光明的花，给人带来希望——向日葵。向日葵的美在于它的光明与忠诚！传说古代有一位叫作明姑的姑娘，受到后娘百般凌辱虐待。一次惹怒了后娘，夜里熟睡时被狠毒的后娘挖掉了眼睛。明姑破门出逃，不久死去，死后坟上开出一盘鲜丽的黄花，终日面向阳光，它就是向日葵。向日葵表示明姑向往光明，厌恶黑暗之意。这传说激励人们追求光明，抵制暴力、黑暗。

10. 有英雄花之称的罂粟花，它是制作鸦片的原料。在医学上它可以制作成止痛剂、镇静剂和安眠药剂，它的依赖性和成瘾性非常强大，强大到很多意志力非常坚毅的人在吸食后也会慢慢上瘾，最终走向灭亡。所以人类对它既爱又恨。

主持人甲：大家觉得刚才观看的花海怎么样？

一组学生们：太美了，美得让人心旷神怡，美得让人心悦诚服。那盛开的花朵，像极了一张张美丽可爱的脸庞。

主持人乙：大家所看到的花海就是世界著名的十大花海。十大花海你都喜欢哪些？

一组学生 A：我喜欢普罗旺斯花海、印度向日葵花海和美国卡尔斯班花海。

一组学生 B：我比较喜欢保加利亚玫瑰花海和青海花海。

一组学生 C：这些花海我都喜欢。（哈哈哈）

主持人乙：大家都选出了一些自己喜欢的花海，现在我要给大家再提一个问题。如果让你在这些花海当中只能选择一个花海，你会选择哪个呢？同时说说你选择的原因。给大家两分钟思考的时间。

（两分钟过去后……）

主持人甲：好的！同学们，现在说说你们选择的结果吧。

一组学生 A：因为薰衣草的花语是等待爱情，所以我喜欢普罗旺斯花海。

一组学生 B：我比较喜欢青海花海，五颜六色的颜色看起来很绚烂多彩。

一组学生 C：这个问题让我好为难啊，这么多好看的花海，好难取舍。

主持人甲：我们可以看到，当我们选择某一片花海的时候，有的同学选择的依据是花的花语，比如薰衣草的等待爱情，油菜花的“加油”等；有的同学呢，喜欢花海的外观与颜色绚丽多彩，大多数的同学面对花海出现了难以选择的现象。面对不同的选择，我们应该如何抉择呢？让我们一起来解决这个问题。现在，让我们正式进入今天的主题班会。

第二阶段　为什么选择很痛苦

主持人甲：现在让我们一起做个小测验，在测验中我们要以第一直觉去选择自己的答案。

测试题目：回家的路上你买了杯奶茶，走到半路上忽然发现奶茶没有放糖，但是这时的位置距离你家不近又不远，你会怎么做呢？

A. 掉头回去让店家给你加糖

B. 拿家里的白糖充数

C. 去附近便利店买包糖

D. 尝尝不加糖的奶茶味道如何

主持人甲：同学们选择好你们的答案了吗？

同学们：选择好了。

选择结果（A 选项：11 人，B 选项：18 人，C 选项：5 人，D 选项：9 人）

主持人乙：现在让我们看看各个选项的结果是什么。

测试结果分析：

选择 A“掉头回去让店家给你加糖”的人

你只有轻度的选择纠结症。在日常购物时，你偶尔会在买什么颜色什么款式方面纠结一下，但是纠结过后，你就会做出选择。面对重大抉择时，你会充分考虑各方面的因素，权衡各方面的利益关系。当你心中有一个标准时，结果往往就是你想要的。

选择 B“拿家里的白糖充数”的人

你有中度的选择纠结症，会轻易受到他人的影响。你心中的想法会被身边不同的声音所左右，常常怀疑自己的决定是否明智。你要学会独立思考，不要受他人的影响而犹豫不决，要坚持自己的选择。

选择 C“去附近便利店买包糖”的人

你有严重的选择纠结症，必须引起自身足够的认识。你一遇到选择时很容易出现纠结现象。这种性格使你遇到选择时往往会第一时间询问身边人怎么办。其实，在某种程度上选择纠结症会使你变成一个不愿负责任、不愿意承担风险而左顾右盼的人。

选择D“尝尝不加糖的奶茶味道如何”的人

你的选择纠结症并不严重，只是在实际生活中遇到情感问题时会有些手足无措，需要他人理性的分析来帮助你找到答案。你虽然是个比较感性的人，但还不至于到感情用事的程度。所以，你在关键时候能够果断地做出正确的决定，给人一种雷厉风行的感觉，但有时又有些扭捏的感觉。

主持人甲：我们刚才做的小实验答案并不能代表我们就被严格分类为选择纠结症，但是它也从侧面反映出我们在面对选择的时候会纠结，那我们在实际生活当中面对选择时会痛苦吗？

同学们：有。没有。有一些时候会有……

主持人乙：答案是当然有，比如大到上学选专业，就业选行业；小到穿衣打扮，吃饭睡觉等。我说的上述情况大家有吗？

二组学生A：有的时候我会因为买一支中性笔而犹豫半天，因为各式各样的中性笔让我目不暇接。

二组学生C：这次上大学选择“3＋2”还是“3＋3”让我很犹豫。我想在大学里学习市场营销，如果我学市场营销专业，就必须参加单招考试。我现在所学专业和我想上的专业不对口，同时参加单招考试还需要考语数外和专业课，我英语成绩不太好，我怕考不上。如果上“3＋2”可以免试入学，但是所学的专业课我不是太感兴趣，我怕大学时光虚度了，所以我很矛盾。

主持人甲：同学们都大致说了说自己在实际生活当中所面对不同选择时出现的或轻或重的纠结现象。那么下面让我带着大家了解一下选择纠结的原因（为什么选择很痛苦）。

一是事物的多样性。比如在超市、商场里，同类的产品被摆放在同一个区域内，产品的差异化越来越小，品牌越来越多，这也从客观上折磨着人的选择。

二是内在需求的不明确。许多同学从小在父母宠爱中长大，从来没有真正为自己做过主，在人生的道路上遇到重要抉择时无法做出属于自己的选择，同时缺乏与他人的交流。

三是责任感的缺失。在面对可能会影响人生轨迹或者具有深远的意义的选择时，抉择者会因为害怕承担选择后导致不如预期设想的结果而陷入无限的焦虑之中。

四是完美主义心理。完美主义者通常都有选择纠结症，他们追求极致的完美，强迫自己在众多选项中选择一个最佳的选项，而且这唯一的选项必须是最完美的选择。

主持人甲：对照上述分析，大家结合自身的情况是不是对自己有了一个清楚的认识啊？

（同学们分别结合自身情况分析了产生纠结的原因）

主持人乙：同学们对照选择纠结的原因找到了自身在选择纠结时所犯的症结。那面对选择时如何才能不纠结呢？下面我们大家一起来看两个事例，看看这两个事例能给我们带来哪些启发。

第三阶段　名人和植物故事

事例一：仙人掌的故事

（图片展示，让大家识别出仙人掌，同时让大家说说仙人掌为什么能在沙漠当中生存下来）

主持人甲：仙人掌为什么能在沙漠中坚强地生存下来呢？让我们看看它独特的生存本领。

仙人掌表面有层蜡质，叶子也进化成为针状，减少水分蒸发。仙人掌拥有肉质组织、蜡质皮肤和尖尖的刺，还有发达的根系使它们在极为恶劣的环境下依然能够正常生长。它的茎干具有储水功能，根据水量的大小可以膨胀和收缩。皮上的蜡质保护层可以防止水分蒸发，减少水的流失。尖尖的刺可以阻止其他动物的咬食。

仙人掌会长出众多的浅根，扎根在地表浅层，根系分布能扩展到它四周的几米，最大限度地吸收水分。雨季来临时，仙人掌会长出更多的根。遇到旱季时，它的根会枯败，不吃不喝地进入休眠状态以保证所需的水分和养料。当雨季来临时，它的根系会非常敏感，第一时间苏醒过来迅速地吸收大量水分储存起来，有的可以达到七八十斤水量。

事例二：斯蒂芬·霍金的故事

他是一个懂得感恩生活和面对困难永不屈服的人，他用信仰支撑着自己的身体，并乐此不疲地陶醉于其中。

21岁那年他不幸患上肌肉萎缩性侧索硬化症即卢伽雷氏症，这是一种不治之症。医生给他的医学结论是，在正常的医疗情况下他的寿命最多可以存活两年。得知患病消息后，他极度失望与消沉，面对着同病房病友们一个一个离去，他忽然意识到自己不能这样等待着死亡的到来，他开始转变自己消极的心态。他凭借着异乎常人的头脑，17岁便考上了剑桥大学。为了梦想，他又重新开始了自己的研究。在个人传记中他写道，疾病虽然让他失去了运动能力，但是没有让他失去思考的能力，他每天陶醉于自己的研究当中，试着不去想疾病给自己带来的痛苦。在生活当中他又努力试着像正常人一样生活，只要自己能做到的事情绝不麻烦别人，他很憎恨别人把自己当作残疾人。他说："一个人身体残疾了，决不能让精神也残疾。"他是一个意志力非常坚强的人，同时他又是一个对生活很有主见的人。他对于生活永远充满着乐观向上的态度。患病后，他曾有6次非常近距离和死神交手，他都顽强地活了下来。

用他自己的话来说，活着是为了梦想，人永远不会绝望！天高任鸟飞，海阔凭鱼跃。比大海更广阔的是天空，比天空更广阔的是人的胸怀！

即使病魔摧残了他的肢体，也摧残不了他的梦想！①

主持人甲：他是谁呢，有谁知道？

学生D：是斯蒂芬·霍金吗？

主持人乙：答对了。如果霍金的经历放到你的身上，你会怎样做？

同学们：估计早被病魔击倒了。

主持人甲：我们举出的两个事例给了我们哪些启示？

学生G：学着适应自己所选择的环境。

学生E：为了自己的梦想而坚持。

主持人甲：说得很对，仙人掌面对沙漠艰苦的生存环境没有像其他植物被淘汰，而是改变自身结构适应沙漠环境，最终在极度缺水不适宜植物生长的沙漠里存活了下来。

霍金为了有一套能够解释宇宙的万物理论，在承受着终身瘫痪的折磨中并没有悲观退缩，反而愈挫愈勇成为继爱因斯坦之后世界上最著名的科学思想家和最杰出的理论物理学家。他的故事告诉我们，每个人都应该成为自己命运的主宰，都应该对自己的生活有自己的主见，拥有自己的梦想，并全力以赴为之奋斗！

主持人乙：了解了仙人掌和斯蒂芬·霍金的励志故事后，我们听听发生在我们身边的故事吧。哪位同学自告奋勇来讲述一下自己亲历的有关选择的故事？

三组学生A：我来讲讲发生在我身上的故事吧。大家都知道，为了参加我市职业院校技能大赛，我和班里的其他5名同学从上个学期末就开始积极备赛。每天下午放学后我们6名同学就到机房练题，一练就是两三个钟头。刚开始在练题的过程中遇到前所未有的困难和压力，一时产生了退赛的念头，但是回头想想做的这些是为了谁？当初的决心不就是为了学

① 杨晶. 科学家的故事［M］. 哈尔滨：北方文艺出版社，2014.

校、为了班级，更是为了自己争取荣誉吗？随着比赛的临近，我们把中午休息的时间也用到练题上，同时把下午练题的时间往后延长。每天实验楼的门卫大爷催我们好几次我们才离开机房。通过不懈努力，我们终于在我市职业院校技能大赛信息化办公单项比赛中获得团体一等奖和 6 个个人一等奖的好成绩。现在想想当初的选择和坚持都是值得的，无怨无悔。

三组学生 B：为了参加咱们学校 2018 年迎新晚会，我和同学 C 一起合练了一首歌曲准备表演。刚开始我们自我感觉唱得不错，但是到了初选时，我们的节目差点被刷掉。我们认识到了自身的不足，除了上课时间，早操后、课间中、放学后等其他业余时间我们都在练习歌曲。功夫不负有心人，我们的节目通过了最终审核登上了晚会的舞台，获得了师生们一致的好评。通过参加晚会的经历，让我们明白了选择后坚持的重要性。

主持人甲：通过听取上面同学讲述植物、名人的故事和自身的经历，我们有了哪些启发？

学生 D：懂得选择，学会适应。

学生 F：面对现实的困难，找到解决办法。

…………

老师：同学们说得都不错。在面对选择时，我们一定要学着适应自己选择的环境，比如仙人掌的事例和同学 A 说的自身的经历。同时我们在面对选择时要懂得坚持，比如霍金的故事和同学 B 所讲的经历。

主持人甲：在我们了解了名人故事和同学们的亲身经历后，每一位同学在面对选择纠结时应该如何去抉择？

第四阶段　如何面对选择时不痛苦

主持人甲：一要充实知识经验。心理学的研究表明，人的决策水平与其所具有的知识经验成正比的关系。一个人的知识经验越丰富，其决策水平就越高；反之就越低。对于我们中职生来说，不管是升学还是就业，对于知识的积累都是非常有必要的。如果没有我们的专业知识作为支撑，工作可能就会停滞不前；如果没有我们中职阶段所学知识作为铺垫，大学的专业知识学习就有可能成为空中楼阁。

主持人乙：二要设定预期目标。古语说："凡事预则立，不预则废。"实际生活当中做一些事也都是带着目标去完成的，没有目标就好像无舵的船舶在大海中迷失了方向。对于我们中职生，更加应该懂得目标的重要性。我们上职业院校的目的是什么呢？是要学习一门专业技术，凭着专业技术在社会上有立足之地。对于现阶段的我们来说，选择就业还是选择升学都是为了这个最终的目的。只不过通往最终目的的道路不同，所经历的不同，没有孰对孰错之分。

主持人甲：三要摆脱依赖心理，敢于承担责任。遇事犹豫不决，凡事依靠别人拿主意，是害怕承担责任的表现，这在我们同学当中普遍存在。自信、自主、自强、自立的勇气和信心尤为重要，不管是选择就业还是选择升学都是自己对于未来道路的选择，都是对于自己的担当和自身责任感的体现。

主持人乙：四要注意当断则断。有些人之所以遇事犹豫不决，一个重要原因就是总怕自己有什么考虑不周之处。对于问题考虑周到些是理所应当的，但是周到与否是相对的。实际上，事前追求百分之百的把握，结果却常常是一个有把握的办法也拿不出来。果断的人在抉择时也不可能找到万全之策，只不过是众多方案中选较好的一个而已。但是在执行过程中，可以依据变化的情况对原方案进行调整和补充，从而使原来的方案逐步完善起来。更重要的是，许多时候丧失时机比考虑略为不周所造成的损失要大得多，这就叫作"机不可失，时不再来"。一般来说，有七分把握，就应定下决心了。不管是步入社会就业，还是继续升学深造，只要适合自己就应当机立断地走下去。

班主任：选择决定命运，人的一生都是在选择中度过的。可以说，什么样的选择决定什么样的命运。很多人在面对失败的时候，或者自己的人生遭遇坎坷时，总会说一句“这就是命，我认了”。其实，这是一种消极悲观的处世态度。在人生漫漫旅途中，除了出生与死亡我们无法做出选择，我们完全有理由、有能力选择自己的前进路线。正如同旅行，选择什么样的路线就会看到什么样的风景。有的人选择崎岖山路，就可以看到崇山峻岭的巍峨；有的人选择康庄大道，就会领略旷野之美。虽然道路不同，但是各有各的精彩。对于我们每一个即将毕业的中职生来说，选择继续深造还是就业工作，都是我们每一个人必须面对的问题。不管选择哪一条路，都会是一段美好的旅途的开始。在这里祝愿每一位同学在以后的生活当中都拥有精彩美好的人生！

任务拓展

班会后，写一篇关于未来 5 年到 10 年的规划，明确人生的短期目标和长期目标。

苹果如何结果多

——硕果累累有缘由

《春光好·苹果之感》

（新韵：十三支）

松基土，剪衰枝，定形姿。灌溉灭虫除草，费心思。

笑看叶花徐展，秋来果似胭脂。园内风甜香阵阵，梦中诗。

植言植语

苹果是我们生活中最常见的水果之一，在我国已经具有 2 000 多年的栽培历史。苹果的“苹”和平安的“平”同音，所以在中国苹果历来都有“平平安安”的寓意。

苹果要想获得高产，既不是一日一时之功，也不能仅凭一方一面之力，这需要各种手段共同作用。“十年树木，百年树人”，苹果高产的缘由与人生成就多少的原因之间有着惊人的相似之处。

班会时间

60 分钟。

班情分析

中职生大多文化成绩落后，但是他们和其他成绩优秀的孩子一样，也有想要成才的意识。只是这种意识是模糊的，因为他们从没有认真思考过怎样才能让自己在未来获得更多的成就，甚至家长和学校也没有对此做过有效的引导。

教育目标

1. 认知目标：让学生明白，良好的环境对于个人成长的促进作用，从而自觉建设、维护良好的班风和学风。这是学有所成的前提。

2. 情感目标：让学生知道，要想以后大有作为，使人生能有所收获，必须从现在起就认真学习，汲取知识的营养。这是大展宏图的基础。

3. 运用目标：（1）让学生理解，规则、纪律是顺利成长的条件，从而自觉遵守班规校纪。（2）让学生清楚，预防和纠正错误是健康成长的保障，从而正确对待师长的批评。

班会要点

1. 活动一：归纳总结和讲解。对调查内容总结和归纳，小组讨论苹果树要想硕果累累所需要的条件，并在班会讲解。

2. 活动二：填表。各小组制作表格，把制约苹果树结果多少的主要因素一一填入其中，并分析各种因素的作用。

3. 活动三：情景剧表演。

4. 活动四：讨论。结合自身成长，把苹果树要想结果多需要的条件与自己未来要想取得更多的成就所需要的条件一一对照。讨论如何才能使自己的未来拥有更多的收获，如何才能让自己的人生取得更多的成就，并将结果填入表格。

活动准备

1. 分组。全班分为 4 组。

2. 组织学生到果园调查，走访果农和技术人员，研究如何才能使苹果树结果更多。

3. 观看苹果生产相关的栽培管理技术视频，加深理解提高苹果树产量的各种措施的原理。

4. 各组把自己要展示的内容制作成 PPT。

5. 小组内交流调查结果，形成调查结论，填写表格。

6. 排练情景剧《懒鸭子、勤鸭子》。

教育方法

讨论法、探究法、讲授法等。

班会过程

第一阶段　苹果要想结果多　必须按照这样做

主持人甲：老师们、同学们，大家好！

主持人乙："苹果如何结果多——硕果累累有缘由"主题班会现在开始。

主持人甲：首先，我想问大家一个问题：大家想不想让自己在未来的人生当中大获丰收、硕果累累呢？

学生纷纷回答：当然想了！傻子才不想呢！说不想，那是假的！

主持人乙：那么大家有没有认真思考过，如何才能让我们未来的人生硕果累累呢？

同学们：这个……（一时语塞）

主持人甲：常言道："十年树木，百年树人。"可见树木和树人之间有着很多的相通之处。上周我们专门到苹果园进行了调查研究，并且观看了苹果栽培管理的视频，了解了苹果树硕果累累的背后是有哪些条件在支撑，这些条件分别在发挥着怎样的作用。

主持人乙：各小组根据自己的调查结果，已经就苹果树如何多结果、影响条件的作用进行了讨论，并且还制作了表格。今天我们就归纳总结各组的调查结果，同时对照我们自己的成长，看一看究竟怎样做才能使我们在未来的人生道路上如苹果树一样硕果累累！

主持人甲：现在进入班会第一阶段，请各小组把归纳总结的情况进行展示、讲解。首先有请第一组同学上台！（配合各组的讲解，播放各组的PPT）

一组学生A：大家好！我们组调查的重点是环境对苹果树结果的影响。结论是：苹果要想结果多，首先需要适宜的环境。苹果树的生长环境包括很多方面。

一组学生B：苹果树是栽种在土壤中的，所以土壤是否适合苹果树的生长，是影响结果多少的重要因素之一。土壤酸碱度过大或过小都会影响苹果树正常生长和结果。

一组学生C：还有，土层越深，苹果树的根扎得越深，就能吸收更多的水分和养分，苹果树就能长得更加健壮，对于结果自然是有利的。再有，如果土壤透气性不好也不行，苹果树的根系如果不能很好地呼吸，生长也会受阻，严重时还会死亡。就像人捂住了口鼻不能呼吸就会死亡一样，根都死了，还到哪里谈结果呢？

一组学生D：还有一个环境因素就是湿度要适中。湿度过大，苹果树会被淹死；湿度过小，造成干旱，果树一样会减产。

一组学生E：苹果树要想结果多，还需要适宜的气温。气温过高或过低，都会影响苹果树的健康成长，造成苹果树生长缓慢、生成病害，甚至会导致苹果树休眠。

一组学生 F：苹果树要想结果多，还需要有充足的光照。只有充分的光照，才能更好地进行光合作用，才能形成果树生长需要的营养，供苹果树进行花芽分化、开花结果，所以说充足的光照可以提高苹果的产量。

主持人甲：感谢一组同学的总结和讲解！现在有请二组同学上台。

二组学生 A：大家好！我们组调查的重点是土壤肥力对苹果树结果的影响。结论是：苹果树要想结果多，还需要充足的肥力。

二组学生 B：苹果树需要肥力，就像我们人需要吃饭一样。人不吃饭就无法生存，更不能干活；土壤没有肥力，苹果树就不能好好生长，当然就不可能多结果了。

二组学生 C：苹果树需要多种营养，首先需要合理地施用化肥，补充氮磷钾等营养素。其次需要增施有机肥，既补充营养，还可以改良土壤的透气性。再次还必须补充微量元素，如铁、锌、硼等。只有营养全面，树体才能长得健壮，才能给提高苹果的产量打下良好的基础。

二组学生 D：施肥时间也有很多讲究，不仅要施基肥，也就是在每年秋季落叶后和春季发芽前施肥；还要及时追肥，就是在春、夏季苹果生长时适时施肥。因为苹果树生长过程中会不断地消耗肥力，所以必须及时补充才能满足树体生长和结果的需要。

主持人乙：感谢二组同学们的分享。现在有请三组同学讲讲他们的调查结论。

三组学生 A：大家好！我们重点调查了整形修剪对于苹果树高产的重要影响。我们得出的结论是：苹果树要想结果多，还必须做好整形修剪。果农们有一句谚语："果树要高产，必须要修剪"。

三组学生 B：整形修剪，对于单个苹果树来讲可以调节营养生长和生殖生长之间的关系。营养生长是指枝条和树体的生长，生殖生长则是指开花和结果。两种生长都需要大量的营养，只有通过整形修剪，合理控制营养生长，才能把更多的营养分配给生殖生长，满足开花结果的需求。合理的整形修剪措施，不仅能使苹果树年年都有一定的生长，还能保证良好的通风透光，促进形成足够的花芽，每年都结出一定数量的果实。

三组学生C：对于苹果树的群体也就是整个果园来说，修剪也很必要。合理的整形修剪能够调节苹果树之间的空间关系，保证每棵树都有自己合理的生长空间，具有良好的通风透光条件，才能充分利用光能，提高整个果园的产量。也就是：大家好，才是真的好！

主持人甲：感谢第三组同学们的总结和分享！现在有请第四组同学上台，我们听听他们组的见解。

四组学生A：大家好！我们组重点调查了病虫害对苹果树产量的影响。我们的结论是：苹果树要想结果多，及时防治病虫害也是一项非常重要的工作。病虫害种类繁多，可以危害到苹果树的根、枝、叶和果等各个部位。无论危害到哪个部位，都会严重影响苹果树的生长和结果，不仅会造成减产，还会造成苹果树长势衰退，甚至死亡。

四组学生B：当前果树病虫害防治的方法很多，但是最好的方法是预防为主、综合防治。简单来说就是，一方面通过一些技术手段提早预防部分病虫害的发生。比如，冬季刮树皮，把藏在树皮内越冬的害虫除掉；涂抹石灰水消灭树皮中的害虫；等等。另一方面，病虫害发生以后，要通过利用害虫的天敌进行消灭、喷洒药物杀虫、利用害虫的趋光性在果园放置灯具吸引害虫进行消灭，等等，多管齐下共同保证苹果树的健康生长，提高苹果树的产量。

第二阶段　我是一棵苹果树　我想人生结硕果

主持人乙：感谢各组同学们的分享，让我们对苹果树的生长和结果有了更多也更科学的认识。

主持人甲：作为朝气蓬勃的年轻人，我们都有自己的梦想。试问有哪一个人不想让自己的人生硕果累累呢？那么，究竟怎样才能实现自己的梦想，让自己的人生获得更多的成就呢？现在进入班会的第二阶段：我是一棵苹果树，我想人生结硕果。

主持人乙：请大家结合我们的调查结论，对照自身的成长过程，思考如何才能让自己未来的人生获得更多的成就，并分享自己的想法。我们还是首先有请第一组的同学上台！

一组学生A：大家好！我们组的发现是：我们和苹果树一样，要想健康成长、学有所成，同样离不开环境条件的影响。我们所需要的环境就是：良好的校风、班风和学风，这些就好比苹果树生长结果所需要的土壤、水分、气温和光照，这是我们健康成长、学有所成的前提！

一组学生B："孟母三迁"的故事也告诉我们，环境对人的影响是非常大的。现在请大家观看情景剧《懒鸭子、勤鸭子》。

旁白：从前在一个很大的池塘边，生活着两群鸭子。其中一个鸭群里都是有名的"勤鸭子"，这些鸭子每天都下一个很大的蛋。而另一群鸭子则是三天打鱼两天晒网，好几天才下一个普通大小的蛋，自然也就被称为"懒鸭子"。这两群鸭子各过各的日子，老死不相往来。可是有一天，发生了一个意外。

旁白（懒鸭子上，懒懒散散地慢慢踱步）：一只懒鸭子无意当中来到了勤鸭子群，这里的鸭子们争相下蛋的场景让它十分吃惊。这些鸭子对下蛋有着超乎寻常的热情，它们都是全力以赴地在下蛋，每只鸭子都在努力成为下蛋最多也是下蛋最大的那一只。

懒鸭子（吃惊）：哦，天哪！这也是鸭子么？它们在干什么？是在比赛么？它们怎么能下这么多蛋呢？这简直不可思议！

旁白：这只懒鸭子被震撼了，也被这种激情深深感染了，它决定留下来，也要像这群勤鸭子一样天天勤快地下蛋。

懒鸭子：活了这么大，我今天才算见识了什么样的生活才是真正有意义的生活！我也要像它们那样努力地下蛋，争取做那只最会下蛋的鸭子！好吧，就这么愉快地决定了！

旁白：经过一个月的不懈努力，它终于成功了，它也可以每天都下一个又大、又漂亮的蛋了。以前从来没有过的那种成就感让它感到无比的踏实和快乐！

懒鸭子：成功了，我成功了！我也可以做一只勤鸭子了！（兴奋地手舞足蹈）

旁白：无巧不成书，有一天，一只勤鸭子不小心迷路了，来到了懒鸭子群的领地。这里的鸭子们，高兴了就下一个蛋，不高兴了就睡觉、聊天、游戏、闲逛。看到这一切，这只勤鸭子的心都凉了。

勤鸭子：哦！天哪！这也叫鸭子？它们在干什么？这样的生活有什么意思？这和等死又有什么区别？

旁白：可是它找不到原来那个火热向上的勤鸭子群体，只好暂时留了下来。

勤鸭子：我不能和它们一样。我要保持原来的习惯每天下一个蛋。对，一定要坚持每天都下一个蛋！

旁白：可是，和这群懒鸭子们住在一起时间久了，这只勤鸭子也就对懒鸭子们的生活见怪不怪了。慢慢地，它竟然接受了懒鸭子们的生活方式。

勤鸭子：唉，看它们都过得那么轻松，我又何必让自己这么累呢？和它们一样又有什么不好呢？

旁白：原来的勤鸭子也开始睡觉、聊天、游戏、闲逛，从此整天无所事事，不知道什么时候才会下一个蛋。

旁白：一个月后，这只原来每天都下一个蛋的勤鸭子，居然不会下蛋了，变成了一只名副其实的懒鸭子。

一组学生C：这个故事告诉我们一个道理：环境可以改变一个人的精神面貌和行为方式，从而影响一个人的最终成就。如果我们处在一个积极向上的群体里，那么这里的气氛会感染到我们。我们自己也就会变得勤奋，不断地努力去做一个更好的自己，我们未来的人生就会因为我们的勤奋、努力收获累累硕果。相反，如果我们处在一个散漫懒惰的群体当中，我们很可能被同化，由沉迷于安乐变得无所事事，最后荒废青春和人生，也就绝不可能让自己的未来有更多的成就。

一组学生D：所以，我们应该共同努力，创建良好的班风和学风，把我们的班级打造成一个积极向上、勇争先锋的“勤鸭子群”！

（掌声和笑声）

大家一起：对，我们要做“勤鸭子”！

主持人甲：感谢一组同学们的精彩表演！现在有请二组的同学跟我们分享他们的心得。

二组学生A：大家好！我们组经过对照思考，认为：充足的营养是成长的根本，也是大展宏图的基础。苹果树要想结果多，需要有充足的营养；我们要想在未来的人生中取得更多的成就，就需要更多的知识和技能。

二组学生B：英国著名哲学家培根曾说：“知识就是力量。”知识和技能不仅可以让我们拥有生存的能力，还可以提高我们自身的综合素质。综合素质越高，我们的本领就越大，未来的人生就可能获得更多的成就。

二组学生C：知识和技能的学习不是一天之功，我们必须从现在做起，脚踏实地、持之以恒，才可能学有所成，为将来取得成就打下坚实的基础。老子说：“合抱之木，生于毫末；百丈之台，起于垒土；千里之行，始于足下。”说的就是这个道理。

二组学生F：我们不仅要学好课堂上老师教授的知识和技能，还要养成多读书的好习惯，因为“书籍是人类进步的阶梯”（高尔基）。

二组学生D：现在请听我们组的×××同学的演讲《知识改变命运，技能成就人生》。

（同学演讲）

主持人乙：感谢×××同学激情澎湃的演讲！现在我们一起来听听三组同学们有怎样的发现，有请！

三组学生A：大家好！我们组的发现是：合理约束才能把握我们成长的方向！果树要想结果多，需要整形修剪。果农们有几句顺口溜来形容整形修剪的作用，给我的印象非常深刻："果树是个大家庭，儿孙绕膝乐融融；家规严肃结好果，规矩乱了起纷争。"我们要想健康成长，在未来的人生中获得更多的成就，同样需要"整形修剪"。那就是：剪掉自己的散漫和任性，遵守班级和学校的规则和纪律。

三组学生B：对苹果树来说，整形修剪的那一刻是疼痛的，但是对个体和群体的多结果却是非常有利的。对我们来说，在刚开始用纪律和规则约束自己的行为的时候，是别扭的、难受的；但是这样做是对我们未来成长的有效调控，不仅有利于我们自己的成长，更有利于我们班级的成长。

三组学生C：正所谓，有规方可画成圆，有矩才能走直线。一个优秀班集体，纪律人人应守严。学习氛围维护好，成绩才能永向前。大家拧成一股绳，班级事事都争先。

三组学生D：所以我们组提出一个口号：守好规矩，才成方圆！（三组齐声）

主持人甲：谢谢三组同学们的分享！现在有请四组的同学们带来他们的思考成果。

四组学生A：大家好！我们组经过对照和思考，得出一个结论：及时纠错是我们健康成长的保障！病虫害会严重影响苹果树的生长和结果，而我们的人生之树同样会有"病虫害"的发生，这就是：我们每个人都有缺点，在成长过程中也难免会犯这样或那样的错误。这些缺点和错误如果不及时纠正，不仅会影响我们的健康成长，也必定会影响我们未来工作和事业的发展。所以我们也应该以防治苹果树病虫害的态度，来正确对待来自老师和家长以及朋友们的批评，及时防治我们成长过程中出现的"病虫"。

四组学生 B：以前我特别不愿意听家长和老师的批评，总觉得他们老是盯着我的缺点不放。

四组学生 C：我也是。总觉得家长和老师都有一个通病：太唠叨！现在才明白，他们那是在给我们防治“病虫害”呢！

四组学生 D：有一句西方谚语说：“恭维是盖着鲜花的深渊，批评是防止你跌倒的拐杖。”他们的批评乍一听不怎么入耳，仔细一想确确实实可以帮助我们不再犯同样的错误，而且可以防止更大的错误发生啊！有时，看到别人犯的错误，家长也会提醒我们引以为戒。这不就是“预防为主”嘛！

四组学生 E：我觉得，人比树更有智慧。我们自己也应该经常“照镜子”进行自我反思，多做自我批评，这样不就可以更好地预防我们自身产生“病虫害”了吗？让我们牢记：良药苦口利于病，忠言逆耳利于行！（四组齐声）

第三阶段　调查启示你我他　学习借鉴收获大

主持人乙：感谢四组同学的分享。看来，各组的收获都很大。通过调查和思考，大家不仅学到了如何让苹果树高产的科学知识，还得到了如何才能使我们自己未来有更多收获、取得更多成就的启示。现在我们进入班会的第三阶段：调查启示你我他，学习借鉴收获大。

主持人甲：请大家以小组为单位，把自己小组思考后得出的启示和达成的共识填入表格，并提炼成具有自己特色的格言。我们将择优录用，请书法老师书写成条幅，悬挂在我们的教室当中，以便时刻提醒我们，为了未来也能拥有累累的硕果而不断地努力奋斗！现在有请我们的班主任对班会进行总结和点评！

班主任：同学们，学会观察可以认识世界，学会学习可以获得知识，学会反思可以明白道理。今天我们通过观察，知道了苹果树要想多结果，需要多方条件共同作用；通过学习，获得了怎样可以使苹果树多结果的相关知识；通过反思，我们获得了很多如何让自己未来的人生拥有更多成就的启示。希望每个人都能记住自己这次的调查和思考，并用自己得到的启示来指导自己今后的行动，为了自己在未来都能拥有更多的成就而努力奋斗！祝愿你们每个人都能在未来的人生中取得累累硕果！

主持人乙：“苹果如何结果多”主题班会到此结束。谢谢大家！再见！

任务拓展

1. 请书法老师书写各组提炼的格言，悬挂在教室共勉。
2. 书写班会心得：我想人生结硕果，现在应该怎么办？

附表：影响苹果产量和人未来成就的因素

	苹果树	我们	启示格言
环境	土壤	校风、班风	良好的环境是健康成长、学有所成的前提
营养	肥水	知识、技能	充足的营养是成长的根本，也是大展宏图的基础
约束	整形修剪	法律、校规、班纪	合理的约束是对成长的方向的有效调控
纠错	防治病虫	批评与自我批评	及时纠错是我们健康成长的保障

繁华的背后

——历经风雨　方见彩虹

《天净沙·碧空澄澈融融》

（新韵：十一庚）

碧空澄澈融融，惠风和畅花红。

莫忘曾经未芃，难挨霜冻。叶浓当记隆冬。

植言植语

“不是花中偏爱菊，此花开尽更无花”“浓绿万枝红一点，动人春色不须多”。这些脍炙人口的诗句，是诗人对盛开的鲜花最好的赞誉。鲜花为了这短时间的绽放，要经历很多，如早春的孤独、盛夏的酷暑、深秋的凄凉和寒冬的刺骨。但它们依旧执着、坚强地生长，努力地绽放，释放出自己的精彩。

人的成长道路犹如鲜花的生长历程一样，唯有历经风雨，方能遇见彩虹！

班会时间

60分钟。

班情分析

随着课程学习的不断深入，学习内容增多、难度加大，部分学生出现了不适应，有了畏难情绪。他们很是苦恼，没有了前进的动力和信心。因此本次班会是告诉同学们，前进的道路是坎坷的。任何人想要登上山顶欣赏美景，都要弯下身来一步一步地走向山顶。

教育目标

1. 认知目标：理解鲜花繁花似锦背后都有着一番寒彻骨经历的意义。

2. 情感目标：通过讲述名人故事和分享同学经历，使同学们认识到失败是成功之母，只有坚持不懈地努力，才能取得最后胜利。

3. 运用目标：通过看图片、分享名人故事、讲述亲身经历，使学生直观地体会到干什么事情都不是一帆风顺，都会遇到困难。进一步让学生明晰自己的成长过程，调整心态，做好准备。

班会要点

1. 活动一：展示鲜花的魅力。
2. 活动二：解读鲜花美丽背后的故事。
3. 活动三：讲述名人故事。
4. 活动四：分享同学的亲身经历。
5. 活动五：班会总结，提炼升华。
6. 活动六：一起背诵《孟子・告子下》。

活动准备

1. 学生制作班会 PPT，并准备发言材料。
2. 学生分组搜集古今中外名人克服困难、付出艰辛走向成功的故事。

3. 学生回忆自己做成的一件小事，讲述在过程中遭遇挫折后取得成功的经历。

教育方法

故事启迪法、情感体验法、讨论法等。

班会过程

第一阶段 绽放的鲜花

主持人：各位老师、同学们，大家下午好。欢迎大家参加我们的主题班会——繁华的背后。

首先，让我们来欣赏几幅美丽的鲜花图片。

(通过 PPT，向大家展示图片依次是：月季、荷花、牡丹、向日葵)

主持人：同学们，刚才展示的这些鲜花漂亮吗？

同学们：漂亮。

主持人：美丽的花朵不只是现代人的所爱，古人的表现更是浪漫。唐代诗人白居易“花开花落二十日，一城之人皆若狂”、刘禹锡“唯有牡丹真国色，花开时节动京城”等脍炙人口的诗句，都生动地描述了唐朝牡丹花开时倾城赏花的盛景。

那么，鲜花都有哪些特质在吸引着成千上万的人们？下面让我们一起来发现鲜花别样的魅力！

一组学生 A：花的美艳。

梨花。一簇簇的梨花挤挤挨挨，像一个个可爱的小姑娘，从嫩绿的枝叶间探出头来，好奇地打量着春的世界。有的是小小的花骨朵儿，像一颗颗洁白的珍珠；有的才展开两三片花瓣；有的花瓣全绽开了，露出黄黄的“小卷发”。

菊花。菊花的形状更是千姿百态，有的像喷泉；有的像姑娘的裙子；

还有些未盛开的菊花就像一个个害羞的小姑娘一样。

蔷薇花。蔷薇花虽没有玫瑰的艳丽，没有海棠的丰韵，没有梅花的高雅，但是一瓣瓣、一朵朵、一簇簇都是那样的幽静、淡雅、赏心悦目。

二组学生 A：花的芳香。

鲜花的芳香是其体内含有芳香油的缘故。当花瓣张开，花蕊中的芳香油便挥发出来。不同的植物里，所含芳香油的化学成分不同，因此花香也不同，如玫瑰、桂花香味浓烈；白兰、茉莉香味浓郁；夜来香、米兰香味浓厚；水仙花、蜡梅香味可使人产生欣慰之感；桂花的甜味使人消除心身疲劳；杏花香能唤起人们美好的回忆；丁香、茉莉香能让人感到轻松、丁香花香还可以减轻牙疼者的病痛；天竺葵花香对人体有镇静、安眠、平喘的功效；茉莉花香还有驱散睡意的功能。

三组学生 A：花的功效。

玫瑰花：清火润喉，具有消斑、除皱，养颜之功效，是花中皇后。

康乃馨：美白皮肤，祛斑除皱。

罗兰：清火养颜，滋润皮肤，给皮肤增加水分、增强光泽。

勿忘我：美容增白，清火明目。

四组学生 A：花言花语。

花语是指人们用花来表达人的语言，表达人的某种感情与愿望，在一定的历史条件下逐渐约定形成的、为一定范围人群所公认的信息交流形式。

玫瑰花语：爱情、爱与美、容光焕发。

康乃馨花语：谢谢你的爱、真情、母亲我爱你、温馨的祝福、热爱着你、不求代价的母爱、亲情思念、伟大、神圣、慈祥、温馨的母爱、思念。

四叶草花语：四叶草的 4 片叶子分别代表着不同的含义，第一片叶子代表真爱，第二片叶子代表健康，第三片叶子代表名誉，第四片叶子代表幸福。

（同时展示鲜花的吸引蝴蝶、蜜蜂和人们的驻足的图片）

第二阶段　鲜花成长揭秘

主持人：鲜花不仅因美丽的外表招人喜欢，其内在的品质同样受到文人歌咏。同学们，大家知道鲜花绽放的美丽是怎么来的吗？知道鲜花的成长过程吗？知道鲜花美丽背后的艰辛吗？现在我们就来揭秘鲜花成长的过程，了解鲜花繁华的背后。

（花的成长过程图片展示）

播种→发芽→幼苗→成长→开花

一般花的成长过程需要 2～10 个月的发育时间，有的则需要更长的时间。

从播种到开花的这几个月中，花的成长是一帆风顺的吗？它的成长容易吗？它都会遭遇什么？

（PPT 展示播种图片）

一粒种子放到土里后，遇到合适的水分和温度，它便开始萌动。首先通过自己的努力，把胚根伸出种皮，不断向土壤深处扎去，努力吸取土壤的水分和养分。同时，胚轴不断伸长，用胚芽拼尽全力挤破土层，一点儿一点儿地冒出嫩芽，接受雨露和阳光的沐浴。

种子的命运是不同的，有的种子播撒到肥沃的土壤中，它们在沃土中汲取营养，生根发芽。但大部分种子，它们的生长环境却不尽人意，有的缺水，有的所处土壤贫瘠，有的种子甚至被风或小鸟播送到岩石夹缝中。没有肥沃的土壤，它只能一点点穿过岩石，寻找生命的营养（PPT 展示岩石中的花朵图片），终于长出嫩芽。

尽管如此（PPT 展示人类踩踏鲜花的图片），有些幼苗还会遇到这样那样的困难，甚至会被深深地踩入泥土里。有的还会遭到人为的破坏（PPT 展示儿童摘花图片）。

慢慢的，嫩芽长大了，长出了枝枝蔓蔓，但是它们还是会遭受各种各样委屈。

夏天，它们会受到烈日的暴晒，承受着酷热的烦恼；遭受到狂风的摧残，衰败凋零；遭受暴雨的肆虐、风雨的洗礼（PPT 展示花儿在风雨中摇曳的图片）。冬天，它们会遭受严寒、暴雪的侵袭（PPT 展示花儿在严寒中发抖的图片）。

……

然而，无论经历了什么，它们都会抖一下身上的泥土，依旧挺立着，继续向着阳光生长。总有一天，它们会等到彩虹，等到属于自己的美丽，等到属于自己的幸福。（PPT 展示盛开的鲜花）

主持人：鲜花为了美丽盛开，为了最灿烂地绽放，能够遭受如此多的磨难。我们想要成功，想要成就自我，会那么容易吗？会是一帆风顺的吗？有谁是天生的成功者，有谁轻松容易地绽放出自己的成就，又有谁一步登天快速地完成了自己的人生目标，实现了自我？他们的成功背后都有什么？他们的繁华背后又是什么？

下面有请各组组长来给我们分享几个小故事。

第三阶段　成功的背后

一组组长 B：我分享的故事是

成龙艰辛的演艺之路

中国功夫源远流长、博大精深，在 20 世纪 70 年代因功夫巨星李小龙的一系列动作电影而风行全球。李小龙在电影里所展露的拳脚功夫受到国际社会的高度重视和认同，于是将 kungfu（功夫）一词写入了英文词典。虽然李小龙英年早逝，但可喜的是后继有人。成龙也以功夫动作电影见长，作为中国功夫电影的代言人，他在好莱坞向人们展示了中国传统文化中英雄的概念，为世界了解中国文化打开了一扇窗。截至 2017 年，成龙主要电影作品有74部。他曾先后获得101个奖项，其主演电影票房总收入超过200亿元。

在成龙耀眼的光环背后有着广为人知的艰辛。成龙小时候家里很穷，加上他天生顽劣，他爸爸曾一度产生过把他卖掉的想法。等他再长大些后，家里负担不起他的学费，只好把他送到了戏班子里去当学徒。成龙在师傅的鞭子与竹条的严加管教下练就了一身的硬功夫。

后来，戏班子生意不好解散了，成龙开始到片场跑龙套。在戏班里练就的一身好功夫使成龙很快开始进行角色扮演。在学艺生涯中，成龙多担当武生角色，他本着对艺术、对观众负责的态度，从不找替身，都是亲自实景演出。所以，受伤成了家常便饭。

有网友统计，成龙拍电影过程中先后受伤19次，严重时曾出现脑出血、肋骨骨折、颈椎骨受伤等，哪一次弄不好都有可能要命或落下残疾。有医生说，像成龙这样拍电影，是拿自己的生命在工作。事实上，像他这样受伤会有后遗症，尤其是那些骨头受的伤，会导致晚年很辛苦。成龙也因此被医生称为“超人自杀狂”。

二组组长B：我分享的故事是

屈辱的名将——韩信

韩信，西汉开国功臣，中国历史上杰出的军事家，与萧何、张良并列为汉初三杰，与彭越、英布并称汉初三大名将。然而在这些光鲜亮丽的荣誉背后，大家知道他所受过的屈辱吗？

胯下之辱。韩信自幼失去了双亲，主要靠捕鱼维持生活，屡屡遭到周围人的歧视和鄙夷。一次，一群恶少当众羞辱韩信，其中一个屠夫对韩信说：“你虽然长得又高又大，还喜欢带刀佩剑，但是你的胆子小得很。你敢用你的配剑来刺我吗？如果不敢，你就从我的裤裆下钻过去。”韩信自知形单影只，硬拼肯定吃亏。万般无奈，他只能当着围观人的面，从那个屠夫的裤裆下钻了过去。史书上称“胯下之辱”。

三组组长 B：我分享的故事是

曲折的总统之路

亚伯拉罕·林肯，美国政治家、思想家、演说家，共和党人，美利坚合众国第 16 任总统，黑人奴隶制的废除者。2006 年，亚伯拉罕·林肯被美国的权威期刊《大西洋月刊》评为影响美国的 100 位人物中的第一名。

2008 年，英国《泰晤士报》组织专家委员会对 43 位美国总统分别以不同的标准进行“最伟大总统”排名，亚伯拉罕·林肯排名第一。

美国最伟大的总统林肯，他的成长过程又是怎样的呢?

儿时，母亲去世，他跟着父亲长大，后由于没钱交房租，被人赶出居住的地方。在 7 岁时，他就被迫工作，挣钱养家。后开始经商，结果一败涂地。一年后想从政，竞选议员失败。后借钱创办公司，结果年底破产，用了 17 年才还清所有欠款。1835 年结婚不久，伊人却死了，因此他的心也碎了！不久精神完全崩溃，卧病在床 6 个月。两年后再次竞选州议员失败。后参加国会大选，落选。1846 年再次参加国会大选——这次当选了！前往华盛顿特区，表现可圈可点。两年后连任失败，后竞选美国参议员，落选！

后争取副总统的提名，得票不到 100 张。1858 年再度竞选美国参议员，又再度落败。最后终于在 1860 年当选美国总统，成为美国历史上最优秀的总统之一。

四组组长 B：我分享的故事是

无奈的“交响乐之王”——贝多芬

路德维希·凡·贝多芬出生于德国波恩，维也纳古典乐派代表人物之一，欧洲古典主义时期作曲家，世界音乐史上最伟大的作曲家之一。贝多芬一生创作题材广泛，重要作品包括 9 部交响曲、1 部歌剧、32 首钢琴奏鸣曲、5 首钢琴协奏曲、多首管弦乐序曲及小提琴、大提琴奏鸣曲，等等。因其对古典音乐的重大贡献，对奏鸣曲式和交响曲套曲结构的发展和创新，而被后世尊称为“乐圣”“交响乐之王”。然而贝多芬的成长经历却是这样的：

1770 年 12 月 16 日，贝多芬出生于德国波恩的贫穷家庭。贝多芬童年很不幸，父亲嗜酒成癖，败坏了家业。他强迫孩子练琴，常常夜半三更酗酒回家后把孩子从熟睡中拖起来练琴。贝多芬不满 8 岁就被迫在听众面前表演、卖艺。1787 年贝多芬到维也纳后，开始跟随莫扎特、海顿等人学习作曲，但到维也纳不久，便接到母亲的死讯，他不得不立即赶回波恩。由于家庭的拖累，一直到 1792 年秋他父亲死后，他才第二次来到维也纳，但那时莫扎特却已不在人世了。

贝多芬 30 岁时才开始写第一部交响曲，从 1796 年开始便已感到听觉日渐衰弱，到 49 岁完全失聪。这对于一个音乐家来说，应该是最致命的打击，就像是舞者失去双脚一样。

1827 年，贝多芬在耳朵失聪、健康情况恶化、精神上受到折磨的情况下，仍以巨人般的毅力创作了《第九（合唱）交响曲》，总结了他光辉的、史诗般的一生并展现了人类的美好愿望。

主持人：世界上还有许许多多的成功人士，请一组同学为我们讲述他们光鲜亮丽的背后都有哪些不为人知的成长故事。

一组学生 A：我分享的是爱迪生发明灯泡的故事。在灯泡发明之前，人们使用的是电弧灯。它光线刺眼，耗电量大，很不实用。爱迪生暗下决心：一定要发明一种灯光柔和的电灯，让千家万户都用得上。

他开始着手研究灯丝的材料，从传统的炭条到金属钌、铬、铂。就这样，爱迪生试验了 1 600 多种材料。但爱迪生面对一次次失败没有退却，他坚信失败乃成功之母。

1879年10月，在经过13个月的艰苦奋斗，试用了6 000多种材料，试验了7 000多次后，终于有了突破性的进展，他找到了炭化棉线作为灯丝。这盏电灯足足亮了45小时，灯丝才被烧断。这是人类第一盏有实用价值的电灯。1879年10月21日这一天被人们定为电灯发明日，标志着可使用电灯的诞生。

一组学生B：海伦·凯勒，美国著名的女作家、教育家、慈善家、社会活动家。先后完成了14部著作，其中最著名的有：《假如给我三天光明》《我的人生故事》《石墙故事》。她致力于为残疾人造福，建立了许多慈善机构，1964年荣获“总统自由勋章”，次年入选美国《时代周刊》评选的“二十世纪美国十大偶像”名单。

这样一位伟大的作家却是一个从小失聪失明的聋哑人。

她在19个月的时候因猩红热丧失了视力和听力，接着，又失去了语言表达能力。

她在黑暗中摸索着长大。7岁那一年，家里为她请了一位家庭教师，也就是影响海伦一生的沙利文老师。在她辛苦的指导下，海伦用手触摸学会手语，摸点字卡学会了读书，后来用手摸别人的嘴唇，终于学会说话了。

海伦在老师爱的关怀下，竟然克服失明与失聪的障碍，完成了大学学业。

主持人：同学们，大家分享了这么多成功者的故事，我们发现，他们在取得成功前，都付出了巨大的艰辛，遭受了巨大的磨难，有的更是遭受了巨大的挫折，他们的成功不是一帆风顺的。那么现在让我们联想一下自己，想一想，我们在生活中、学习中取得成功的背后，都经历了怎样的磨炼。给大家5分钟时间思考讨论，我们继续分组回答。

（5分钟后）

主持人：哪位同学愿意分享一下自己的小故事呢？

二组学生 A：上初中时，语文老师让我们背课文，可是我怎么也背不会。到了晚饭时候，家里不让吃饭，让我背会了再吃饭。我就忍着饥饿，从下午到晚上 9 点一直背诵，最后终于背会了。

二组学生 B：我以前学习画画，老师给了一个人物模型让画出来，可是我怎么也画不好。下课后我留下来，向老师问了问方法、画图要点，继续留在班里画。渐渐地天黑了，我一遍一遍画，一次一次练习（由于就我自己，心里难过，边画边哭），最后终于画出来了，得到了老师的表扬。

二组学生 C：以前班里组织歌唱比赛，有几句我一直找不到调，老师就让我回家练习。在那几天中，我不停地练习，在家、在上下学的路上，甚至在睡觉前我都要练一练。最后终于学会了那首歌。

二组学生 D：记得有一次上数学课，老师讲了一道题，我一直弄不明白。下课了，同学们都出去玩了，我就坐在座位上仔细地看笔记、查书并向老师请教。看着别人在玩，我心里很着急。我坚持着继续研究，最后终于弄明白了那道题，然后才开开心心地跟其他同学一起出去玩了。

第四阶段　回响

主持人：同学们讲得都非常好，很真实。那么同学们，我们分享了这么多成功者的故事和我们自己的故事，我们从中能得到什么？你又有什么收获呢？

三组学生 A：没有什么事情是一下子就能做好的，做什么都需要付出。

三组学生 B：十什么事情都会经历一些挫折，没有一帆风顺的。

三组学生 C：遇到问题、困难，要坚持下去，只有这样我们才能做好。

主持人：大家说得都很好。以前我们都遇到过各种各样的问题，每个同学都有自己的处理方法，有的同学做得很好，遇到挫折坚持不懈，最终取得了成功。下面有请老师给这次班会做点评，掌声有请。

老师：同学们，很高兴能参加这次主题班会。大家说得都非常好。我们在以后的生活中和学习中，一定会遇到各种各样的问题和挫折。它可能是难倒你的一道数学题，可能是犯错误时老师的一次批评，也可能是生活中你遇到的一个迈不过去的深沟。同学们，遇到这些挫折时，不要抱怨，更不要自暴自弃、怨天尤人。不要说为什么犯错的总是我，为什么受伤的总是我，其他人怎么就什么事也遇不到呢。同学们，请记住，每个人都会遇到挫折，在别人洋洋得意、光鲜靓丽的背后，有你不曾想过的艰辛，有你不曾做过的努力。同学们，请明白，每一朵鲜花的盛开，都是花枝一年努力生长的结果；每一个成功者的背后，都是无数汗水的堆积。同学们，请牢记，当我们遇到挫折和苦难时要相信，它是你自我绽放的过程，是你黎明前的黑暗，是你走向成功的前奏，是你取得辉煌的必经之路。

本次班会我们从美丽的鲜花开始讲起，想到了鲜花繁华的背后，又由花及人，联系到我们自己。希望通过这次班会，同学们在以后的学习、生活中能够更好地理解挫折、更深地理解遭遇，能够用积极的心态、坚强的毅力和执着的行动来提高自己、完善自我。

学习也是一个不断努力的过程，这样的过程也许稍显辛苦，但请相信，你流过的汗水和泪水都将灌溉出娇艳的花朵、芳香你的整个人生。因此，一定要有决心去体验这样的经历，不要试图走什么捷径，那些所谓的心灵鸡汤都是浮云。经历的困难越多，盛开的鲜花才会越美、越香、越有价值。

最后，让我们来朗诵《孟子·告子下》这篇文章，在文中结束我们的班会。

任务拓展

每个同学找一句励志的名言写下来，作为你的座右铭。把你认为能够激励你的人的图片挂在自己的床头或贴在自己的桌子上。

仙人花到仙人掌的启示

——与其抱怨　不如改变

《渔父引·仙人掌》

（新韵：九文）

甘卧沙中献身。满腔绿液真情。英雄自古般般。

植言植语

仙人掌品种繁多、造型别致、多姿多彩，是百花园中一颗明珠。

仙人掌是沙漠中的绿色生灵，它虽貌不惊人，却以娇小的身躯顽强地挺立在无边的沙漠上。它凭借着顽强的生命力在干旱的沙漠中生长，在风沙肆虐中骄傲地伸展着自己的腰肢，为荒芜的沙漠添加了一丝绿色的生机。仙人掌适应艰苦环境而生存的坚忍顽强精神，确实是一种独特的美。

班会时间

60 分钟。

班情分析

一转眼，新生入学已经 2 个月了，由于中职对学习要求较松，学习压力较小，部分学生出现了不注重学习、经常玩手机的情况。面对新的环境，如何静下心来，冷静地分析环境，积极地面对环境，树立好目标并坚持不懈地实现目标，是他们需要解决的问题。

教育目标

1. 认知目标：通过仙人花到仙人掌的变化，了解仙人掌的基本特点，认识仙人掌对人类的帮助。

2. 情感目标：通过讲述名人故事和分享同学经历，使同学们认识到每个人都会遇到新的环境（顺境或者逆境），要用积极的态度去面对，做到主动适应环境。

3. 运用目标：通过看视频、分享名人故事、做游戏、讲述自己经历等活动，使学生直观地体会到人生必定会遇到许多挫折和困难。只要能积极地面对，自信地拼搏，没有什么是不可战胜的。进一步让学生明晰自己的发展过程，努力在这个过程中提高自我。

班会要点

1. 活动一：视频展示仙人掌的植物特征。
2. 活动二：通过神话故事引出班会主题。
3. 活动三：通过做游戏体会班会主题。
4. 活动四：讲述名人故事。
5. 活动五：分享同学的亲身经历。
6. 活动六：总结应对新环境的办法。

活动准备

1. 学生制作班会 PPT，准备仙人掌的植物特征视频。
2. 学生搜集名人故事，了解他们在遇到不利环境时，如何一步一步适应环境取得成功。

3. 学生针对自己遇到的新环境，讲述应对方法。

教育方法

故事启迪法、情感体验法、讲授法、讨论法等。

班会过程

第一阶段 你不知道的仙人掌

主持人甲、乙：同学们、老师们，大家下午好！

主持人甲：欢迎各位来参加我们的主题班会：仙人花到仙人掌的启示。首先我们通过一个视频短片来了解一下仙人掌的基本情况。

（视频播放内容：仙人掌为丛生肉质灌木，喜爱强烈光照，耐炎热、干旱，生命力十分顽强。多生长于沙漠等干燥环境中，被称为“沙漠英雄花”。仙人掌种类繁多，世界上共有 70～110 个属，2 000 余种，它们多成球状、花辐状。仙人掌外形独特，茎肥大且厚实，枝叶呈针状，细短且坚硬。

食用仙人掌具有很高的药用价值。其体内含有人体所必需的 8 种氨基酸和大量微量元素，更有角蒂仙、抱壁莲、玉芙蓉等多种珍贵成分，不仅对人体有清热解毒、清咽润肺、健胃补脾等诸多作用，甚至还对支气管炎、糖尿病、肝癌等病症有明显治疗作用。

食用仙人掌还有很高的营养价值。其浆果酸甜可食。仙人掌高钾、低钠、低糖，糖分含量比生菜和黄瓜还低。仙人掌是美洲传统的食品，更是人们日常生活中不可缺少的一种特色蔬菜和水果。）

主持人乙：视频观看完了，同学们对仙人掌有了大概的了解，那么请问大家，你们觉得仙人掌漂亮么？好看么？

同学们：不太美，有些丑。

主持人甲：那么仙人掌为什么长得这么丑呢？它一直都是这么丑吗？仙人掌为什么非要生长在高温的沙漠中，而不生长在气候湿润温和、水源充足的地方呢？

主持人乙：关于仙人掌还有一个美丽的传说。相传在遥远的从前，仙人掌其实叫仙人花，它是天宫里一株美丽的鲜花，每天被仙水浇灌，仙人花花枝招展、枝繁叶茂，开得十分妩媚、惊艳，深得神仙们的喜爱。有一天，神仙来到沙漠上空，看到此地烈日炎炎寸草不生，到处都是沙尘，十分荒凉。神仙为了改变这片荒芜的沙漠，就把仙人花播撒到沙漠中，希望为这片土地添加一些生机，带来一些美艳。仙人花来到沙漠，它发现这里到处是沙尘，水分很少，每天烈日炎炎，把自己的水分都蒸干了。于是仙人花收起了自己的枝叶，把它们变得又细又短，紧紧地贴在茎上。而后又把花茎变得宽厚而肥大，用来储存吸收来的稀少的水分。就这样，美丽妖娆的仙人花慢慢地缩成了仙人球。一个让神仙爱不释手的娇艳鲜花，变成了一个满身是刺摸起来都扎手的肉球。

主持人乙：同学们，这就是仙人掌的传说。从一株极其妖娆妩媚的仙人花，变成我们现在看到的外表丑陋但营养价值、药用价值很高的仙人掌。

主持人甲：我们虽然不知道仙人花来到沙漠是否后悔，是否还愿意回到天上。但是仙人花从天上舒适的环境来到荒凉的沙漠，积极适应环境，改变自我，克服困难，坚强地成长，这种精神是否值得我们认真思考呢？

（同学们陷入思考，一点点地将思绪引入仙人掌的选择当中）

第二阶段　怎样才能赢

主持人甲：同学们，请带着你们的思考，一起来做一个小游戏，做完这个游戏，相信大家对这个问题就会有更明确的答案了。这个游戏叫“两个人三条腿”。规则是：用绳子把两个人的各一条腿绑在一起，从讲台跑到后黑板，先到者为获胜方。第一组，我们有请 A 同学（全班最高最壮的）和B同学（全班最矮最瘦的）一组；有请C同学和D同学一组（C、D同学个头胖瘦类似），让他们两组进行比赛。

（这时同学们开始议论了：A和B怎么可能赢呢？他们俩个头差距那么大，他们俩的步伐完全不一致，根本不可能赢。

很快比赛结束了，没有任何意外，C、D同学赢得了比赛。）

学生A：主持人不公平，我们俩个头差距太大，步伐完全不一致，就不可能赢，这太不公平了。

主持人甲：比赛规则和比赛队员都不可以改变，这是你现在的环境，你必须适应自己想办法，否则只能认输淘汰。

学生A：主持人太偏心了，我跟B同学差别这么大，你非让我们一组，这就不可能赢，这种环境下，谁也不可能赢！我不比了！

主持人乙：那太遗憾了，A同学放弃了比赛，他无法适应他的比赛环境。现在我们有请G同学，他来代替A同学（G同学也是又高又胖）。

（G同学和B同学经过短暂的交流，来到了比赛现场。

比赛开始了，出乎意料的一幕出现了，G同学和B同学抬起了绑着的那只脚，用另一只脚，快速地跳到了终点。同学们都欢呼了起来，现场气氛沸腾了，同学们纷纷向G同学喝彩、鼓掌，为他取得胜利表示祝贺，更为他的智慧而欢呼。）

主持人乙：G同学，你真棒。你面对这种不利的环境勇于接受，并用自己的聪明智慧取得胜利。我们为你点赞，为你喝彩。

主持人甲：同学们，意外不意外，惊喜不惊喜。我们先来采访采访获胜方，看看他们是怎么想的。

学生G：我知道我们俩的步伐完全不一致，如果我跟B一起跑，那肯定赢不了，于是我俩就商量着一起跳着往前跑，觉得这样还可能赢……

学生B：一开始我也觉得赢不了。但是G同学想出了这个办法，我就跟着G同学的步伐使劲往前跳。

同学们：对，他们两个在不利的环境下，冷静思考、仔细分析，想出了这个好办法，取得了比赛的胜利。他们真棒。

主持人乙：好，好，你们总结得太好了。同学们，当我们面对一个新环境时，尤其是突然出现的一个不利环境时，我们可能会束手无策、不知所措。但是，请不要抱怨。如果像A同学那样抱怨，不接受现实，不适应环境，那么就只能被淘汰，还何谈成功呢！

主持人甲：每个人出生的环境都不同，生活中遇到的环境也不同。面对不同的环境，尤其是不利的环境，有些人快速调整自己，迅速适应环境，想方设法战胜困难，最终创出一片天地。而有些人，他们面对不利环境，总是抱怨、不接受，不能适应环境，最后郁郁而不得志，淹没在历史的河流中。

主持人乙：同学们，让我们来分享几个名人的故事，看看他们在面对突如其来的遭遇，面对不利的环境时，是怎么做的。

第三阶段　冲出困境

二组学生A：史玉柱——从负债2.5亿到盈利500亿

史玉柱，巨人投资有限公司董事长，华夏银行和民生银行的股东。2001年度“CCTV中国经济年度人物”；2006年度中国游戏产业最具影响力人物奖获得者；2007年度最具影响力企业领袖。2007年底，史玉柱的巨人网络集团在美国纽约上市，总市值达到42亿美元，成为在美国发行规模最大的中国民营企业之一，身价突破500亿元。

然而就是这样经济界的传奇，却经历了从穷到富、从富到负债2.5亿，再到人生辉煌的各种复杂环境。在中国改革的浪潮中，他成为最具传奇色彩的人物。

1989年，史玉柱以4 000元借债起家，短短5年间，跃居福布斯“大陆富豪排行榜”第8位。后由于投资失败，财富顷刻间化为乌有，他一下沦落为负债2.5亿元的“中国首穷”。

面对着这突如其来的打击和一波波的讨债者，史玉柱没有过多的抱怨，更没有怨天尤人。他一点点适应着这巨大压力，总结失败的教训。根据当前自身环境和市场情况，他又推出了保健品脑白金，大获成功后迅速推广至全国，还为产品设计出“今年过节不收礼，收礼只收脑白金”这样经典的广告词，使自己成功翻身，还清了所有的债务。之后不久，他成立上海征途网络科技有限公司，开发了“征途”等多款网络爆红游戏。2016年胡润百富榜发布，史玉柱以540亿元财富位列第19名。

二组学生B：史铁生——业余写作作家

史铁生，中国当代作家，北京作家协会副主席、驻会作家，中国作家协会第五、六、七届全国委员会委员，中国残疾人作家协会副主席。一生写过多篇散文，其中，散文《我与地坛》鼓励了无数的人。2002年获华语文学传媒大奖年度杰出成就奖。

史铁生出生在北京，中学在清华附中就读。在学校里成绩优秀，体育特别好，尤其擅长80米跨栏。只要有他参加的比赛，每次他都是第一名。然而20岁那年，史铁生突发高烧大病一场。结果，命运跟他开了一个巨大的玩笑，一年后他下肢彻底瘫痪，从80米跨栏冠军变成了一个只能依靠轮椅走路的残疾人。

瘫痪后的最初几年，他找不到工作，找不到出路，忽然间几乎什么都找不到了。他总是摇着轮椅到家附近的地坛那儿去，仅为着那儿是可以逃避现实世界的另一个世界。那时他的脾气坏到极点，经常发了疯一样地离开家，从园子里回来后又像中了邪似的什么话都不说。那时候他认为自己是全世界最不幸的人，他无法接受这种环境，他发了疯似的与世界为敌。然而，他没有想到的是，他的母亲才是这个世界上最悲惨的女人，面对着如此的打击，猝然离世了。慢慢地史铁生从他的悲伤情绪中走出来，一点点接受了现实开始适应环境，开始了他的创作之路。他开始意识到，自己的遭遇，自己的消沉，给母亲造成了多么大的伤害；自己对环境的不接受、严重排斥，给母亲带来了多么大的打击。他为此后悔不已，以至于在别人问他写作的初衷时，他回答："为我母亲，为了让她骄傲。"在他的小说第一次获奖的那些日子里，他多么希望自己的母亲还活着。背负着这些痛苦和遗憾，他继续创作，最后写出了《我与地坛》等多部作品，激励了一代又一代的人们，为他人树立了一盏精神上的明灯。

二组学生 C：司马迁——究天人之际，通古今之变，成一家之言

司马迁，西汉史学家、散文家。任太史令，被后世尊称为史迁、太史公、历史之父。

他以其"究天人之际，通古今之变，成一家之言"的史识，创作了中国第一部纪传体通史《史记》（原名《太史公书》），被公认为中国史书的典范。该书记载了从上古传说中的黄帝时期，到汉武帝太初四年，长达3 000多年的历史，是"二十五史"之首，被鲁迅誉为"史家之绝唱，无韵之离骚"。

西汉景武年间，司马迁出生在黄河龙门的一个小康之家，自小在父亲的指导下习字读书。10 岁时已能阅读诵习古文《尚书》《左传》《国语》《系本》等书。20 岁时开始游历天下，学有小成。由于祖先就是周朝的太史，连续几代人都是太史公，因此父亲在临终时授命令其一定作一部书记载历史。后因为意外横祸，他被关进监狱遭受宫刑。出狱后，面对着残缺的身体、精神上的屈辱、传统观念的不齿，以及周围人的冷言讽刺，他痛不欲生，真想一死了之。但是他知道他不能这样，他必须坚强面对，必须适应这个环境。就这样，在这个让人不能接受的环境下，在精神备受折磨的社会中，他毅然坚持写作，终于完成了《史记》这部宏大巨著。

主持人甲：同学们，名人的故事我们讲完了。让我们设身处地地想一想，如果我们突然间遭遇了十分不利的新环境，欠了很多钱，那么我们能像史玉柱一样顶住压力、制订计划，一步一步地还清欠款，并成功翻身吗？如果我们突然间遭遇了十分不利的新环境，肢体受到伤害，能一步一

步地走出心理阴霾，克服困难并积极面对吗？如果我们突然间遭遇了十分不利的新环境，遭到他人的非议，受到他人的各种讽刺嘲笑，我们能像司马迁那样，执着前行坚持完成自己的梦想吗？

（班里安静了，同学们陷入了沉思）

主持人乙：同学们，其实这些事我们都听说过，但是我们从没有设身处地想过。因为觉得这些事情都太大了，对我们来说太可怕了，觉得在我们身上根本不可能发生。但是同学们，从出生到现在，我们必然也遇到了很多很多新的环境、新的挑战，大家是怎样面对新的环境的呢？现在给大家 5 分钟时间，大家分组讨论，分享你所面临过的新环境，还有你是如何应对的。

（5 分钟后）

主持人甲：同学们有谁愿意分享一下自己的小故事呢？

（同学们踊跃举手）

三组学生 A：我小学毕业后到我们乡里上初中，那是第一次住校，晚上很不习惯，还会害怕，总是睡不好。

主持人：嗯，这是遇到的新环境，那你后来怎么办的呢？

三组学生 A：后来慢慢跟大家都熟悉了，慢慢就睡着了。

主持人：那你大概用了多久才适应了在学校住宿，多久适应的这种环境？

三组学生 A：大概两个星期。

主持人：主要是因为跟大家熟悉了，对吧。

三组学生 A：嗯！

主持人甲：如果你面对这个新情况能更主动些去跟大家交流、去交朋友，我觉得你能更快地适应新的学校环境。你觉得呢？

三组学生 A：真是这样。

三组学生 B：那是我上小学的时候，过年家里亲戚给了我 200 多元的压岁钱，那时候我感觉特别高兴。等到商场开门，我就去买了一台电子游戏机。等我爸见了，知道了情况，狠狠地打了我一顿，疼了好几天，还把游戏机给收走了。后来家里人基本上不再给我零花钱了，而且好久都不给我买玩具。

主持人乙：你这是突然遇到了有利的环境，在这种环境中迷茫了，不但没有得到游戏机，连以后的零花钱都没了，真是得不偿失呀。

三组学生 B：对呀。后来想想，要是我把这钱攒起来，以后和同学去游乐场、公园玩，或者给家里人让他们帮我保存，我想爸妈肯定会夸奖我。

三组学生 C：我想起来我初中时候的一件事。那时候我在我们村上初中，下午放学回家，晚上写作业。有一次晚上正写作业呢，村里停电了。后来我就睡觉了，心想着第二天老师查作业就说停电了，反正其他同学也没法写。第二天到了学校我一看，大部分人的作业都写了。我就慌了，你们家没停电？你什么时候写的？结果发现他们都是第二天天亮早早起床，写完了作业。就这样，放学后我被老师留了下来，不仅挨了批评，还被罚写作业。

主持人乙：你面对停电的环境就直接放弃了做作业，而其他同学想办法完成了作业。真是没有对比就没有伤害呀。

三组学生 D：我说的也是发生在初中时候的一件事。上初中时，我妈在地里干活把腿弄伤了，半个月不能走路。那时候我爸在外边打工，没人照顾我妈。于是，每天放学我都赶快回家，做饭、洗衣服、照顾妈妈。这期间，我不光学会了做饭，而且更体会到了照顾家的不容易。我感觉从这件事以后我就长大了，变成了一个大人。

主持人乙：母亲受伤，家里没人的环境下，D 同学不但照顾了母亲，更体会到了母亲的不易，使自己长大、成熟。D 同学你真棒，我们为你积极面对的心态、踏实的行动点赞！

第四阶段　学会适应新环境

主持人甲：同学们，大家都分享了这么多遇到新环境的经历，说明大家都慢慢地长大了，知道总结反思自己了。那么同学们，当我们遇到新的环境，面对新的挑战时，我们应该怎么办呢？

同学们：我们要想办法应对。我们要坚强。我们要坚持。……

主持人乙：同学们，当我们遇到新的环境时，无论是挫折还是诱惑，第一件事是要冷静、沉着。比如，当我们把钱丢了，比如我们把家门钥匙丢了，比如我们正在走路，突然有一只恶犬向我们扑来。如果我们自己慌乱了，自己着急得心里没有了主意，那么我们就只能挨饿，在外边挨冻，被恶犬咬伤。所以同学们，当我们遇到新环境时，首先我们要保持冷静，不急不躁，沉着应对。

其次，我们要自信，多动脑筋，想方设法适应环境。当我们第一次住校时，有的同学就能很快适应，与同学打成一片，变成一个积极活泼的人；而有的人只能被动等待，很久才能适应学校生活。当我们遭遇停电不能学习时，有的同学就能提前规划，早睡早起，第二天清晨完成作业；有的同学就放弃了写作业，第二天受到老师的批评。因此，当我们遇到新的环境、新的情况时，我们要相信自己肯定有办法在新环境里解决问题、完成任务。

主持人甲：最后，当我们遇到新的环境，我们要按照我们深思熟虑的计划坚持执行，做到持之以恒。当我们的家人生病又无人照顾时，我们要积极面对，主动帮助家里人分忧并坚持到家人的病痊愈。我们大家想一想，无论我们处在什么环境中，如果不能持之以恒、坚持到底，那么我们能做成什么事情呢？

主持人乙：最后有请我们的班主任为大家点评我们这次班会，请大家欢迎！

班主任：同学们，这次班会大家做得都很好，不管是主持人还是发言的同学们，你们都准备得很充分。大家会下的准备、会上的精彩分享，都让老师感到骄傲自豪。我们在生活中都会遇到各种各样的环境，无论它是有利的还是不利的，我们都要冷静面对、坚定信心、坚持到底，做到能够很快适应新环境，并且能够主动改变环境。我听到过一些不能适应新环境的例子：有些学习优秀的同学，因为几次考试成绩不理想，居然跳楼自杀；有些人因为受不了一时贫穷的环境，居然离家出走，抛妻弃子；更有个别人在一夜暴富后，整日花天酒地纸醉金迷，最后妻离子散孤独终老；等等。但是我听到更多的是，那些出身贫寒的人，通过自身努力改变环境，最终出人头地；那些欠了巨款的人，顶住压力，脚踏实地，实现了人生的逆转；那些学习不好的人，积极面对，勤学多问，最后问鼎高考，走向了辉煌的人生。

同学们，我们刚来到中职学习，希望你们能积极主动地适应这里的环境，努力学习，勤学多问，在未来的日子里奋发图强，打造属于自己的精彩未来！

主持人乙：本次主题班会到此结束，感谢老师的莅临指导，感谢同学们的积极参与。再见！

任务拓展

每位同学写一句座右铭贴到自己的床头，让它每天都能警示自己做事要冷静、自信、努力和坚持。

“吞云吐雾”大揭秘

——拒绝吸烟　拥抱健康

《花非花·烟非烟》

（新韵：十四姑）

烟非烟，雾非雾。铄肺阴，实生蠹。游行经络液津枯，暗损夭年折寿数。

植言植语

曾几何时，在我们中国，烟草绝不仅仅是一种消费品，它是待客的信使，是友谊的桥梁。它早已融进各地的社会风俗和人情世故，成为独具中国特色的烟草文化。

吸烟危害极大，可以致癌，可以严重危害人的呼吸系统，还可导致心脑血管疾病等。不仅如此，吸烟者吐出的二手烟，可使周围的人群被动吸烟，从而严重危害他们的健康。

班会时间

60 分钟。

班情分析

“吸烟有害健康”人尽皆知，但是部分中职生对此却不以为然。网上的一些烟草可以治病、吸烟并不是一无是处的不实言论，更是让他们产生了更加严重的侥幸心理，导致中职生吸烟的现象屡见不鲜。

教育目标

1. 认知目标：概要了解烟草文化的发展和演变。

2. 情感目标：批驳“吸烟可以治病”的观点，澄清认识，彻底揭开“吞云吐雾”背后人体所受到的伤害。

3. 运用目标：彻底清除学生的侥幸心理，让“吸烟有害健康”的意识扎根学生的内心，从此自觉抵制香烟、远离香烟。

班会要点

1. 活动一：PPT 展示讲解烟草的起源、发展及我国的烟草文化。

2. 活动二：相声表演。明确学生的错误认识，批驳“吸烟并不是一无是处”的观点。

3. 活动三：观看视频“来自医生的忠告”。

4. 活动四：实验演示。通过实验直观展示吸烟对肺部的危害。

5. 活动五：签名。

活动准备

1. 分组。全班分为 6 组。

2. 撰写主持词。

3. 制作 PPT。查阅烟草的起源、发展相关历史和烟草文化的资料，制作“烟草的起源和发展”“烟草文化在我国”PPT。

4．下载视频。利用猪肺所做的香烟对肺部危害的实验以及吸烟患者被切除的肺部、医生讲解吸烟的危害等视频。

5．准备实验。密封箱、密封罐、胶皮管、药棉、香烟、打火机、小型吹风机等。

6．签名条幅。拒烟戒烟我担当，珍爱生命和健康。

7．排练相声。《抽烟那些事》。

教育方法

任务驱动法、实验演示法、讲授法、讨论法等。

班会过程

第一阶段 香烟的前世与今生

主持人甲：老师们、同学们，大家好！“吞云吐雾大揭秘”主题班会现在开始。

主持人乙：今天的主题班会先从认识植物开始，请看大屏幕。（PPT 展示烟草种植园和烟草的特写）大家知道这种植物的名字吗？（学生纷纷摇头）

主持人甲：请大家再看看这些（PPT 展示校门口身穿校服的学生正在点烟、吸烟的照片，男、女厕所里的烟头照片）。大家能想到这两张照片其中的联系吗？（学生纷纷猜测）

主持人乙：图片展示的植物是烟草，它是制作香烟的原材料。

主持人甲：“吸烟有害健康”这句话可以说是人尽皆知，可是还是有那么多人在吸烟，连我们身边的同学也开始偷偷地尝试。今天我们就来好好了解一下香烟，从烟草文化的角度对香烟进行全面的认识，探究吸烟对健康到底有什么样的影响。现在，我们有请第一组的同学先来给我们介绍“香烟的前世与今生”。

（播放第一组制作的“香烟的起源和发展”的PPT）

一组学生A：大家看，这种开着淡红色小花的植物叫烟草，它就是制作香烟的原材料。我们所能看到的人们吸食的各种各样的香烟，比如卷烟、旱烟、斗烟、雪茄烟等，都是这种不起眼的植物制作而成的。

一组学生B：烟草的原产地在南美洲，最早栽培利用烟草的是美洲的印第安人。哥伦布把烟草带进了欧洲，西班牙人在征服菲律宾时也把烟草带到了那里，中国福建商人又把烟草从菲律宾带入中国。

一组学生C：1964年1月，美国第一次以政府名义给出了“吸烟危害健康”的权威结论。从此，烟草行业对卷烟设计进行了很多改革，包括加装过滤嘴、推出“低焦油卷烟”和“中草药卷烟”等，但这并没有改变吸烟有害健康的事实。大量科学证据表明，这些“新型卷烟”不但没有降低吸烟者的患病及死亡风险，反而会麻痹人们原有的对“吸烟有害”的警惕，甚至还会诱导吸烟，并削弱吸烟者戒烟的意志。对此，我们一定要有清醒的认识：从来就不存在无害的烟草制品，只要吸烟就会对健康造成危害。

一组学生D：客观地讲，烟草也有一定的医疗用途。根据《中药大辞典》[①] 记载，烟草可以治疗头癣、白癣、秃疮、疔疮肿毒以及毒蛇咬伤等症，还可治疗背痈、项疽、风痰、鹤膝（包括骨结核、慢性化脓性膝关节炎等）等疾病。烟草有时也可用于消灭害虫。

一组学生E：必须明确强调的是：1. 烟草有毒。2. 烟草治病大多是外用。3. 必须严格遵循中医的使用规定。一句话总结就是：烟草有医疗价值不等于吸烟能治病!!（这句话用红色加粗字体在PPT展示）

第二阶段　烟草文化在我国

主持人乙：了解了烟草的起源和发展，我的好奇心倒被勾起来了。

---

① 南京中医药大学. 中药大辞典［M］. 2版. 上海：上海科学技术出版社，2016，2703.

主持人甲：什么好奇心？

主持人乙：你说我们国家植物文化如此丰富，烟草这种植物到底有没有文化色彩呢？

主持人甲：诶！今天你算是问着了！我们第二组的同学专门搜集了这方面的资料，保证能满足你的好奇心。现在有请第二组的同学展示他们的调查成果：烟草文化在我国。

（播放第二组学生制作的有关我国烟草文化的PPT）

二组学生A：烟草进入我国以后传播很快。到了清代，吸烟已经成为很多中国人的一个基本嗜好。

二组学生B：曾几何时，在中国，烟草绝不仅仅是一种消费品，它早已融进各地的社会风俗和人情世故，成为独具中国特色的烟草文化。很长时间以来，在我们中国人的眼里，烟是待客的信使，烟是友谊的桥梁。吸烟不仅能提神解闷、打发寂寞，甚至很多人还认为吸烟有助于思考。

二组学生C：烟草在中国迅速传播，不仅成为很多人的基本嗜好，还走进了诗词当中。如清代诗人沈彩（女）在她的《食烟草自哂》中写道："自疑身是谪仙姝，沆瀣琼浆果腹无。欲不食人间烟火，却餐一炷淡巴菰。"淡巴菰是烟草的别称①。

二组学生D：在古代，烟草曾被人们认为是对身体有好处的，甚至把它称作"忘忧草"。

二组学生E：但是，我国古人也很早就认识到烟草对人是有害的，清代就有医生指出吸烟有害健康。比如：

清代的陈淏子提出，烟草"久服肺焦，非患膈即吐红。抑且有病，投药不效，总宜少用"。

清代的吴仪洛干脆将烟草列入"毒草类"。

---

① 南京中医药大学. 中药大辞典［M］. 2版. 上海：上海科学技术出版社，2016，2701.

清代赵学敏在《本草纲目拾遗》中，最早记载了他目睹因为吸烟而导致慢性支气管炎的真实病例。

二组学生F：正因为我们的前辈早就认识到烟草对人体的危害，所以从明清时期开始，政府曾多次颁布禁烟令。

二组学生G：改革开放以来，我国政府也多次通过立法等手段宣传控烟、戒烟。

第三阶段　烟瘾“君子”如是说

主持人乙：还有一个问题我也很好奇，就是那烟盒上明明写着“吸烟有害健康”，可是还有那么多人在吸烟，你说他们都是怎么想的？

主持人甲：不仅是你，其实很多人都有这样的疑问。现在马上进入我们班会的第三阶段：烟瘾“君子”如是说。下面有请第三组的同学给我们揭示这其中的缘由。

三组：请欣赏相声《抽烟那些事儿》。

抽烟那些事儿

甲：今天是咱们入学一周年的日子啊！

乙：时间过得真快，转眼我们就快成为青年人了。

甲：此时此刻，你有何感想？

乙：这一年里，我学到了知识，锻练了自己的独立能力，还结识了这么多的好朋友。你看，我们大家凑在一起聊得多开心呀！你呢，有何感想？

甲：我抽了1年的烟！

乙：就学会了抽烟呀？我就纳了闷了，你为什么要学抽烟呢？

甲：好玩，潇洒！哎！哎！你看我，玉树临风、相貌堂堂，再配上一支香烟，简直帅呆了、酷毙了！吸上一口，徐徐吐出，四周云雾缭绕，宛若置身仙境一般。那感觉就一个字：美！

乙：别臭美了！还潇洒呢，你这是盲目虚荣！你知不知道，吞云吐雾的背后是多么可怕的现实。燃烧的是香烟，消耗的是生命！

甲：别在这吓唬我，我知道抽烟有好处。

乙：抽烟还有好处呢？

甲：你知道它为什么叫香烟吗？抽起来那叫一个香，饭后一支烟，赛过活神仙啊！

乙：你得了吧！吸烟有害健康，这谁不知道啊！你这叫“饭后一支烟，害处大无边”！

甲：有害健康？你没听说过这个顺口溜吗：“抽支烟，解心宽，解谗解懒解腰酸；解疼痛，解麻木，遇事还可解困难；早晨抽烟清清痰，晚上抽烟能催眠，最大好处你不知，还能解决有钱没处花的小困难。”

乙：呦呦呦！还有钱没处花的小困难，你挣钱了吗你？你花着父母辛辛苦苦挣来的血汗钱，抽着自以为潇洒的要命烟。简直就是自寻死路，还连累父母受苦。这真是“小小一支烟，危害万万千”“点燃香烟的一刹那，你也点燃了死亡的导火索”！

甲：说严重了啊！别在这危言耸听。

乙：危言耸听？不服是吧，好，今天我好好给你掰扯掰扯。我先给你算算经济账啊！咱们中国人的平均寿命是 75 岁，你 15 岁开始抽烟，到死的时候一共抽烟 60 年。1 年 365 天，60 年就是 21 900 天。别说抽好烟，就按 1 盒烟 10 块钱来算，每天抽 1 盒，你这一生花在抽烟上的钱总共是 219 000 元。这可是一笔不小的数目呀，你拿它干点儿什么不好！

甲：我问你，现在咱们邯郸的房子多少钱一平米？

乙：1 万左右吧。

甲：还是的，我省了 60 年的烟钱，也就买 21 平方米。问题是人家把房子切开卖给我吗？我省它干什么？

乙：没你这么算的，你要是买 21 万的雪糕冰棍儿，你全家一辈子都吃不完呢！

甲：当然抽烟也有烦恼。

乙：呦，你把抽烟说得那么好，还有烦恼呢？

甲：这不那天刚买了一条裤子，我抽烟一不小心把裤兜烧了一个洞。

乙：看你回家怎么跟你妈说，哼！

甲：这条裤子是我妈咬着牙给买的，她自己都没舍得买这么贵的衣服。我回家老拿手捂住那块，我妈说："你老捂着裤兜干什么？里边有什么见不得人的？给我拿出来！"等她一看见，那个急呀，照着我头上就是一巴掌："混账小子，你怎么不把自己给点了呢？"

乙：活该！

甲：抽烟得用打火机啊，我也买了一个，一点烟，那火苗"噌"地一下窜起半尺高，把我眉毛给燎着了。你说这是什么打火机呀！

乙：上回是裤子，这回是眉毛，下回还指不定是什么呢！

甲：那天别人给我一支好烟，我点了半天没点着，就问那人："哥们，你给我的是什么烟呀，怎么点不着呀？"那人看了看，说你拿倒了。

乙：怎么拿倒了？

甲：那烟的过滤嘴是白色的。

乙：那你也不能点过滤嘴呀！

甲：我不是近视眼吗。

乙：得！这回差点把嘴给烫了。你让朋友们听听，你抽烟烧了裤子、燎了眉毛、烫了嘴唇，就这还说抽烟有好处呢？你脑子进水了吧！

甲：你不抽烟，当然体会不到。抽烟确确实实能提神，能让人产生愉悦感！你没听说吗？困了累了抽支烟，吞云吐雾赛神仙。保你精神倍儿棒！吃嘛嘛香！

乙：那你知道香烟当中的什么物质让你感觉到提神、愉悦吗？

甲：我管它什么物质呢！能舒服就行了呗！

乙：要不人们都说“没文化真可怕呢”！我告诉你，让你感到提神的是香烟当中的尼古丁。

甲：尼古丁是个什么东东？

乙：尼古丁是一种有毒物质，一支香烟所含的尼古丁可毒死一只小白兔，20支香烟中的尼古丁可毒死一头牛。如果人一次大量吸食尼古丁有可能导致死亡①。

甲：那为什么我抽烟以后会感到提神呢？

乙：那是因为尼古丁进入血液循环后，对你的中枢神经系统产生了一定的刺激作用，所以短时间内你会感到提神、愉悦。但是，也正是这个尼古丁会让你上瘾。一旦你出现尼古丁短缺，就会出现焦虑、烦躁的症状。

甲：我说我怎么抽烟越来越多了呢。不过，话又说回来，多抽就多抽呗，那我还多提神了呢！

乙：别在这自欺欺人了！香烟当中的有害物质可远远不止尼古丁这一种啊。医学证实，每支香烟燃烧时可释放出4 000多种化学物质，其中40多种是致癌物②。一句话：吸进的毒气害己，吐出的毒气害人！

甲：抽烟真的有好处。我这里有证据的。

乙：呦，你还有证据？

甲：有一秘密你不知道吧？

乙：什么秘密？

甲：听说过2003年那场非典吗？根据权威人士透露，抽烟的没一个得非典的。

乙：我怎么没听说过？你这都哪听来的歪理邪说？

甲：真的，抽烟能治病，刚才一组同学都讲过了，你没好好听课吧？

乙：咱俩谁没好好听课啊？我问你，人家一组同学最后总结强调的重

---

① 郭松涛. 人生保健［M］北京：中医古籍出版社，2012：76.

② 郭松涛. 人生保健［M］北京：中医古籍出版社，2012：76.

点你听到了吗?

甲:什么重点?难道这不是重点吗?

乙:人家一组同学最后强调了三点。1. 烟草有毒。2. 烟草治病大多是外用。3. 必须严格遵循中医的使用规定。特别是最后一句:烟草有医疗价值不等于吸烟能治病!这些才是重点呢,你都没听到啊?

甲:(结结巴巴地说)没,没听到啊!

乙:为了给自己抽烟找借口,你可真是绞尽脑汁啊!俗话说“对症下药”,就算烟草是药,那也是得了病的时候才用!你有病啊?

甲:你才有病呢!

乙:要不说你是“只知其一,不知其二”,知其然不知其所以然呢。中药是讲究配伍的,就算有人得了病,那医书上记载的烟草也只是其中一味药材,而且大多是外敷使用,人家让你吸到肺里了吗?再说了,抽烟给身体带来巨大的危害,是无法扭转的。

甲:这……

乙:这什么这!别在这里忽悠了!你避重就轻断章取义,还以为自己找到了多么重要的证据,其实都是给自己抽烟找借口,还连带误导祸害别人。你这真的是找抽呢!

甲:那烟草总还是有用的吧!不会一无是处吧?

乙:别再狡辩了,你这分明就是心存侥幸,再加上心理依赖。烟草有用就该天天抽烟吗?鸦片、吗啡、杜冷丁都是药,都有用,能天天用吗?

甲:那当然不行!你说的那些都是毒品,会要命的!这大伙儿都知道啊!

乙:香烟不要命吗?你知道香烟的危害有多大吗?

甲:我还真没有认真了解过。

乙:看来,我有必要好好给你普及普及。吸烟的第一大害处:折损寿命。根据调查显示，平均每吸一支烟会缩短11分钟的寿命①。

甲：照你这么说，一包烟有20支，我每天抽一包烟，就等于每天抽掉了自己220分钟的寿命啊！可是也有那么多的人，抽烟很厉害，但是也很长寿啊！这你怎么解释？

乙：你这叫以偏概全。首先你说的那只是极少数人，不能代表全体烟民。绝大多数的烟民，几乎都是以身心俱损而告终。其次，如果你说的那些人早一些戒烟，有可能会活更长时间，至少生命的质量会更高。一边是“吞云吐雾疾病缠身”，一边是“远离香烟拥抱健康”，何去何从，相信大家都会做出明智的选择！

甲：这咋还让你给整成辩论赛了呢！

乙：我就见不得你狡辩。现在告诉你吸烟的第二大害处：影响生育功能。调查研究表明，长期吸烟会导致精子数量减少、精子畸形、精子活力下降，还可能影响孩子的智力。②

甲：这就严重了，还影响我当爸爸了呢！

乙：如果你想让自己断子绝孙，就敞开了抽烟吧。吸烟的第三大害处：致癌。吸烟致癌已经是一个公认的事实，吸烟者患肺癌的概率是不吸烟者的13倍。同时，吸烟与唇癌、舌癌、口腔癌、食道癌、胃癌、结肠癌、胰腺癌、肾癌和子宫癌的发生都有一定关系。研究表明，烟雾中的致癌物质还能通过胎盘影响胎儿，让后代的癌症发病率显著增高。③

甲：我的个天哪，那不等于“我和癌症有个约会吗”？

乙：吸烟的第四大害处：诱发心血管疾病。第五大害处：增加流产危险④。

---

① 郭松涛. 人生保健［M］北京：中医古籍出版社，2012：76.
② 南京中医药大学. 中药大辞典［M］. 2版. 上海：上海科学技术出版社，2016，2703.
③ 南京中医药大学. 中药大辞典［M］. 2版. 上海：上海科学技术出版社，2016，2703.
④ 南京中医药大学. 中药大辞典［M］. 2版. 上海：上海科学技术出版社，2016，2703.

甲：停停停停停停，你别再说了，我的腿都软了。

乙：就这我还没说完呢。烟草的本质就是披着合法外衣的毒品，只不过香烟危害人体健康的潜伏期比毒品长一点儿。你也不动动脑子，如果吸烟有好处，为什么各国政府还要大力推行禁烟令呢！

甲：听君一席话，胜读十年书啊！我可知道了，吸烟有害健康，这事真的有！我错了！

乙：知道错了？以后还抽烟吗？

甲：不抽了，不抽了，再也不抽了！我奉劝大家也千万别抽烟了，现在吞云吐雾，以后可是病痛缠身啊！

乙：知错就改就是好孩子！来，给你一个小小的奖励！

甲：大伙瞧瞧，什么人啊这是！我都戒烟了，你还给我烟，你这不是害我吗？

乙：看清楚喽，这是戒烟糖！

甲：我说呢！

第四阶段　听听医生的见解

主持人乙：感谢第三组的同学们，现在我可知道了，抽烟的人大概有这几种心理：

1. 对香烟的危害不以为然。2. 心存侥幸。3. 心理依赖。4. 盲目虚荣。

主持人甲：相声当中提到了香烟对人体的几大危害，但是不够详细。我们只有对香烟的危害做到彻底全面地了解，才能真正理解为什么现在全世界都在努力禁烟。现在有请第四组的同学为我们带来的“听听医生的见解”。

（播放医生讲解抽烟的危害的视频）

第五阶段　实验告诉你真相

主持人乙：这真是“话不说不透，理不讲不明”啊，现在我们对香烟的危害有了比较全面的了解。但是，这些知识大家听过以后很容易忘记，怎么能够加深印象，让人记住不忘呢?

主持人甲：这好办，现在我们进入第五个阶段：实验告诉你真相。

有请第五组的同学给我们演示香烟燃烧的实验，保证让你印象深刻!

(利用药棉充当人的肺部，实验演示香烟燃烧对药棉的污染)

主持人乙：现在有请第六组的同学给我们播放他们搜集的视频，保证让你刻骨铭心!

(播放利用猪肺试验香烟对肺部影响的视频和抽烟患者被切除的肺部的视频)

第六阶段 讨论、宣誓、签名

主持人甲：看完实验和这些视频，请大家谈谈自己的感受。

学生 A：恶心死了！我无法想象这样的肺就长在抽烟人的身体里!

学生 B：我一想到抽烟之后我的肺会变成那样就想吐!

学生 C：以前只是对"吸烟有害健康"这句话很耳熟，但是从来没有仔细了解过吸烟到底有哪些危害。今天一看，真的是触目惊心!

学生 D：我看别人抽烟的时候好帅、好酷，自己就偷偷尝试，觉得特刺激、特好玩。可是一看试验和视频我整个人都傻了！原来我在亲手污染自己的肺!

学生 E：岂止是在亲手污染自己的肺，简直就是在慢性自杀!

学生 F：记得小时候看郑渊洁的文章，他说香烟就是合法的"毒品"，当时没什么感觉，现在我可算是真的理解这句话的含义了。

学生 G：我也看到过这句话，当时我还觉得郑渊洁小题大作呢。现在看来，他是一语道破了香烟的本质。

学生 H：太可怕了！我身边有那么多抽烟的人，包括我的亲人，可惜他们不知道自己的身体里发生了多么可怕的变化！我要把这个视频给他们看看，好让他们赶快戒烟!

学生I：真的是刻骨铭心！我发誓：此生与香烟不共戴天！

学生（齐）：对，拒绝香烟，珍惜健康。

主持人乙：好，既然大家达成了共识、愿望一致，那么我们就来个集体宣誓。

全班一起宣誓：我是新时代的中职生，我宣誓：践行健康的生活方式，珍爱生命，珍惜健康，此生永远远离香烟。劝导身边的人尽快戒烟，尊重他人，保护环境。宣誓人：×××

主持人甲：现在有请我们的班主任老师对今天的班会进行总结点评。

班主任：同学们，通过今天的班会，我们对香烟有了一个全面且深刻的认识。烟草文化虽然历史悠久，然而烟草本身也的确害人不浅。“吸烟有害健康”这个经过无数实践检验过的真理应该扎根于我们的内心，并化为我们自觉抵制香烟诱惑的实际行动。班会后我们还会有签名活动，请大家记住，我们签下的不仅仅是名字，更是对拒烟戒烟的一份承诺，也是对自己身体健康的一份保障！相信大家一定会牢记自己的选择，用我们的实际行动拒烟戒烟，让我们的环境更清新，让我们的肺部更清亮，让我们的身体更健康！

主持人乙：谢谢老师的总结和点评。“‘吞云吐雾’大揭秘”主题班会到此结束！

任务拓展

所有学生在“拒烟戒烟我担当，珍爱生命和健康！”的条幅上签下自己的名字，悬挂在教室，作为共同的警示！

植物闻歌也起舞

——热爱运动　健美你我

《天净沙·闻歌起舞》

（新韵：十四姑）

雪霜风雨尘扑，艳阳之下扶疏。看似棵棵树株，闻歌起舞，有情植物诗书。

植言植语

一般认为对牛弹琴牛不入耳，何况草木？但事实却不是这样的。植物细胞的生长就是一种运动，如果对植物施加特定频率的声波谐振处理，那么声波就可以供给植物更多的能量，提高光合作用效率，促进植物生长发育，达到增产、优质、抗病的目的。

植物尚且需要运动，何况身体正在成长的中职生呢？在植物闻歌也起舞的感召下，中职生应该发展业余爱好，增加户外运动，以强健自己的身体素质。

班会时间

60 分钟。

班情分析

现在的生活方式造成学生运动量普遍不足。当前的中职生是伴随着网络和智能手机的普及而同步成长起来的，他们对网络和手机有先天的依赖性。除体育课去操场外，大部分学生几乎没有户外活动，学生的体能与其年龄极不相符。为了唤醒学生内心的自觉，去发展、培养一种户外运动习惯是本次班会的目的。

教育目标

1. 认知目标：认识一项农业新科技——植物音乐。植物听歌后，生长得又快又好，还能增强抵抗力。

2. 情感目标：了解中职阶段正是身体成长与发育的关键时期，这时的运动对身体的成长、成熟和健康尤为重要，对一生的健康都有深远的影响。

3. 运用目标：通过数据分析和运动介绍，成立几个运动小组，明确负责人，组间或组员间定期进行交流或比赛。

班会要点

1. 活动一：播放植物喜欢的音乐；介绍植物音乐增产防病的原理。
2. 活动二：介绍中职阶段学生身体生长发育的特点。
3. 活动三：讨论有哪些有趣的、可以坚持的运动。
4. 活动四：建立运动兴趣小组，明确负责人及规定。
5. 活动五：全体合唱《健康歌》。

活动准备

1. 由学生查找“植物音乐”，老师指导制作 PPT。

2. 搜集中职生生长发育情况资料及正、反两方面的事例。

3. 搜集便于进行和坚持的体育运动及相关视频。

4. 选定班会主持人，准备主持词。

5. 制订《班级运动管理制度》。

教育方法

故事启迪法、情感体验法、讲授法等。

班会过程

第一阶段　植物闻歌也起舞

（播放“植物音乐”）

主持人甲：同学们，这是一种什么声音呢？

同学们：噪声。汽笛声。风声。不知道。

主持人乙：大家不明白就对了，这是一项新科技，下面请我们班著名的“牛博士”给大家讲一讲关于音乐与植物的故事。

一组学生A：大家都知道我日常比较喜欢猎奇，今天给大家介绍一下我在不久前刚发现的前沿科技信息：植物在音乐中生长更迅速。

古时候有个成语叫“对牛弹琴”，意思是说牛听不懂音乐。这是真的吗？其实，我们都知道日本、韩国和加拿大的许多牛场都给牛播放音乐，牛听音乐后肉质好、产奶量大。牛有耳朵，听到音乐不奇怪。那么，植物听音乐会有作用吗？答案是肯定的。

据报道，一个户外活动组织在西双版纳一处原始森林徒步时，经过长途跋涉人困马乏，就地歇息。其中一个年轻人拿出随身听，播放了一首轻松舒缓的音乐。这时，一个奇怪的现象出现了：只见不远处的两棵小树随着乐曲的节奏晃了起来，大家既有些惊讶，又感觉好玩可笑。

无独有偶，有一位法国专家为了验证声音对植物有没有影响，把耳机套在一株番茄秧上，每天定时播放 3 个小时的音乐。数周后，奇迹出现：这棵番茄长势强劲，比周围番茄结的果实都大而且多，甚至平均重量达到 1 千克以上。

随后人们又陆续发现，生长在南非开普敦海滨的龙胆科植物“海玫木”，就是一种能够敏感感受声音的植物。为了能将花粉顺利地通过昆虫授粉，海玫木演化出了一套独特的机制：它的花药的振动频率与木蜂翅膀振动的频率相同。每当木蜂飞近时，它的花药产生共振，从而将花粉弹出花药落到木蜂身上。而其他昆虫飞近时，由于“频率不符”，是不会得到花粉的。

我国一些科学家通过研究发现：在一般情况下，苹果树中的养料输送速度是平均每小时几厘米，但在和谐的钢琴曲刺激下，速度可提高到每小时 1 米以上。

主持人甲：这下我可算明白了。刚才那段声音对人类来说是噪声，但对植物竟然有这么神奇的效果。人与植物的差距咋就这么大呢！

主持人乙：植物既没有听觉器官，又不具备听力系统，为什么它们接触音乐会产生如此大的变化呢？

（一组学生 B 播放视频“听音乐的葡萄”。

视频中介绍了新疆和山东果农给葡萄听音乐增产提质的效果。葡萄在乐声中生长得又快又好，还提高了抗病性和抗虫能力。）

主持人甲：大千世界无奇不有，那声波促进葡萄生长的背后是什么原理呢？我们请一组志愿者给大家讲讲。

（一组学生 C 播放并介绍“植物音乐的原理”PPT）

一组学生 C：当我们第一次看到植物音乐新闻时感觉非常神奇，就查阅了相关资料，并请教了班主任老师。

原来，在 20 世纪 80 年代，随着温室大棚技术的成熟，保护地农业迅速发展。但在设施生产中，人们发现尽管设施中的气候条件和土壤条件都优于露地的自然环境，但里面的果树和蔬菜就是不如在露地上长得好。

经过科技人员长时间的探索，发现植物的生长不只是靠自身细胞繁殖和增大的力量，它们也需要风的吹动和声波的共震来帮助。在大地的自然环境中，有自然风不断吹拂的力量，有蛙鸣、蝉叫、鸟唱等声音的波动，植物细胞的增长就能得到有效促进。但在温室、大棚等保护地栽培生产中，环境比较独立，又因为季节的影响，既没有风也没有声音震动。那么，植物的生长便受到了一定的限制。

于是，科技人员发现了能促进植物生长的波段，并制造出这种声波发生器，也就是一种特殊的音响。而植物最爱听的音乐就是我们刚才听到的。

在对叶菜类生产进行植物音乐试验中，发现增产效果竟然神奇地超过了百分之百。

主持人甲：真是太牛了，不用化肥农药就能增产一倍，就能提高品质。感谢一组的精彩分享。

主持人乙：哎，这使我忽然想起咱班的吊兰和绿萝的新叶在伸展的过程中挺费力，常有些新叶一直被苞叶所包裹，总也长不出来。好几次都是我用手把苞叶撕开，把新叶放出来的。这要是在大田里，风一吹可能就帮助它伸长出来了。看来，植物听歌是个表面现象，植物细胞运动才是生长的真正原因。以后，我经常去花卉跟前去听歌，让它们和我一起快乐成长。

主持人甲：植物需要运动，我们就放首音乐给它听，那我也想长成高富帅，该怎么办呢?

主持人乙：人人都有梦想，财富和事业是我们参加工作后的事，但我们的高与帅却是现在的事。下面进入第二个阶段，“运动让我高又帅”，请二组给我们讲讲他们的发现。

第二阶段　运动让我高又帅

二组学生 A：两位主持人说对了，其实我们人的生长也需要震动，只不过这种震动对人来讲就是运动。运动对人一生都很重要，尤其对正在长身体的我们更为重要。

我们组做了运动与成长的PPT，由我们两个来给大家讲一下。

首先，来关注一下在中职的这3年里，我们的身体会有哪些变化。

目前，我们班同学的年龄基本都在16～17岁。这个年龄段正处于青春发育末期，是身体发展定型的成熟阶段。医生和研究人员对这个时期的生理变化进行了统计，咱们听听是不是符合我们的情况。

在这一阶段，我们身体的各种腺体分泌的激素达到成人水平，促进并刺激身体机能和形体上发生巨大变化。身高基本定型，胸围、肩宽和体重方面也发生相应改变。男生声调粗且低沉，喉结已突起，胡须从上唇扩展到下颏，额两鬓向后移，形成宽肩腰粗的男子汉形象。而女生的声调变得尖细且高亢，胸、肩、臀部和皮下脂肪丰满，显露出女性的风姿。

同时，我们的脏器快速发育成型，心脏机能加强，肺活量增大，脑的记忆力、理解能力和思维活跃度达到空前发展。学习能力、反应能力快速提高。

二组学生B：哎，你还别说，我同桌这一年就长了有将近20厘米吧，还有几个同学比刚来时长得壮实多了。我发现，有人长得早，有人长得晚。长得早的同学，像我吧，初中阶段身高就长够了。长得晚的同学这一年变化都比较大。

二组学生A：对了，就是不能小看入学时的小个子。长得晚的反而个子更大。

二组学生B：在我们身体处于快速成长与定型的关键时期，我们身体的现状却很不尽人意。

入学军训时，咱们班乃至这一个年级，有大约20%的同学没能坚持到最后，因为各种原因提前退出了。有一半以上的同学身体出现了这样那样的状况，中途不断地请假，算是拖泥带水地完成军训。去年冬天流行感冒期间，同学们感冒不断，咱班两个月没有全勤过。有的同学甚至先后感冒三四次。还有体育课，老师说，如果完全按国家标准的要求去考试，每班只有不到10%的达标率。还有，咱们春天去公园做志愿者活动，来回不过三四公里，但回来时有三分之一的同学已经走不动了，是打出租车回来的。这些都是大家亲眼所见、亲身所经历的。想想当年红军长征的时候，他们当时的年龄和我们差不多，但他们在负重的情况下，一天还能走一百多公里。我们是不是哪儿出问题了？

二组学生A：是的，我们的生活习惯出现了严重的问题。我接到这个班会的主题后，边查资料、边观察，边思考、边检讨。同学们，我们扪心自问，别说一天运动多长时间，就说平均一天在户外待够一小时的同学请举手。没有，一个都没有。甚至除去了早操和体育课，我们一周在户外也待不够一小时。当然，也包括我自己。这就是我们的现状。

二组学生B：虽然从表面来看，我们吃得饱、睡得好、无疾病，似乎看不出我们有什么异样，但从长期来看，后果还是很严重的。例如，心脏跳动依赖心肌的力量，如果经常运动，那么心脏就很有力量。有力的心脏可以让我们体力充沛，血液循环好，抵抗力增强，抵御疾病能力增强。还有，运动可以扩充肺活量，较大的肺活量可以减少心脏跳动频率，有效的供氧使身体免疫力得到增强，强有力的心肺功能是健康的基础。春生夏长秋收冬藏是自然规律，也是人生成长的规律。吊兰的新叶如果不能突破苞叶长出来，等叶片老化后就永远长不出来了。运动对我们这个年龄也是同样的道理。身体快速成长的时候，也是需要强健体魄的年龄。

都说学生是祖国的未来，是民族的希望。我们自己也有高远的梦想，如果没有一个好的身体，一切理想、梦想都将成为空想。

二组学生A：通过刚才的讲解，相信大家对运动与健康都有了新的认识。其实，运动还会给我们带来意想不到的惊喜。据网上数据，中职阶段的学生，通过运动可以明显增加身高。身材高挑是我们每一个同学的追求和梦想，大家是不是没想到“高个儿”可以来得这么简单吧！还有，通过运动可以使胖的瘦下来、瘦子壮起来，弯腰驼背的可以直起来。运动不仅可以使我们健康，还可以塑造我们的形体。下面我给大家展示一组运动员和军人的照片。看看他们多么玉树临风、英姿飒爽！

主持人乙：其实，运动的好处还远不止这些，运动可以使我们交到很多有共同情趣的朋友，运动可以使我们有个阳光的心态、愉悦的好心情，运动可以提高学习效率，运动带给我们的是长久的、满满的正能量和幸福感。

第三阶段　好玩运动我推荐

主持人甲：真是应了那句古话，“生命在于运动”。运动既然这么好，我们就应该主动参与。

主持人乙：是啊，问题是我们做什么运动呢？哪些运动好玩有趣，容易让我们坚持下来呢？下面请第三组给我们介绍一下。

（三组展示并介绍趣味运动 PPT 和小视频）

三组学生 A：接下来，由我们来抛砖引玉，给大家推荐几种有趣好玩、容易坚持的活动。

三组学生 B：邯郸是太极拳之乡，我推荐太极拳。太极拳既可强身健体，又可以防身，是邯郸人的名片。据不完全统计，目前全世界有 1 亿多人在打太极拳。大家熟知并崇拜的马云就是个太极高手。怎么样？你也加入进来吧。

三组学生 C：我推荐抖空竹。抖空竹在我国有着悠久的历史，早在三国时期，曹植写过一首诗《空竹赋》；宋朝时期，宋江写过一首七言四句诗：“一声低来一声高，嘹亮声音透碧宵，空有许多雄气力，无人提挈漫徒劳。”空竹在第一届非物质文化遗产评选中就入选了。抖空竹充满趣味性和技巧性，不论在哪儿，只要有抖空竹的就总会被围一圈人观看与喝彩。

三组学生D：我推荐踢毽，踢毽也是我国的非物质文化遗产。踢毽既可以一个人玩，也可以几个人一起玩，对场地也没有特殊要求，几乎在哪儿都能嗨起来，比如在广场、楼下都可以。

三组学生E：跳绳也是个非常好的运动项目，在国标体能测试的项目中就有跳绳。跳绳没有场地限制，可以单独玩，也可以几个人一起玩。我给大家看一段花样跳绳的小视频，你一定会喜欢的。

三组学生F：我喜欢跳舞。舞蹈最与众不同的是运动与音乐相结合，身心同步锻炼，让人很容易忘我地投入进去。特别是男女生一块跳，阳刚与柔美相结合，美学的极致。跳舞还能促进异性之间的交流，避免有些同学一见异性就紧张得说不出话来。

三组学生G：我喜欢球类运动，如足球、篮球、乒乓球。球类运动是个群体活动，集体运动中有竞争有合作，能培养同学之间的感情。每次打完球还可以增加吃饭、唱歌等附加项目，打球的都是铁哥儿们。

三组学生H：我推荐跑步。我在秦皇岛旅游时看到一句话：如果你想强壮，跑步吧！如果你想健美，跑步吧！如果你想聪明，跑步吧！跑步不需要特殊场地，不需要什么设备和装备。人是直立动物，还是直立运动身体更好些。

三组学生I：我喜欢轮滑、滑雪等运动带来的飞一般的感觉，锻炼、享受、美感于一体。

三组学生J：我还是感觉健身房好，里面的器械都是专家根据人体结构设计的，全面且有效；还有教练指导，既健身又健美。

三组学生K：练瑜伽好。通过锻炼骨骼、肌肉和韧带的柔韧性可以磨炼人的意志，提高身体素质，有益健康。

主持人甲：别看大家平时不锻炼，心里知道的还真不少。

主持人乙：听着三组同学的介绍，我大有马上就去运动的冲动。但要想让运动起作用，可不是一时冲动就能解决的，需要坚持才行。坚持需要自律和他律，我们怎么做才能让大家都嗨起来呢？下面进入第四个阶段“体育燃烧激情　激情实现梦想”，有请第四组同学给我们介绍。

第四阶段　体育燃烧激情　激情实现梦想

四组学生 A：虽然三组刚才说得挺热闹，但真想要同学们坚持下来还是需要一个带头人，带领大家一起玩才行。我们接到这个任务后，挖掘了一下咱班的运动型人才。下面请他们讲一下：

教练 A：我老家在永年广府，我们小学和中学不做广播操，都是练太极拳，我打得不好，但可以一起玩。

教练 B：我小时候爷爷总带我去公园抖空竹，我会的动作不多，但抖起来很有趣。空竹不贵，40 元一套，喜欢的可以一起玩。

教练 C：我初中时踢毽子无敌手，希望来几个同学组团踢。

教练 D：我喜欢篮球，我崇拜科比，我每天中午都在操场打篮球，希望多几个同学参加，我们组队可以跟其他班打比赛。

教练 E：我喜欢轮滑那飞一般的感觉，虽然有点儿基础，但几乎不会什么花样。希望帅哥美女加入一起飞啊！

四组学生 A：大家用掌声感谢这几位同学积极主动介绍自己的兴趣与特长，并愿意带领大家一块玩。

接下来需要所有同学根据自己的兴趣和爱好报名加入运动小组，每人限报一项啊。

主持人乙：报名结束，除了练太极的少几个，其他项目还是挺平均的啊。

主持人甲：班风很重要。平时大家都懒得动，今天一讨论，都还蛮积极的。但如何坚持才是最重要的，坚持需要制度给我们定时间、定地点、定监督、定奖惩。

下面请体育委员给大家宣读一下《班级运动管理制度（试行）》。

体育委员：针对咱班的现状，我们咨询了学生处老师和体育老师，在班主任的指导下制订了本制度。具体如下：

1. 本制度的根本目的是培养大家坚持锻炼身体的习惯。

2. 所有活动均以安全为前提，既要做准备活动，又要量力而行。

3. 各项活动均安排在每天下午课外活动时间，如与学校活动相冲突，则以学校活动为主。

4. 每组每周活动不少于4天（周一至周四），实行签到制。

5. 班主任每周至少参加一个组的活动。

6. 因病因事不能参加活动，要写假条向班主任请假。

7. 每月第一个周一活动时，要进行集体表演。

8. 一学期连续两周不参加活动或累计超过20天不参加活动的学生，不得参加本学期的任何评奖评优活动（国家资助项目除外）。

9. 每小组实行组长负责制，组长负责招呼大家，并组织、安排好大家每天的活动。

10. 组长每学期由本组全体成员投票选举产生。

11. 每学期第一周可以重新选择喜欢的活动，并加入其小组。

12. 各小组可以接纳外班学生，但要求有本班同学介绍参加。对表现差、不服从管理的外班学生，组长有权清退。

本规定自发布之日起开始执行，如有疑问请找体育委员或班主任解释。

主持人乙：这下，大家安静了许多。是不是感觉有点儿不自由啊？体育燃烧激情，激情实现梦想。我们生活环境的外界干扰太多，我们缺乏自律能力，制度是促进我们坚持下去的根本保障。最后，请班主任进行总结。

班主任：首先感谢大家的认真准备，这是一次非常成功的班会。体育燃烧激情，激情实现梦想。我们都有梦想，但梦想不总是梦，我们终究要为梦想去拼搏，为梦想而努力。这其中最重要的是什么呢？

学生 A：健康。

班主任：对。现在流行一个人才公式：人才＝10 000，其中，健康是1，后面的 0 分别是知识、能力、态度和社会关系等。如果没了健康，人才的结果是什么呢？

学生 B：零。

班主任：对。没有了健康，什么都无从谈起。从一组的报告中我们知道，小草、花卉等植物还需要风和声波来促进它的运动才能生长，何况我们人这万物之灵呢！

锻炼也是有时效性的。你们这个年龄阶段，身体和脏器正是生长成熟的阶段，这个时候的锻炼与否直接影响脏器肌肉的成长和发育，这对你们的一生都有很大影响。

像我现在这个年龄，同事、同学之间就能明显感觉到：年轻时候爱运动的明显比不爱运动的体质要好。年龄大了锻炼还行不？当然行，锻炼身体什么时候都不晚，但效果是绝对不一样的。年轻时的锻炼就像是在银行存款，锻炼越好就表明存的越多，利息也越多，自然健康长寿。如果年轻时不锻炼，年老体衰时的锻炼只不过是不花钱，存是存不进去了。

我还有个亲身体会。我上高中时和几个同学很痴迷武术，每天下午放学必须玩 1～2 个小时。慢慢地我发现，自己的武术水平没见有多少提高，但学习效率确实提高不少。

还有，每天坚持锻炼可以健全人格。通过运动可以使心情平和，对人宽容；与有共同情趣的人交往，情感会异常真挚。

为什么要组织这样的一次主题班会呢？二组刚才说得很好，大家现在的生活方式对身体只有损害没有增益。将来，你们工作时拼的不仅是智慧与能力，比的更是身体。将来一定是身体好者赢事业，身体好者得天下。

最后，祝同学们都能终身坚持一项运动，都能有一个强健的体魄！

主持人甲：非常感谢班主任的精彩点评和谆谆教导。最后，请大家起立，我们跟着视频一起来唱《健康歌》。脚不方便动，手一定要动起来啊！

（播放《健康歌》）

任务拓展

1. 每人找一句激励自己的格言，写下来或打印下来挂在自己床头。

2. 每人每周至少写一篇运动日记。

木水情缘

——珍爱生命　谨防溺水

《花非花·珍爱生命》

（新韵：五微）

尊生尊，贵生贵。父母恩，双亲惠。传承延续意同天，敬畏之心当永备。

植言植语

水是生命之源，植物就是从水中一步一步进化到陆地上来的。即使在极端干旱的沙漠中生存的植物也离不开水分。但是，除少数水生植物外，其他高等植物在长期水淹的情况下，根系会因为缺氧而死亡。

同样，人天生就有亲水的习性。但“人轻水，故戏之，故多溺”（《韩非子》）。每年都有许多人溺亡，而中小学生是溺水受害者的主要群体。

草木无水难萌生，长久水淹也不行；过犹不及同是害，恰到好处植茂丰。

班会时间

60 分钟。

班情分析

每年暑假都是溺水事故多发期，据央视《溺水救援》节目中报道，我国每年有57 000余人溺水死亡。每年入夏以后，国家及省、市各级教育部门总要多次下发通知，要求各级各类学校做好学生防溺水工作。加强防溺水教育既是政府部门的要求，也是学生安全成长的需要。

教育目标

1. 认知目标：植物的生长离不开水。但网上数据表明，家庭养花失败的最大原因却是浇水过多、过频，致使花卉根系缺氧而致死。

2. 情感目标：不论植物还是人，生命只有一次。你的生命不仅属于你，更属于家庭和国家，要珍爱生命、预防溺水。

3. 运用目标：通过学习相关文件和相关知识，掌握防溺水的知识和抢救他人的要领。

班会要点

1. 活动一：播放PPT，介绍水是生命之源，了解植物与水的关系。
2. 活动二：讨论人与水的关系，介绍常见的亲水活动。
3. 活动三：分析溺水事故相关数据及溺水危险性、生命的重要性。
4. 活动四：学习防溺水相关文件。
5. 活动五：讨论防溺水措施。

活动准备

1. 班主任交待班会主题和植物文化导入的形式；组建班会志愿团队。
2. 志愿者商讨班会板块结构，并进行分工，选出主持人。
3. 对全体学生讲解班会各阶段和分组情况；同学们分头准备相关材

料，如制作 PPT、搜集照片和背景音乐等。

4. 主持人根据同学们的内容准备解说词。

教育方法

故事启迪法、情感体验法、讨论法等。

班会过程

第一阶段 水木清华

主持人甲：水是生命之源，万物的生长都离不开水。植物更是如此，凡是水源充足的地方，植物的种类多，生长得也很茂盛。

主持人乙：但在较深的水里，我们也很难发现高大的植物。那么，水和植物到底是个怎样的关系呢？下面请一组同学介绍一下他们的心得——水木情缘。

（一组学生，展示并解说自己制作的“水木情缘”PPT）

一组学生 A：现代科学研究证明，地球上先有水，而后才产生生命。第一个生命就是单细胞植物——蓝藻。此后，植物与水就结下了不解之缘。再后来，不管植物如何在不同的时空中变迁，如何在历史中演化，始终都离不开水。

1. 水是植物的重要组成部分。我们形容蔬菜和水果鲜嫩，都会说“嫩得一掐一股水”。事实也是这样的，越老化的植物组织含水量越低。

2. 水是植物运输养分的载体。不论是肥料的运输还是光合产物的分配，都离不开水。

3. 水分可以调节植物体的温度。植物叶片通过蒸腾作用可以有效降低株体温度，减小高温或强光对叶片的损伤。

一组学生 B：植物与水相依也组成了人间最美的风景。比如我们熟知的清华大学的校名就是植物与水组成的。不信你们看：水木清华！

水木清华不只是一种景色，更是一个地方。水木清华亭坐落在清华大学里最幽静秀美之处，山林之间掩映着两座玲珑典雅的古亭。“水木清华”4字出自晋代谢混《游西池》诗：“景昃鸣禽集，水木湛清华。”（译文：夕阳西下，群鸟齐集水边，欢快鸣叫；池水清澈，映照着池边绿艳的花草。）因厅后面有水池，所以就用了上面的诗句题匾为“水木清华”。清朝咸丰皇帝登基后，御笔题写了“清华园”3字，至今仍悬挂于工字厅门额上方。这是“清华园”和“清华大学”名称的由来。

一组学生C：水木永相依，水木有情缘。植物干旱的时候，水分浇灌是植物最美的享受，甚至是生死存亡的关键。但在植物不需要水的时候再浇水，水便成了植物的杀手。

据说，家庭养花失败的原因中，有80%是过多过频的浇水，把花浇死的。这还真有根据，我们家在前年春节时，买了一盆蝴蝶兰和一盆杜鹃花。刚买回来时，有三分之一正在开花，三分之二含苞待放，甚是漂亮。爸爸不知听谁说“茶水浇花花更鲜”，于是，每天喝剩的茶根都浇花了。妈妈不知听谁说的淘米水浇花好，每天煮饭前的淘米水也都浇花了。如此大水漫灌一个礼拜，花蕾和叶片就开始脱落了。爸妈一看慌了神，赶紧地一边上网查，一边找懂行的熟人打听。结果，统一的意见出来了，浇水浇多了，花都给淹死了。我爸不死心，把花拔出来一看，土壤是水湿水湿的，而土壤里连一条白嫩的新根都没有。

主持人甲：草木无水难萌生，长久水淹也不行；过犹不及同是害，恰到好处植茂丰。这正印证了那句流行语，“有一种伤害叫溺爱”。对植物而言，有一种死法叫“水淹”。

主持人乙：植物离不开水，但又不能长久泡在水里，那么，人与水又是怎样一种关系呢？下面进入第二个阶段：上善若水。请二组同学给我们讲一下，人与水的关系。

第二阶段　上善若水

（二组学生展示并介绍“上善若水”PPT）

二组学生 A：中国人对水情有独钟，水的灵动给予了先哲们无数的感叹：溪水从涓涓细流逐渐汇积到一起，终究汇流成河，东归大海。而水的前进从来不是直线，总是九曲十八弯，斗折蛇行。一方面是水的智慧，遇到障碍总是蓄积能量从最薄弱处突破；另一方面是水的恩德，水在前行中总要流经最大的面积，润泽最多的生命。

二组学生 B：水给予我们生命，创造了我们的生活，启迪了我们的智慧。甚至可以说，水的范围就是我们人类活动的范围。教室里、操场上、景区内，目之所触，水（矿泉水等饮品）之所在。

二组学生 C：游山玩水、漂流、划船、游泳、垂钓等水上项目都是大家喜爱的项目，哪怕是雨后路边仅存的积水，孩子们也会玩得兴趣盎然，乐不思归。水的无形无相让孩童们对它充满了好奇、遐想，也让人乐于探索和尝试。

主持人乙：二组说得太好了。我们都有玩水的经历，都有和水结缘的美好回忆。但人和植物一样，水对我们再好，也要与它保持一定的距离才安全。下面进行第三个阶段：溺水——触目惊心的事故。下面请三组同学给我们介绍他们查到的资料。

第三阶段　溺水——触目惊心的事故

（三组学生展示并介绍“关于溺水”PPT）

三组学生 A：我们先来看一组数据和几张现场照片。

2018 年 5 月 26 日，河北沧州一天发生 4 起溺亡事件；

2018 年 6 月 2 日，悲剧！邯郸一天 4 人溺亡；

2018 年 7 月 18 日，河北清河县 3 名儿童溺水，抢救无效后死亡；

2018 年 7 月 28 日，石家庄 3 天 5 人溺亡！

……

每年夏季，特别是暑假，都是溺水事故多发期。其中，中小学生是主要受害者群体。据央视《溺水救援》节目报道，我国每年有57 000人溺水死亡，相当于每天有150多人死于溺水。数字触目惊心，亲人们悲痛欲绝！

三组学生B：生命是脆弱的，生命只有一次。溺水是造成中小学生意外死亡的第一杀手。请珍爱生命，远离深水区。

近几年，在国家生态修复的大背景下，我们身边的沟渠湖塘大量增多。我们查到在引黄济邯、南水北调、地下水超采治理等工程带动下，各类设施的蓄水量增加。（展示水体分布示意图）从地图上可以看出，西部山区水资源相对稀疏。但我市东部平原区，不论从哪个位置出发，最多走5公里就能接触到深水池塘。

主持人甲：看看那些事故的照片，惨惨戚戚；想想他们的家庭，凄凄惨惨。一个个活泼可爱的生命就这样结束了，一个个悲惨的家庭就这样产生了。

主持人乙：看看地图，我们离危险是如此之近。如果没有足够的智慧和定力，什么情况都会出现。

主持人甲：同学们，这样的悲剧不能再出现了，我们要坚决抵制水的诱惑，决不让溺水事故再有发生。

主持人乙：理一说就懂，事一看就明。但如何把我们掌握的知识落实到行动中去，切实做好防溺水事故呢？下面进入第四个阶段：预防溺水事故从我做起。

第四阶段 预防溺水从我做起

四组学生：珍爱生命，坚决预防溺水事故发生。关于预防溺水事故的措施，请大家进行自由发言。也请两位主持人继续主持，我们只负责把大家的发言都写到黑板上，按值日组分列，看哪一组说得多、说得好，让大家认同。

一组学生：

1. 学会游泳。

2. 带游泳圈玩水。

3. 在水池边上较浅的地方玩耍。

二组学生：

1. 和会游泳的人一起去玩水。

2. 在腰里栓个绳子，另一头让人拉着就可以放心地玩水了。

3. 在水面大的地方游泳时，不要游得太远，保证自己有足够的体力能游回来。

4. 不去游泳。

三组学生：

1. 去游泳池游泳。

2. 在熟悉的水域玩耍。

3. 穿上救生衣，在水里泡着。

四组学生：

1. 带着狗游泳，狗可以在危险时把我们驮上来。

2. 不去河里捞鱼摸虾，不去水库钓鱼。

3. 不去没有安全设施的水域划船。

五组学生：

1. 去水边玩耍时带个软管，一旦沉下去，就用管来呼吸。

2. 沉水后憋住气，抓着水底摸上来。

3. 身体要好，腿不能抽筋。

主持人甲：四组同学真聪明啊，把他们的活儿直接交给大家干了。不过，他们在黑板上写得也是很辛苦的。

主持人乙：看看黑板，5 个组是棋逢对手、将遇良才，基本都一样。只是二组多出一条，可以胜出。

主持人甲：从大家给出的答案中可以看出，同学们的思维还是很开阔的。

主持人乙：到底有没有效果，下面咱们请班主任老师进行一下总结。

班主任：今天的主题是个由轻松到沉重的话题，前面说水的用途和水的风景，说得大家兴高彩烈；后面说到溺水事故，心头忽然异常沉重！这些事故引起了国家和地方政府的高度重视，省市教育主管部门相继印发了《关于切实做好学生防溺水工作的通知》，咱们学校也发布了《防溺水通知》和公布了一系列具体落实措施，一会儿咱们将要进行具体安排。

大家为防溺水出谋划策，讲得都非常好，但个别同学存在侥幸心理。

1. 和会游泳的人在一起不一定安全，会游泳往往是能自救，但不能救人。

2. 说狗能救人和拿吸管不怕沉水的同学，一定是小视频看多了。经过特殊训练的狗可以救人，一般的狗是救不了人的。吸管帮助呼吸更是不靠谱。

3. 腰里拴绳子的事是开玩笑呢，拴得松了不管用，拴得紧了你受不了。

4. 其他同学说得相对靠谱。我们不去参加野外游泳、捞鱼摸虾、钓鱼等水体活动是最根本的防溺水方法。另外，我们学游泳一定要去有安全设施和救生员的正规泳池学习。

主持人甲：感谢班主任的细致分析和谆谆教导。说一千道一万，不如管住自己的好奇心、随意性和投机性。我们只有树立坚决的防溺水意识，才能不让家长和老师担心。

主持人乙：是啊，管住我们自己是第一位的。那么，我们遇到他人溺水遇险时又该怎么办呢？下面进行第五个阶段：溺水救援，请五组同学给我们进行解说。

第五阶段　溺水救援

（五组展示并解说“溺水救援”PPT（包含5分钟视频））

五组学生：

1. 如果发现有人溺水，首先要大声呼救，叫更多的人来帮忙，并打报警电话（110或119）和急救电话（120）。

2. 发现溺水者后，可充分利用现场器材，如绳、竿、木板、救生圈等救人，也可以将衣服连在一起当作绳索。

3. 可以用空饮料瓶、油壶、树枝、木块等提高浮力，还可以用结实不透气的塑料袋密封扎好来提高浮力。

4. 施救者若不熟悉水性或不了解现场水情，绝对不能下水，应以呼救或报警为主，未成年人更不能下水救人。

5. 下水救人的时候，一定要大声告诉对方不要惊慌，有人在救他。不要从正面接近，防止被溺水者死命地抓住或抱住。若被抱住，应放手自沉，溺水者便会放开。救人者应绕到溺水者的背后或潜入水下，从其左腋下绕过胸部，然后握其右手，以仰游姿势将其拖向岸边，也可以在其背后拉腋窝拖带上岸。

6. 将溺水者救出后，迅速倒出呼吸道及胃内积水。

（1）迅速清除患者口咽部、鼻腔内的污物，保持呼吸道的通畅。

（2）将溺水者俯卧，腰部垫高，头部下垂，施救者以手压其背部。

（3）抱住溺水者的两腿，腹部放在急救者的肩部快步走动，使积水倒出。

7. 如果溺水者呼吸或心搏已停止，应现场紧急进行心肺复苏术（关于此项内容，有机会找专业人士来培训我们）。

8. 严禁行为：

（1）遇见有溺水者绝不能无动于衷地观望，也不能装作没看见走开，必须马上切实采取上述行动。

（2）不具备救援能力，绝不下水救援。

主持人甲：非常感谢五组同学的精彩讲解。不听不知道，原来溺水救援里有这么多的知识和程序呢!

主持人乙：最后，按照学校部署，做以下安排：

首先，进行防溺水知识答卷调查。

其次，每位同学领一份学校印发的“防溺水安全教育致家长的一封信”，周末回家交给家长，家长签名后于下周一将回执交到学校。

最后，请全体同学一起读“防溺水六不原则”。

1. 不私自下水游泳。

2. 不擅自与他人结伴游泳。

3. 不在无家长带领的情况下游泳。

4. 不到无安全设施、无救援人员的水域游泳。

5. 不到不熟悉的水域游泳。

6. 不熟悉水性不擅自下水施救。

任务拓展

1. 每人查找5起溺水事故新闻。

2. 班会后，每人写一篇心得体会。

播下一粒种子

——今日真善美　明日栋梁材

《钗头凤·春风暖》

（新韵：第一组八寒，第二组六豪）

春风暖。春光艳。落红飘荡情无限。花瓣掉。果实到。代代相传，信息通道。妙。妙。妙。

人生短。休停站。梦圆之日心儿灿。知识要。技能俏。勤奋耕耘，又传捷报。笑。笑。笑。

植言植语

种子虽然小，但却包含了根、茎、叶等器官的原基，并且融含了糖类、蛋白质类、脂类、酶类和无机盐类等物质，以及一套完整的生命指令。一粒微小的种子可以成长为参天大树。

对人而言，人们的一个念头会产生一项新的发明，一个习惯会影响一生的幸福，一个努力的求学生涯会成就一番顺利的事业。所以，念头、习惯、努力都可能成为成就事业的种子，并在未来长成参天大树。

班会时间

60分钟。

班情分析

中职阶段的学生对社会和人生都有了一定的思考，对未来也有着美好的憧憬和向往。既梦想着锦衣玉食的生活，又改变不了懒散的习惯，思想上存在明显的投机意识。部分学生急功近利、好大喜功、盲目攀比，总认为钱是万能的。为了帮助学生建立因果意识，树立正确的人生观、世界观和价值观而设计本班会。

教育目标

1. 认知目标："种瓜得瓜，种豆得豆"的因果关系是自然规律。

2. 情感目标：使学生明白一个人的气质里都藏着你走过的路、读过的书和崇尚的美；走好当下即是成就未来。

3. 运用目标：通过看图片、讲故事和讨论等活动，使学生建立起各自的理想。种子发芽需要阳光、水分和温度。梦想实现也要靠各方面的努力。

班会要点

1. 活动一：讨论种子与成年植株的关系。

2. 活动二：同学们分享人生中的因果故事。

3. 活动三：同学们讨论怎样用今日行动成就明天的梦想。

4. 活动四：合唱《怒放的生命》。

活动准备

1. 由学生制作班会PPT，并准备背景音乐。

2. 搜集有关种子的资料和人类生活中的因果实例。

3. 准备《怒放的生命》音乐。

4. 选定班会主持人，准备主持词。

教育方法

故事启迪法、情感体验法、讲授法、讨论法、实操体验法等。

班会过程

第一阶段 认识种子

（展示种子的照片）

主持人甲：大家都认识种子，都知道种子是植物生命的源头，对延续物种起着重要作用。种子代表着希望，也预示着未来。那么，我们在初中都学过生物，请大家说一下种子有哪些特点。

学生A：种子都有唯一性，不同植物种子的形状、大小、色泽、表面纹理等都不一样。所以，不同的种子会结出不同的果实。

学生B：种子在形成过程中，一定会在胚乳或子叶中贮藏足够的营养物质，以提供给种子发芽出土足够的养分与能量。

学生C：种子是希望，有好种子就一定会有好的收成。大种子比小种子出芽快，将来的秧苗长得也壮实。

学生D：种子有极强的意志，如果条件不适合发芽，那就继续隐忍休眠，等待时机。全国许多地方都发现了千年的莲子，其中，有的还可以正常发芽、成长和开花，这说明种子的生命力极其顽强。

学生E：种子发芽需要外界条件的配合，如水分、氧气、温度和光照等。

种子有休眠的特性，秋天成熟的种子聪明地知道不远的将来就是寒冬。所以，它们成熟后即使遇到合适的条件也不萌发，等漫长的冬季过去后，种子也就睡醒了，春天到来种子便迅速萌发生长。

种子吸涨后就义无反顾地开始了生命的旅程，从不会停止。环境条件好，生长得便快些；环境条件不合适，便生长得慢些，甚至休眠，但绝不会停止。因为，停止就意味着死亡。

学生F：我们学过一篇文章《种子的力量》，里面介绍了几种植物的种子力大无比的实例。

主持人乙：同学们前期工作做得不错啊！一下子说了这么多有关种子的特征、特性，为同学们认真的态度点赞！

主持人甲：种子必定会生长成其对应的植物，种子有强大的力量。种子的力量有多大呢？我们通过图片进入第二个阶段：种子的力量。

第二阶段 种子的力量

主持人甲：如果有人问，世界上什么东西的气力最大？肯定是众说纷纭。有的会说是大象，有的说狮子，也有人会开玩笑似的说是“金刚”。金刚有多少气力，当然大家谁也不知道。

主持人乙：其实，大家去山里转转就会发现，世界上力气最大的莫过于植物的种子。陡峭的悬崖上，坚硬的岩石中，都有种子留下的痕迹。比如我们常说的崖柏，就是生长在悬崖峭壁之上。崖柏的种子只要有些许水分就能发芽生长。它一旦发芽，其根系就能顺着崖壁的缝隙进行伸长，吸收水分，使崖柏在极其艰苦的环境中成活下来。谁还知道有关种子力量的故事？

学生G：《种子的力量》上介绍了一个这样的故事。人的头盖骨结合得非常致密且坚固。生理学家和解剖学家用尽了一切方法，要把它完整地分开来，都没有成功。后来有人发现了一个方法，就是把一些植物的种子放在要剖析的头盖骨里，给予温度和湿度，使种子发芽。一发芽，这些种子便以可怕的力量，将一切机械力所不能分开的骨骼完全给分开了。

学生 H：有人做了一个试验，在一只固若金汤的铁桶中装满了豆类的种子，注入水，然后把桶口盖好。经过多天之后，人们会惊奇地发现，那只坚固的铁桶已被胀裂。为了毁坏一只铁桶，人要费很大的力气，而种子却在不知不觉中摧毁了坚固的铁桶，这就是种子的力量。

主持人乙：没有一个人将种子叫作大力士，但是它的力量之大的确是举世无比，这种力是人们不易察觉的生命力。所有的种子，所有的生命都拥有这种坚韧不拔的力量，这种力量也极富有弹性，能屈能伸，不达目的绝不罢休。

主持人甲：那么，植物种子与我们成长有什么关系呢？下面请班主任给我们讲一下。

班主任：有生命的种子决不会悲观叹气，它们明白有了阻力才有磨炼，它们相信环境终有温暖潮湿的一天，它们从生命开始的一瞬间就带着斗志而来。

种子虽然只是植物体上最小的一个器官，但却包含了根、茎、叶等其它器官的原基，并且融含了糖类、蛋白质类、脂类、酶类和无机盐类等物质，以及一套完整的生命指令。种子虽小，但极像一个小宇宙，无所不包：有物质、有能量、有信息。条件不合适时，种子可以休眠上千年；条件一旦成熟，一粒微小的种子可以成长为参天大树。种子与大树的关系是因果关系，种子是因，大树是果，有因必有果。植物的种子与成年的植物好像是一种跨时空的镜像关系，有松树的种子就必定会有大松树；有玉米的种子就必定有玉米，有棉花的种子必定有棉花。这个过程或许很长，或许很短，但总能实现。

植物是这样，人生更是这样。只不过发生在我们身上的种子不一定是具体的物质，可能是信仰（信条、信念）、目标，或者是一句话、一个行为。人们的一个念头会产生一项新的发明；一个习惯会影响一生的幸福；一个努力的求学生涯会成就一番顺利的事业。任何一个成功的人士都能在其求学阶段找到其不平凡的痕迹。所以，同学们一定要坚信因果定律，树立一种因果意识。这对人的一生都有深远的影响。这也是咱们这次班会的主要目的。

主持人乙：想法、习惯、种子！不知道大家以前想过没有，原来我们身上也存在着许多种子。这些种子都在生长，将来也都会结果。

主持人甲：谁能举出几个例子，来说明我们身上的种子与后来的果实的关系？可以是自己的经历，也可以是从书上看到的名人故事。

学生Ⅰ：以前在学习夏明翰《就义诗》时，我的思想触动很大。我就想，他怎么就不怕死啊？于是就查找了有关他的传记。夏明翰的故事，我们可能都听语文老师介绍过。但夏明翰在狱中给母亲、妻子写的信，恐怕知道的同学就不多了。我对这两封信印象深刻，记忆犹新。今天正好与大家一起分享。

他在给母亲的遗书里写道："您用慈母的心抚育了我的童年，您用优秀古典诗词开拓了我的心田。爷爷骂我、关我，反动派又将我百般折磨。亲爱的妈妈，您和他们从来是格格不入的。您只教儿为民除害、为国除奸。在我和弟弟妹妹投身革命的关键时刻，您给了我们精神上的关心，物质上的支持。亲爱的妈妈，别难过，别呜咽，别让子规（子规，又叫杜鹃，是一种鸟。它总是朝着北方鸣叫，昼夜不止，发出的声音极其哀切，好像妈妈在盼儿子回来。）啼血蒙了眼，别用泪水送儿别人间。儿女不见妈妈两鬓白，但相信您会看到我们举过的红旗飘扬在祖国的蓝天！"

给妻子郑家钧的信中写道："同志们曾说世上唯有家钧好，今日里才觉得你是巾帼贤。我一生无愁无泪无私念，你切莫悲悲凄凄泪涟涟。张望眼，这人世，几家夫妻偕老有百年？抛头颅，洒热血，明翰早已视等闲。'各取所需'终有日，革命事业代代传。红珠留着相思念，赤云（夏明翰的女儿夏芸）孤儿望成全。坚持革命继吾志，誓将真理传人寰!”

纵观夏明翰短暂而伟大的一生，他光辉灿烂的革命生涯都是他小时候“追求真理，渴望自由”的信念在他内心播下的种子发芽成长起来的。

学生J：《西游记》描写的玄奘西天取经故事也是个很好的因果例子。玄奘对佛学的信仰，在他内心埋下虔诚的种子。正是这个种子的萌动，才使得他想出许多办法，克服了千难万险，奔波几万公里，来回耗时十多年终于取回了真经。

学生K：种子不成熟，信念不坚定，往往也是失败的根源。在我党建党初期，陈公博是代表广东出席中共一大的元老级人物。后来，由于对革命信念产生动摇，贪图安乐享受和贪生怕死，他竟然背叛革命，忘记初心，加入汪精卫的伪国民政府。1946年，他被以通敌叛国罪处死，最终落下个可耻的下场。

班主任：不忘初心，方得始终。大家迈进中职校门，都怀揣着梦想。刚来时，同学们谦虚谨慎，能严格遵守各项制度；穿戴和言行都礼仪有加，文质彬彬；同学之间相处融洽，做起事来也都是认真负责。但仅仅过去几个月，同学们互相对照一下，你们变了没有？你们感觉同学们变了没有？大概只有几个优秀的同学没什么变化吧！中职3年，转眼即逝。希望同学们在学校和老师的感召下，都能树立正确的世界观、人生观和价值观。这“三观”就是我们的初心，就是我们成长的种子。我们时刻观照自己的初心，在做事中培养，在学习中成长，将来的事业就一定能结出硕果。

第三阶段　因果昭昭

主持人乙：我们在了解种子力量巨大的同时，也注意到种子与果实有必然的联系。“种瓜得瓜，种豆得豆”便是这个道理。种子的力量和因果关系，使我们对自己的思想、自己的信仰和信条有了深深的戒惧。我们在内心里播下善的种子固然好，如果播错了，播下了不善的种子，那么后果也是很严重的。谁还有好听好玩的故事，继续分享给大家?

学生 L：今天我给大家讲一个历史典故——周处的故事。

周处是西晋时期著名的官二代，他父亲周鲂是吴国鄱阳太守。周处从小就臂力过人，好骑马打猎、喝酒赌博，甚至欺男霸女，纵情肆欲。当时，周围的人们都把他当成一个祸害。

有一天，正是夏收农忙的时节，周处游玩时发现，人们只要看见了他，大老远就都躲开了，即使躲不开也是愁眉苦脸向他打个招呼。周处纳闷地问大家："现下政通人和，收成又好，你们为什么不快乐呢?"这时，有一个耿直的老人家叹了口气说道："三个祸害未除，哪有什么快乐呢?"周处说："您说的三害指的是什么?"老人回答道："南山有白额猛虎，长桥下有蛟龙，加上你就是三害了。"周处听完后心里很难受，就说："我可以去除掉老虎和蛟龙。"父老乡亲们说："你要是能除掉那两个祸害，那你就是咱们方圆百里的大功臣了!"周处听完后，二话没说就进入深山射死了猛兽，又跳到水中与蛟龙搏斗。蛟龙一会儿沉下去，一会儿又浮上来，来回游了几十里。但周处一直紧跟着它，经过三天三夜的搏斗，还没有上岸。人们认为周处也死了，彼此奔走庆贺。

没想到在第四天早上，周处果真杀死了蛟龙回来了。当他听说乡里互相庆贺，才知道大家是如此地厌恶自己，厌恶自己胜过老虎和蛟龙。于是，周处便与大家说："你们讨厌我，我也没办法。我都这么大了，我想提高自己恐怕也来不及了。"大家说："只要有决心，什么时候学习都不晚。何况你还年轻!"周处听后，便发誓要努力学习，要把自己打造成一个有用之才。

功夫不负有心人。一年后，周处便当了县官，后来又不断地被提拔。但周处不管在什么职位，都中正耿直，做到了"为官一任，造福一方"。最后，周处被人忌妒，遭受到坏人的陷害。周处临死前赋诗说："去去世事已，策马观西戎。藜藿甘粱黍，期之克令终。"皇帝知道事情原委后说：

“周处母亲年纪大，外加是远方之人，我每每怜悯，要供给她医药酒米，赐她寿终。”

后世多有名人写下文字纪念周处。柳宗元写道：“冯妇好搏虎，卒为善士。周处狂横，一旦改节，皆老而自克。”苏轼说：“历观自古奇伟之士，如周处、戴渊之流，皆出于群盗，改恶修善，不害为贤。”

主持人甲：听着周处的故事，想想也挺可怕的啊！他的一个恶念就使他变成恶魔。成魔后谁都骂他，谁都盼着他早点儿去死。这样的生活怎么能快乐，怎么会有出息呢？反之，他的一个善念则能结善果。

主持人乙：精彩故事多分享，看看还有谁来给大家分享故事？

学生M：我初中有个同学，从第一次上物理课就对物理很着迷，经常缠着家长给他买磁铁、漆包线等，帮他做一些小实验和小制作。等他初中毕业时，把高中物理也基本上学完了，参加国家比赛获过二等奖。最后，被重点高中提前录取。

学生N：我以前有个同学总认为别人都在算计她，甚至把家长对她好也认为是别有用心。在她眼里，世界上没有好人，只有相互的利益和利用。所以，她与同学们，甚至家长的关系都不好。总是怨天尤人、郁郁寡欢，成绩也很差。同学们私下讨论说，我们甚至可以预见到她的未来都不会快乐，也不会有什么作为。

主持人乙：看似故事，却都是发生在我们身边的真事。英国哲人查尔斯说过：

播下思想的种子，便收获文字；

播下文字的种子，便收获行为；

播下行为的种子，便收获习惯；

播下习惯的种子，便收获人格；

播下人格的种子，便收获命运。

平时，看似不经意的言行，都会对以后的事产生影响。

第四阶段　知行合一把梦圆

主持人甲：同学们，我们今天的话题非常重要：我们的命运掌握在自己手上。我们今天的梦想就是种子，种子在一天天长大，梦想在一天天明晰。在我们细心的呵护下，在我们努力的拼搏中，终有一天会梦想成真。

主持人乙：美梦成真，梦想与现实不就是种子与大树嘛。种子生长需要阳光、空气、温度和水分。那么，我们的梦想变成现实需要什么呢？

主持人甲：下面请各组组长总结发言。

一组组长：坚持一项运动，锻炼好身体。从运动会报名和比赛中，可以看出我们的体能不行；从去年冬天流行感冒的发病率来看，我们的抵抗力不行。我们正是生龙活虎的年龄，不能像病猫一样苟且偷安。身体是革命的本钱，没有好身体，什么都等于零。为了明天的事业，为了自己的幸福，为了家庭和父母的责任，我们必须从现在开始锻炼身体。

二组组长：树立规矩意识，严格要求自己，遵守学校各项规章制度。对各种规章制度心存一颗敬畏心，是一粒平安的种子。比如，我们遵守交通规则就会避免交通事故；我们遵守学校制度就不会被处分和处罚。养成遵规守纪的习惯是做人的一项基本要求。

三组组长：注重自己的言行举止文明。人格的提升要从点滴做起，我们的礼仪价值无限。去年暑期的社会实践过程中，我就有深深的体会。每当我们有礼貌地去打听事或请人填表时，都比较顺利；反之，每当我们说话生硬时，大多数情况下都失败了。从中可以看出，能否养成文明礼貌的习惯，往往决定着将来事业的成功与失败。文明礼貌，是一粒幸福的种子。

四组组长：认真学习专业技能，掌握一技之长，人尽其才，学有所用。专业技能是我们的立身之本，是我们的特长，是我们吃饭的本钱，是我们找工作的关键。所以，我们一定要学好专业知识和相关技能，这是一粒温饱的种子。

五组组长："腹有诗书气自华"，我们要学习演讲、应用文写作、诗词赏析等文化知识，不断提升自己的整体素养。我们都希望获得体面的工作，但我们刚参加工作时是不可能到管理岗位的。要想在工作上有前途，能够独当一面，仅仅靠专业是远远不够的。要说专业技能可以让我们有口饭吃的话，那么，其他文化素质就是让我们能吃上好饭的资本。这是一粒进步的种子。

主持人甲：不知道是各位组长太优秀，还是组员真给力啊！你们总结得太精彩了，一看就是在课前下了不少的功夫。

主持人乙：听着组长们的总结，我忽然也想起父亲给我讲过的一个故事。

我家有一个亲戚是 1989 年毕业的大学生，毕业后到一家国企工作，没干几年就因企业破产下岗了。上街去找工作吧，他总感觉没面子，做生意吧没门路也没本钱。就这样在家里耗了半年多，坐吃山空。最后，家里实在没钱了，已经影响到孩子的学习和生活了，无奈之中他去一个公司应聘了保洁员。因为这个工作不用见外人，不担心丢脸面。他刚工作不久的一天，上级要来检查工作，经理赶紧找人加班办一期板报，但大家都知道加这个班是没补助的，就都委婉地推托了。正在经理心里恼火但又没办法的时候，这个亲戚自告奋勇说他可以试着办一下板报，但得到的是经理不屑的目光。这位亲戚说在学校和单位都办过板报，相信能办好。经理只好死马当活马医吧，同意了让他办板报。于是，他利用一晚上时间，查阅了很多资料，终于把板报办好了。第二天一上班，同事们都流露出惊讶的表情，他们猜不出谁能办出这么高水平的板报来。经理来了一看，心里马上乐开了花，把我亲戚叫到办公室说："以后不要做保洁了，今天休息，明天直接到办公室上班。"现在，这个公司发展得很好，我这个亲戚已经是公司的副总了。他山之石真可攻玉啊！看来，我们在学校不能仅限于学习专业知识。

主持人甲：时间过得真快，一节课马上就要过去了。最后我们请班主任老师对我们这次班会进行总结点评。

班主任：感谢大家都做了充分的准备，说得全面、详尽、务实。对我们来说，信念就是种子，习惯就是种子，是我们追求美好生活的源头。

黑格尔说过："没有无缘无故的爱，也没有无缘无故的恨"，自然界如此，人类更是如此。

最后5名组长对我们日常行为进行了总结。总结得很好，很全面，也很有可操作性。我们今天就是把这些种子播到同学们的心田里，请同学们用心培育，让这一粒粒种子发芽、生根、成长，早日结出硕果。我们也坚信这些种子一定会结出硕果。

"论先后，知为先；论轻重，行为重"，没有行动的信念是苍白的，没有发芽的种子是成长不了的。让我们付出行动，知行合一把梦圆。

最后，在《怒放的生命》的歌声中结束本次班会。

任务拓展

1. 观看《建党伟业》电影，并写出观后感。

2. 写出本次班会的心得体会，包括自己的人生规划和如何走好当前的每一步。

参考文献

[1] 夏衍. 野草（又称种子的力量）[M] //语文. 北京：北京师范大学出版社，2011.

[2] 王文玉. 夏明翰就义前写给三位亲人的家书 [J]. 《党史博采（纪实）》，2016（10）.

[3] 房玄龄. 晋书 [M]. 北京：中华书局，2015.

[4] 宋兆麟，李露露. 图说中国传统节日 [M]. 2 版. 西安：世界图书出版公司，2017.

[5] 张双棣，殷国光. 古代汉语词典 [M]. 2 版. 北京：商务印书馆，2014.

[6] 崔乐泉. 图说中国古代体育 [M]. 2 版. 西安：世界图书出版公司，2017.

[7] 陈广忠. 二十四节气与《淮南子》[M]. 北京：中国文史出版社，2018.

[8] 苏宏伟，蓝冰. 中职生主题班会 40 课 [M]. 北京：机械工业出版社，2016.

[9] 李迪. 中职主题班会设计技巧与优秀案例 [M]. 北京：中国轻工业出版社，2017.

[10] 杨士明，周健，王鹤. 新编职业素养教育读本 [M]. 北京：现代教育出版社，2013.